U0438560

宁夏典藏珍稀文獻匯編

胡玉冰 主編

牛露露 郭婉瑩 張倩 王婧哲 楊思雨 賀知章 孔德成 整理

胡方文庫

主編 胡玉冰

上海古籍出版社

圖書在版編目(CIP)數據

寧夏典藏珍稀文獻匯編 / 胡玉冰主編；牛露露等整理. —上海：上海古籍出版社，2022.8
（朔方文庫）
ISBN 978-7-5732-0332-8

Ⅰ.①寧… Ⅱ.①胡… ②牛… Ⅲ.①地方文獻—匯編—寧夏 Ⅳ.①K294.3

中國版本圖書館 CIP 數據核字(2022)第 107816 號

朔方文庫

寧夏典藏珍稀文獻匯編

胡玉冰　主編

牛露露　郭婉瑩　張　倩　王婧哲　楊思雨　賀知章　孔德成　整理
上海古籍出版社出版發行
（上海市閔行區號景路 159 弄 1-5 號 A 座 5F　郵政編碼 201101）
　（1）網址：www.guji.com.cn
　（2）E-mail: guji1@guji.com.cn
　（3）易文網網址：www.ewen.co
上海展強印刷有限公司印刷
開本 710×1000　1/16　印張 18.25　插頁 6　字數 238,000
2022 年 8 月第 1 版　2022 年 8 月第 1 次印刷
ISBN 978-7-5732-0332-8
K·3191　定價：108.00 元
如有質量問題，請與承印公司聯繫
電話：021-66366565

國家社會科學基金重大項目
"《朔方文庫》編纂"（批准號：17ZDA268）經費資助出版

寧夏回族自治區"十三五"重點學科
"中國語言文學"學科建設經費資助出版

寧夏大學"民族學"一流學科群之"中國語言文學"學科
（NXYLXK2017A02）建設經費資助出版

《朔方文庫》委員會名單

學術委員會

主　任：陳育寧

委　員：（按姓氏筆畫排序）

　　　　于　亭　　吕　健　　伏俊璉　　杜澤遜　　周少川　　胡大雷

　　　　陳正宏　　陳尚君　　殷夢霞　　郭英德　　徐希平　　程章燦

　　　　賈三强　　趙生群　　廖可斌　　漆永祥　　劉天明　　羅　豐

編纂委員會

主　編：胡玉冰

委　員：（按姓氏筆畫排序）

　　　　丁峰山　　田富軍　　安正發　　李建設　　李進增　　李學斌

　　　　李新貴　　邵　敏　　胡文波　　胡迅雷　　徐遠超　　馬建民

　　　　湯曉芳　　劉鴻雁　　趙彦龍　　薛正昌　　韓　超　　謝應忠

總　　序

陳育寧

　　寧夏古稱"朔方",地處祖國西部地區,依傍黄河,沃野千里,有"塞上江南"之美譽。她歷史悠久,民族衆多,文化積澱豐厚。在這片土地上產生並留存至今的古代文獻檔案數量衆多、種類豐富,有傳統的經史子集文獻、地方史志文獻、西夏文等古代民族文字文獻、岩畫碑刻等圖像文獻,以及明清、民國時期的公文檔案等,這些文獻檔案記述了寧夏歷朝歷代人們在思想、文化、史學、文學、藝術等各方面的成就,蘊含着豐富而寶貴的、具有地域和民族特色的歷史文化内涵,是中華各民族人民共同的精神和文化財富,保護好、傳承好這批珍貴的文化遺產,守護好各民族共有的精神家園,扎實推進新時期文化的繁榮發展,是寧夏學者義不容辭的擔當。

　　黨和國家歷來高度重視和關心文化傳承與創新事業,積極鼓勵和支持古籍文獻的收集、保護和整理研究工作,改革開放以來,批准實施了一批文化典籍檔案整理與研究重大項目,取得了一大批重要成果。2017年1月,中共中央辦公廳、國務院辦公廳印發《關於實施中華優秀傳統文化傳承發展工程的意見》,把中華優秀傳統文化的傳承和發展推上了新的歷史高度。《意見》指出,要"實施國家古籍保護工程","加强中華文化典籍整理編纂出版工作"。這給地方文獻檔案的整理研究,帶來了新的機遇。

　　寧夏作爲西部地區經濟欠發達省份,一直在積極努力地推進優秀傳統文化傳承發展事業。2018年5月,《寧夏回族自治區實施中華優秀傳統文化傳承發展工程方案》和《寧夏回族自治區"十三五"時期文化發展改革規劃綱要》正式印發,爲寧夏文化事業的發展繪就了藍圖。寧夏提出了"小省區也能辦大文化"的理念,決心在地方文化的傳承發展上有所作爲,有大作爲。在地方文獻檔案整理研究方面,寧夏雖資源豐富,但起步較晚,力量不足,國家級項目少。

這種狀況與寧夏對文化事業的發展要求差距不小，亟須迎頭趕上。在充分論證寧夏地方文獻檔案學術價值及整理研究現狀的基礎上，以寧夏大學胡玉冰教授爲首席專家的科研團隊，依托自治區"古文獻整理與地域文化研究"人文社科重點研究基地以及自治區重點學科"中國語言文學"、重點專業"漢語言文學"的人才優勢，全面設計了寧夏地方歷史文獻檔案整理研究與編纂出版的重大項目——《〈朔方文庫〉編纂》，並於2017年11月申請獲批立項爲國家社科基金重大項目，這一項目的啓動，得到了國家的支持，也有了更高的學術目標要求。

　　編纂這樣一部大型叢書，涉及文獻數量大、種類多，時間跨度長，且對學科、對專業的要求高，既是整理，更是研究，必須要有長期的學術積累、學術基礎和人才支持。作爲項目主持人，胡玉冰教授1991年北京大學畢業後，一直在寧夏從事漢文西夏文獻、西北地方（陝甘寧）文獻、回族文獻等爲主的古文獻整理研究工作，他是寧夏第一位古典文獻專業博士，已主持完成了4項國家社科基金項目，包括兩項重點項目，出版學術專著10餘部。從2004年主持第一項國家社科基金項目開始，到2017年"《朔方文庫》編纂"作爲國家社科基金重大項目立項，十多年來，胡玉冰將研究目標一直鎖定在地方文獻與民族文獻領域。其間，他完成的國家社科基金項目結項成果《寧夏古文獻考述》，是第一部對寧夏古文獻進行分類普查、研究，具有較高學術價值的成果，爲全面整理寧夏古文獻提供了可靠的依據；他完成的《傳統典籍中漢文西夏文獻研究》入選《國家社科基金成果文庫》，爲《朔方文庫·漢文西夏史籍編》奠定了研究基礎；他完成出版的《寧夏舊志研究》，基本摸清了寧夏舊志的家底，梳理清楚了寧夏舊志的版本情況，爲《朔方文庫·寧夏舊志編》奠定了研究基礎。在項目實施過程中，胡玉冰注重教學結合，重視青年人才培養，重視團隊建設。在寧夏大學人文學院，胡玉冰參與創建的西北民族地區語言文學與文獻博士學位點、中國古典文獻學碩士學位點，成爲寧夏培養古典文獻專業高級專門人才的重要陣地。他個人至今已培養研究生40多人，這些青年專業人員也成爲《朔方文庫》項目較爲穩定的團隊成員。關注相關學術動態，加強與兄弟省區和高校地方文獻編纂同行的學術交流，汲取學術營養，也是《朔方文庫》在實施過程中很重要的一則經驗。

　　《朔方文庫》是目前寧夏規模最大的地方文獻整理編纂出版項目，其學術意義與社會意義重大。第一，有助於發掘和整合寧夏地區的文化資源，理清寧夏文脉，拓展對寧夏區情的認識，有利於增强寧夏文化軟實力，提升寧夏的影響力，促進寧夏經濟社會全面發展；第二，有助於深入研究寧夏歷史文化的思想精髓和時代價值，具有歷史學、文學、文獻學、民族學等多學科學術意義，推動寧夏人文學科的建設與發展；第三，有助於推進寧夏高校"雙一流"建設，帶動自治區人文社科重點研究基地、重點學科、重點專業以及學位點建設，對於培養有較高學術素質的地方傳統文化傳承與創新的人才隊伍有積極意義；第四，在實施"一帶一路"倡議大背景下，深入探討民族地區文獻檔案傳承文明、傳播文化的價值，可以更好地爲西部地區擴大對外文化交流提供決策支持。

編纂《朔方文庫》，既是堅定文化自信、鑒古開新、傳承和弘揚中華優秀傳統文化的需要，也是服務當下經濟社會文化發展的需要，是一項功在當代、澤漑千秋的文化大業。截至2019年7月，本重大項目已出版大型叢書兩套、研究著作，依托重大項目完成碩士研究生學位論文9篇。叢書《朔方文庫》爲影印類古籍整理成果，按專題分爲《寧夏舊志編》《歷代人物著述編》《漢文西夏史籍編》《寧夏典藏珍稀文獻編》《寧夏專題文獻和文書檔案編》共五編。首批成果共112册，收書146種。其中《寧夏舊志編》32册36種，《歷代人物著述編》54册73種，《漢文西夏史籍編》15册26種，《寧夏典藏珍稀文獻編》10册7種，《寧夏專題文獻和文書檔案編》1册4種。《寧夏珍稀方志叢刊》共16册，爲點校類古籍整理成果，由中國社會科學出版社、上海古籍出版社分別於2015年、2018年出版。《朔方文庫》出版時，恰逢寧夏回族自治區成立60周年，這也説明，在寧夏這樣的小省區是可以辦成、而且已經辦成了不少文化大事，對於促進寧夏文化事業的發展、提升寧夏知名度起到了重要作用。同時也要看到，由於基礎薄弱，條件和力量有限，我們還有許多在學術研究和文化建設上想辦、要辦而還未辦的大事在等待着我們。

國内出版過多種大型地方文獻的影印類成果，但尚未見相應配套的點校類整理成果。即將由上海古籍出版社推出的《朔方文庫》點校類整理成果，是胡玉冰及其學術團隊在影印類成果的基礎上的再拓展、再創新。從這一點來説，國家社科基金重大項目"《朔方文庫》編纂"開創了一個很好的先例，即在基本完成影印任務的情況下，依托高質量的研究成果，及時推出高質量的點校類整理成果，將極大地便於學界的研究與利用。我相信，《朔方文庫》多類型學術成果的編纂與出版，再一次爲我們提供了經驗，增强了信心，展現了實力。衹要我們放開眼界，集聚力量，發揮優勢，精心設計，培養和選擇好學科帶頭人，一個項目一個項目堅持下去，一個個單項成績的積累，就會給學術文化的整體面貌帶來大的改觀，就會做成"大文化"，我們就會做出無愧於寧夏這片熱土、無愧於當今時代的貢獻！

2020 年 7 月於銀川

（陳育寧，教授，博士生導師，寧夏自治區政協原副主席，寧夏大學原黨委書記、校長）

目　　録

總序 …………………………………… 陳育寧　1

少司徒王公平蠻督木傳

整理説明 ……………………………………………… 3
少司徒王公平蠻督木傳 ……………………………… 5
參考文獻 ……………………………………………… 11

劉太淑人傳

整理説明 ……………………………………………… 15
劉太淑人傳 …………………………………………… 18
參考文獻 ……………………………………………… 22

蘆屋圖

整理説明 ……………………………………………… 25
《蘆屋圖》乞言引 …………………………………… 27
蘆屋圖 ………………………………………………… 28
《蘆屋圖》詩文 ……………………………………… 29
《蘆屋圖》書後 ……………………………………… 61
參考文獻 ……………………………………………… 62

漢　石　例

整理説明 …………………………………………………… 69
漢石例叙 …………………………………………………… 71
漢石例目録 ………………………………………………… 80
漢石例卷一 ………………………………………………… 91
漢石例卷二 ………………………………………………… 123
漢石例卷三 ………………………………………………… 158
漢石例卷四 ………………………………………………… 180
漢石例卷五 ………………………………………………… 204
漢石例卷六 ………………………………………………… 221
附録 ………………………………………………………… 253
參考文獻 …………………………………………………… 256

香南精舍金石契

整理説明 …………………………………………………… 265
香南精舍金石契一 ………………………………………… 267
香南精舍金石契二 ………………………………………… 278
參考文獻 …………………………………………………… 284

少司徒王公平蠻督木傳

〔明〕蔡時鼎 撰　　牛露露、郭婉瑩 校注

整理説明

《少司徒王公平蠻督木傳》（以下簡稱"《平蠻督木傳》"）不分卷，明朝蔡時鼎撰。傳文以明朝王重光一生行事爲主綫，對其生平進行記述和評價。先叙王重光生平，總括其沉毅奮勇的性格特點；次詳細交代王重光任貴州按察使參議時，平黑白羿蠻之事；再次介紹王重光爲修繕三殿采木勤事殉職一事；再次倒叙其任山西僉事，分巡雲中時滅仇鸞氣焰之事；再次旁涉王重光騎射技藝精湛；最後列述其後世子孫，總論王重光忠信篤實、德行高尚。撰者蔡時鼎與傳主王重光年代相近，且與王氏家族有過實際交往，因而傳記内容可信度較高，對後世有關王重光的研究具有很高的參考價值。

蔡時鼎(1550—1592)，字臺輔，號調吾，福建漳浦人。生於嘉靖二十九年(1550)，萬曆二年(1574)進士，歷知桐鄉、元城。萬曆十一年(1583)，選授雲南道監察御史。萬曆十五年(1587)，起太平推官，進南京刑部主事，就改吏部。萬曆十九年(1591)，晋升爲南京禮部祠祭司郎中。萬曆二十年(1592)卒於任上。其生平資料參見《明史》卷二三〇《蔡時鼎傳》，《漳浦縣志》卷一五《人物志上》，《江南通志》卷一一七《職官志・名宦》，《浙江通志》卷一五〇《名宦》，《桐鄉縣志》卷五《知縣》《宦迹》、卷九《藝文》之《邑令蔡公去思碑記》。

蔡時鼎受王重光第三子王之輔之托，撰《平蠻督木傳》。此後，《平蠻督木傳》又有碑帖作品和輯本、拓本傳世。萬曆三十一年(1603)，《平蠻督木傳》刻於石碑，由王重光孫王象乾仿王羲之而書寫，孫王象晋、曾孫王與籽、王與齡勒石。其碑刻在今山東省桓臺縣新城鎮新立村忠勤祠。其後，王重光孫王象乾、王象蒙又將與祖父王重光相關事迹的碑帖輯録而成《忠勤録》。2003年山東省桓臺縣政協出版忠勤祠石刻拓本集《忠勤祠帖》，其中亦收録有《平蠻督木傳》。寧夏大學圖書館藏明萬曆間刻本《平蠻督木傳》原藏燕京大學圖書館，卷端題"少司徒王公平蠻督木傳"，1958年由北京大學捐贈給寧夏大學前身寧夏師範學院,館藏至今。北京師範大學圖書館藏有《平蠻督木傳》另一萬曆間刻本,《北京師範大學圖書館藏明刻孤本秘笈叢刊》第11册《忠勤録》第573—578頁收録此傳。山東省桓臺縣新城鎮新立村忠勤祠有其石刻拓本集《忠勤祠帖》,由山東省桓臺縣政協王士禎紀念館編,廣陵書社出版,中國國家圖書館據此影印。

此次整理以寧夏大學圖書館藏明朝萬曆間刻本爲底本,以北京師範大學圖書館藏明萬曆間王象乾、王象蒙輯《忠勤録》、國家圖書館出版社出版山東省桓台縣新城鎮新立村忠勤祠石刻拓本集《忠勤祠帖》爲參校本,同時參考《明史》《貴州通志》等史籍資料。

少司徒王公平蠻督木傳

　　少司徒王公,諱重光,字廷宣,別號灤川,山東新城人。由嘉靖辛丑進士歷工、[1]戶二部郎,至貴州參議督木,勤事以死,贈太僕少卿。既以仲嗣少司徒,之垣貴贈今官云。[2]　公爲人沉毅剛方,有膽略。遇事奮不顧身,期必濟。

　　方公在貴州時,分守貴寧、[3]安平二道。[4]　其地有羿蠻黑白二種,盤據落洪地方,[5]族類逾萬數,素桀黠難制,屢爲川貴患。先是,景泰元年,叛。攻圍城邑,以兵討平之。天順元年,又叛。至弘治四年,始平。嘉靖六年,芒部復叛,[6]合武臣數人夾擊,始復平。方其猖獗奔突,則以貴之永寧、赤水諸處爲門戶,[7]蜀之九絲爲巢穴,故川貴兼受患焉。自古號爲鬼方,以其人譎詐變幻難以執服,有似于鬼,故名云。其地多山,而山又峭峻,蜿蜒回互,自爲城郭。[1]急則固守,雖百萬之師翱翔而不敢進。緩則出,摽掠爲害。[2]是以屢叛屢討,屢討而又屢叛,未有不動經歲月老師匱財而能以旦夕削平者。嘉靖甲寅,[8]復叛

---

① 嘉靖辛丑:明朝世宗朱厚熜嘉靖二十年(1541)。
② 據下文可知之垣爲王重光第二子。
③ 《〔嘉靖〕貴州通志》卷五《公署》載:貴寧道,嘉靖間建。
④ 《〔嘉靖〕貴州通志》卷五《公署》載:安平道,正統九年(1444)按察司僉事屈傳建。
⑤ 明朝李維貞《王重光傳》載:永寧宣撫司所部有羿蠻,凡四十八寨,其地曰落洪,通四川九絲。
⑥ 芒部叛亂一事參見《明史》卷三一一《四川土司一》。
⑦ 《〔嘉靖〕貴州通志》卷一《地圖·建置沿革》載:洪武五年(1372)置永寧衛;洪武二十二年(1389)置赤水衛。
⑧ 嘉靖甲寅:嘉靖三十三年(1554)。

起。四十八寨約三萬餘衆殺酋長,焚屯堡,大肆流劫。聲言攻赤水、摩尼諸處,直趨九絲,乃其爲亂故轍耳。土官以兵剿之,屢爲所敗,行旅不通。川貴戒嚴,當事諸臣未有倡必然之畫,奮然以身當之者。公至,即延訪衆論,相度機宜,創爲籌畫,即僚友及部將莫測也。

丁巳,①適世廟新三殿,採用大木多取辦於貴,竹業已被諸夷爲梗。維時,撫臣高公廉知公能,檄公,以便宜往撫諭。公受檄,毅然曰:"夫諸夷肆亂甚矣,計其種類繁多,即兵甲力必不可一舉而殲之也。[3] 羈而縻之,足爲中國用。然不一大創脅徒,以恩德招諭,即一時勉從,後何所警?夫不明威而用恩,恩將不固,非長計也。"則以方略授指揮丘東陽等分兵關隘,絕其援,而自領大衆,深入夷穴。[4] 語具在劉子所著《實錄》中。② 諸部將以公文臣倉卒起兵,伏地懇留。公叱之曰:"第行非爾等所知也!"約束既定,以七月十三日率衆鼓譟而進,直探險阻。先是,各夷恃東西二路諸部落爲助。至是,爲丘東陽等所斷,内外阻絕,對岸官軍金鼓震天,諸夷已膽落。公又以精騎出其腦後,勢若疾雷,從天而降。諸夷則益狼顧,脅息股慄請命。公知其已急,乃選膽勇旗士數人同習夷語者與俱入夷寨,宣布朝廷恩威,諭之叛服禍福。諸夷方恐死無路,一聞慰撫,衆匍匐羅拜帳下,歡呼之聲震動山谷,願世世稽首,内附効款。蓋至是,始自知其爲釜魚也。遂歸所擄掠,還所侵據,刻識箭牌爲質,而數萬之衆、累年之叛一時解散。於是,疏逖不閉阻深,闇昧得耀乎光明。以偃甲兵於此,而息誅伐於彼,寧謐到今。夫自昔傳汾陽見虜事咸歆艷爲奇,然猶其威信素加於夷人。其有單車入虜營,卒使感泣投戈者亦未嘗以兵脅之也。今威信未孚,業已加兵矣,乃長驅入寨,自恃無恐脱。其時諸夷叵測,足爲寒心。而竟定大亂以歸,此其機權之妙,非余所能言矣。若其不遺寸鏃,不費斗糧,比於老師匱財動經歲月者功相萬萬,此則可人人

---

① 嘉靖丁巳:嘉靖三十六年(1557)。
② 實錄:《忠勤錄》《忠勤祠帖》均作"紀事",又下文提"《錄》中語",似對應劉子所著《實錄》。

知,人人道者也。

　　功既成,撫臣高公上其事於朝,且謂撫苗採木均重事也,非公不可議。加秩、留任終此二事語詳疏內。上果允所請留公,而不加秩,許以工完破格擢用。公受命則益感奮孜孜,惟木是急。諸夷感公威德,爭以所知異材走報公。[5] 公乃入果峽口、大落包、霧露溝等處,雖土人亦罕到者,足跡無不遍焉。今觀《錄》中語,如所謂:"釘履登萬丈之險,涉水渡一木之舟。"嗚呼,亦危矣!時有王、張二指揮被溺以死,而公賴救無恙,不少阻也。有勸公者曰:"公獨不自愛乎,何自苦乃爾?"公曰:"固也,余亦知之矣。天子欲光復前烈,需木甚急,豈臣子自暇逸時乎?"其忠義自許、不顧危難類如此。既而得異木,則又披重壤,凌霄漢,非人力可勝。且山川縈紆百折,崖壁萬仞,嶮嶇突兀,而飛湍瀑流,砅崖轉石,稍出則洶涌騰奮,非舟車可通。同事諸臣皆患苦之,且病公求木過阻深。已報矣,莫可出。奈何公曰:"第視予出之,毋恐也。"[6] 乃爲《祝嘏詞》三章以籲山靈河伯。① 其詞藻工瞻,[7] 本原《離騷》,姑勿詳評。惟其血誠懇忠,發而爲文。真足以格被草木,[8] 感孚河岳,使深隱險阻之地木行若馳,似有神焉,雖以垂世不朽可也。於是木果出,如所言。而同事者始無患用,能以梁棟之材上報天子,則公精誠竭力所致也。然公衝冒嵐瘴,茹毒飲霧,年餘不少休,竟成疾以死。死之旦,則戊午年八月十五日也。② 撫臣稔知公勞績,以其事聞。上憫其忠勤,特加恩恤,疏下禮部議,部議謂:"王某盡瘁報國,觸瘴亡身,勞甚著,恤之宜。"既而得上旨,賜祭一壇,蓋曠典也。於是溺死王、張二指揮亦得蒙給銀葬焉。

　　辛酉,③ 三殿告成。大司空以貴州獲大木獨多,而公功又復多,乃追叙前烈,贈"太僕少卿"。貴州人感公不忘,爲公立祠,與陽明先生

---

① 王重光《祝嘏詞》三章收錄在《忠勤祠帖》第 82 頁。
② 戊午:嘉靖三十七年(1558)。
③ 辛酉:嘉靖四十年(1561)。

并祀焉。歲壬戌，①適三殿告成之首科。今少司徒公登進士第，對策殿廷，人謂公勤勞之報其速如此。[9]余獨以世廟鋭精圖治念勞臣，甚至公之没，惜言者只舉督木死事一節爲請，使有能以奮不顧身、撫平蠻夷之績兼舉而并言之，則天子之軫念嘉賞，宜有不世殊恩，不止僅僅如此。昔《史》稱：閭巷之人欲砥行立名，非附青雲之士，不能施於後世，詎意立功之士亦然？悲夫！悲夫！

公先爲山西僉事，分巡雲中。時仇咸寧鸞方有寵，②聲勢甚灼。公折其驕氣，每見必以理勝之，不爲屈。仇亦斂容敬之，小大咸倚公爲重。仇部曲恃仇威焰，不守法。攘奪市酒飯，弗償其值，强投人家宿，且戲其妻女。公戒徹者，逮至繩以法，始斂戢不敢爲暴。其壯毅直節、不畏强禦如此。公有機略，善應變。時仇客兵屯聚鎮城内外，十數萬糧餉之供甚浩，所儲不給。而仇恃寵，動引軍令虛，喝嚇所司。管糧通判李深患之，同事者亦束手無策。公察知客兵關糧餉率鬻於市，值且下。公謂：“與其鬻而值不足，孰若與之值？”遂白仇得半折支。仇深便之，客兵不市鬻而坐得厚值，益大喜，儲遂給。且有餘一言而省勞節費、兼利公私幾數萬，懦力淺慮者不能也。仇出塞失利還，以漏機事駕罪墩軍，欲盡置之死以自解。公直抗仇意，堅不肯。而仇亦憚公，不敢發無辜，恃以全活者甚多。又有吳總兵部卒乘虜入，殺平人報功，公抵之罪，以伸死者冤，自後無敢有妄殺者。其執法不阿，好全活民命又如此。

公尤善騎射。在貴陽時，一日與李參將練士，公命弓矢，至連發而九中。李愧謝以爲不及，觀者大駭。蓋公天資超邁，其於藝亦精絶一時，有如斯者。公嘗自書門帖，曰：“赤心報國，直道事人。”今觀平蠻、督木二事與處仇咸寧之略，則公於兹二語乃終身踐之矣，非若今人漫書云爾也。

---

① 壬戌：嘉靖四十一年(1562)。
② 仇咸寧鸞，即仇鸞。仇鸞，咸寧侯仇鉞之孫，襲爵。其生平見《明書》卷一五五《仇鸞傳》。

少司徒王公平蠻督木傳　9

　　公之子六人：伯氏之翰，太學生封祠部郎；[10]仲之垣，即少司徒公；三之輔，爲今大名郡貳；[11]四之城，博野令；[12]五之猷，平陽司理；[13]六之棟，邑庠生。[14]孫二十餘人，[15]其登仕籍者三人：①曰象乾，曰象坤，曰象蒙。偕計吏者一人：曰象泰。曾孫二十有六人，其籍名鄉書者，則蒙之子與善。[16]蒸蒸貴顯乃余所知可考而數者，至其他奕奕冠裳、麒輿鳳奮，[17]尤莫能勝紀也。余以傳平蠻、督木二事，不敢贅及識者，以人臣尊寵集於一門，比公之後爲萬石君家。余竊以爲萬石君兄弟馴謹耳，如公表竪茂勳，而其後又世篤前烈，爲王朝柱礎，則榮寵相似而功業遠過之矣，豈天謂司徒公食報未盡，故昌大其子姓以酬之歟？[18]公功德，自有秉史筆者。余不文不足以勝彤管之職，特以郡貳公命不敢辭，[19]遂紀其實，亦願附公以垂不朽云爾。

　　論曰：余讀撫臣疏中語，謂公忠信篤實人也。嗟嗟！世皆賤忠信而誇智能，及至臨事輒巽懦無當，此何異木驢不駕，鉛刀不割？司徒公一奮其身，[20]功成事就，聲施到今，豈非忠信哉？昔太史氏謂：韓厥，紹趙孤之子，武爲天下陰德，宜與趙魏爲諸侯十餘世。今司徒公忤權貴，全活無辜數百命，可不謂陰德乎？其子孫相繼爲卿佐，宜矣。雖然，韓氏之功於晉未有睹其大者也，司徒公功烈流聞又彰彰如是，由茲言之，王氏之後未可量矣。

【校勘記】

［1］郭：原作"廓"，據《忠勤錄》《忠勤祠帖》改。
［2］摽：原作"標"，據《忠勤錄》改。
［3］必：《忠勤錄》《忠勤祠帖》均無"必"字，疑衍。
［4］深：原作"身"，據《忠勤祠帖》改。
［5］材：原作"財"，據《忠勤錄》《忠勤祠帖》改。
［6］毋：原作"母"，據《忠勤祠帖》改。

————————

①　《忠勤錄》記登仕籍共八人，爲象乾、象坤、象蒙、象貫、象斗、象節、象晉、象恒。

［７］瞻：原作"贍"，據《忠勤祠帖》改。
［８］以：《忠勤録》《忠勤祠帖》均無"以"，疑衍。
［９］勤勞：《忠勤祠帖》作"忠勤"。
［10］祠部郎：《忠勤録》作"河南副使"。
［11］爲今大名郡貳：《忠勤録》作"計部郎"。
［12］博野令：《忠勤録》作"温州府二守"。
［13］平陽司理：《忠勤録》作"浙江憲長"。
［14］邑庠生：《忠勤録》作"邑廪生"。
［15］孫二十餘人：《忠勤録》無"餘"，疑衍。
［16］曾孫二十有六人其籍名鄉書者則蒙之子與善：此十九字原脱，據《忠勤録》補。
［17］麒：《忠勤祠帖》作"麟"。
［18］歟：原作"與"，據《忠勤録》《忠勤祠帖》改。
［19］郡貳：《忠勤録》《忠勤祠帖》作"計部"。
［20］司徒：原作"中丞"，據《忠勤録》《忠勤祠帖》改。

參考文獻

《史記》：（西漢）司馬遷撰，中華書局2013年版。

《明史》：（清）張廷玉等撰，中華書局1974年版。

《明書》：（清）傅維鱗纂，商務印書館1936年版。

《〔嘉靖〕貴州通志》：（明）謝東山修，張道纂，上海古籍書店1990年版。

《〔雍正〕四川通志》：（清）黃廷桂等修，張晉生等纂，國家圖書館藏雍正十一年（1733）刻本；影印文淵閣《四庫全書》本，臺灣商務印書館1986年版。

《忠勤錄》：（明）王象乾、王象蒙撰，《北京師範大學圖書館藏明刻孤本秘笈叢刊》本第11冊，廣西師範大學出版社2010年版。

《忠勤祠帖》：山東省桓臺縣政協王士禎紀念館編，廣陵書社2003年版。

劉太淑人傳

〔明〕郭正域 撰　　張　倩 校注

整 理 説 明

《劉太淑人傳》不分卷，明朝郭正域撰。該傳爲現存記載王重光夫人劉太淑人事迹最豐富的文獻，爲寧夏大學圖書館藏。藍色紙質書衣，書衣正中書"劉太淑人傳"五字，封面貼長條狀題簽，題"劉太淑人傳"五字。半頁九行，行十六字。該書爲綫裝，四周單邊，版心標有卷數，白口，無魚尾。忠勤祠中有該書石刻，石刻中作者置於正文前，無書者姓名。

郭正域(1554—1612)，字美命，號明龍，謚文毅，湖廣江夏縣(今湖北武漢)人，萬曆十一年(1583)成進士，官至禮部左侍郎。生平見《石匱書》卷一八二《郭正域傳》、《東林列傳》卷一五《郭正域傳》、《禮部志稿》卷四二、《大泌山房集》卷一九《郭公神道碑》、《本朝分省人物考》卷七六、《牧齋初學集》卷五一《禮部右侍郎兼翰林院侍讀學士贈太子少保禮部尚書謚文毅郭公改葬墓志銘》、《罪惟錄》列傳卷一一下、《明書》卷一三五等。著有《東宫進講尚書義》一卷、《楚事妖書始末》一卷、《黄離草》十卷、《合并黄離草》三十卷、《皇明典禮志》二十卷、《高文襄公拱墓志銘》等，校《韵經》五卷，評點《解莊》十二卷、《韓文杜律》二卷，以及《昭明文選》等。批點《選詩》七卷、《選賦》六卷、《考工記》一卷，爲《石頭庵集》《管子》《鐫五侯鯖》等書作序，傅振商所編的《四家詩》中收録有郭正域詩歌。《合并黄離草》收録於《四庫禁毀書叢刊·集部》册一三，《皇明典禮志》著録於《千頃堂書目》《四庫全書存目》等書中，《韓文杜律》在《四庫全書總目》卷一九三有著録，《高文襄公拱墓志銘》在《春秋正旨》附録二中有著録。《東宫進講尚書義》在《明史》卷九六有著録，已佚。《楚事妖書始末》在《明史》卷九七有著録，已佚。此外，《十三經補注》《武昌志》《江夏志》等均已佚。

《劉太淑人傳》無序跋、凡例，全文不分卷。主要記載劉太淑人秉承優秀傳統美德，勤儉持家，孝敬公婆，相夫教子，治理家業，教導子孫，與人爲善的事迹。其正文部分主要講述了劉太淑人的一生。先介紹劉太淑人笄年嫁給王重光後，侍奉公婆、照顧姑舅，積極助力於王重光考取功名，王重光做官後，在督木時不幸染病，死於任上。接下來講述劉太淑人操持家業，教導子孫用功讀書，且不許家中女子叨擾。其兒孫考取功名後，劉太淑人還告誡子孫要恪盡職守，向王重光學習。之後又講述了劉太淑人幫助鄉鄰，深受人們喜愛。最後寫劉太淑人去世一事以及劉太淑人的後人的數量情況，還附有作者對她的評價，即"德比孟母"。

《劉太淑人傳》作於萬曆癸巳年至乙未年（1592—1595）之間。時新城王氏科第甚盛，世人稱爲"半朝王家"，作者於朝廷爲官。此書編纂或爲作者了解咨詢，或爲口傳資料，或爲作者實地取材。又據《黃離草叙》載："美命生平寡交，投合不二三人。"且《黃離草》《合并黃離草》二書中所收傳記中人多江夏人。所以該傳亦或爲作者修《江夏縣志》時所作之文章。該傳按時間順序進行講述，行文較爲流暢清晰，其問題主要爲誤字。

《劉太淑人傳》爲較完整記載劉太淑人生平的一部傳記。第一，該傳豐富了劉太淑人的生平，爲研究劉太淑人提供可靠資料。第二，文中對新城王氏人物、數量及相關事迹的記載，豐富了對新城王氏宗族的研究。第三，傳中記載了劉太淑人與兒媳守貞一事。《劉太淑人傳》在《黃離草》《合并黃離草》二書中均收錄於傳記類，此類中除《劉太淑人傳》外，還收錄了《林宜人傳》《歐陽烈女傳》等貞潔烈女傳，突顯出明朝女性將"貞順"和"節義"作爲必備的優秀品質，也體現出郭正域對王氏家族中女性優良品質的贊揚。此外，文章提到王重光與兒孫勤奮讀書一事，且劉太淑人告誡子孫要嚴格要求自己，爲官期間要做好本職工作，使"忠勤愛國"成爲新城王氏共同的政治追求，這對研究明朝時家風具有極大的參考價值。

《劉太淑人傳》著錄於《〔民國〕重修新城縣志》卷二三《金石志》中。除該書對該文單獨刊刻之外，其正文部分多被收入郭正域作品集《黃離草》《合并黃離草》以及王象乾與王象蒙所集《忠勤錄》中。此外，廣陵書社2003年出版的《忠勤祠帖》即從忠勤祠現存的一百八十五方石刻中精選一百一十四方拓印而成，但其中《劉太淑人傳》僅收錄部分碑石拓片，并未全文收錄。該傳中除鈐蓋兩枚印章外，其餘信息殘缺，無法明確該書的流傳情況。

目前尚未有學者對《劉太淑人傳》進行專門研究。《明清時期山左新城王氏家族文學研究》在分析王氏家族時引用部分該傳中內容。《明代石刻書法研究》及《邢侗與晚明清初山左集古刻帖考論》中載有忠勤祠所藏碑文所用書法爲顔體。

此次整理主要以標點、校勘、注釋等方式對《劉太淑人傳》進行整理。以寧夏大學圖書館藏明朝萬曆間刻本爲底本,以明萬曆二十八年(1600)《黄離草》、明萬曆四十年(1612)《合并黄離草》、明萬曆年間(1573—1620)《忠勤録》,以及《忠勤祠帖》等爲對校本,《劉太淑人傳》被全文收録於所有對校本。除特殊説明外,本書"《合并》本"均指《合并黄離草》,"《帖》本"均指《忠勤祠帖》,"《録》本"均指《忠勤録》。

附録:《劉太淑人傳》相關研究成果

《邢侗與晚明清初山左集古刻帖考論》:孟慶星撰,《東方藝術》2011年第8期。

《明代石刻書法研究》:劉金亭撰,吉林大學歷史文獻學專業2015屆博士學位論文,指導教師張金梁教授。

《明清時期山左新城王氏家族文學研究》:賀琴撰,山東大學中國古代文學專業2015屆碩士學位論文,指導教師王小舒教授。

劉太淑人傳

　　劉太淑人世爲新城人,父澤母李,笄年歸灤川公。① 是時有君舅在堂,[1]君姑沈、繼姑常相繼殁,太淑人以新婦佐喪事,含斂無不中禮。灤川公起諸生,家貧嗜學,太淑人每夜篝燈從旁,作女紅,伴誦讀,夜分乃罷。五鼓起,亦如之。灤川公爲文章有聲,諸公爭致之,教其子弟。太淑人在家事舅姑,脱簪珥,辦旨甘,啖蔬糲,不爲苦,[2]以是灤川公得不顧其内,以成其名。

　　嘉靖辛丑,②灤川公授工部主事,入部署理公事,無暇督諸子誦讀,僅正句讀耳。太淑人督之誦習,挟其不勉者,灤川公喜曰:"吾於諸子嚴,汝又嚴家,有嚴君,我二人共之,諸子勉矣。"亡何,灤川公以主事理徐州洪。[3]時穎川公寢疾,③迎至徐。凡芼羮、藥茗,太淑人手自烹煎。丙午,④灤川公服除,權九江税,奏績,太淑人始封安人。庚戌,⑤灤川公僉晋臬,巡冀北,駐大同。癸丑,⑥晋參藩,守口北,駐宣府。丙辰,⑦調貴陽,撫弈蠻,[4]采殿木。太淑人咸與偕。暨灤川公染瘴癘,卧永寧山中,太淑人馳往視湯藥。公思雨水,太淑人跽禱,[5]忽

---

①　灤川公:即王重光,字廷宣,小字存,號灤川,王氏後裔稱其爲灤川公。他生於明弘治十五年(1502),嘉靖二十年(1541)進士。由工部主事升户部員外。死後,賜祭葬,贈太僕寺少卿。
②　嘉靖辛丑:嘉靖二十年(1541)。
③　穎川公:即王重光之父王麟,字舜禎,號静庵,卒於1543年。
④　丙午:嘉靖二十五年(1546)。
⑤　庚戌:嘉靖二十九年(1550)。
⑥　癸丑:嘉靖三十二年(1553)。
⑦　丙辰:嘉靖三十五年(1556)。

有大雷雨，飲之瘥。後竟不起。太淑人仆地痛哭曰："天乎！不少延爲國忘身也。"襯歸途次，聞仲子舉於鄉，①又仆地痛哭曰："天乎！不少延見壯子顯庸也。"抵家襄大事，召諸子曰："若伯柄家事，若仲率諸子治舉子業。"召諸婦曰："若操井臼，若勤績紡，勿累而夫。"於是諸子、諸孫自相師友，相繼登上第，爲海內鼎族。

仲子以進士理荆州，奉太淑人往。每退食，問平歹狀，喜曰："是吾願也。"丁卯，②仲子擢刑科給事中，奉太淑人至都門，值穆皇覃恩，進封太恭人。每曰："吾憶吾伯父御史公有言：諫官難爲，以誠心悟主上，勿以獨契論事，勿以師心論人。[6]"仲子奉教惟謹，凡有論列，人稱其讜直。萬曆己卯，③仲子以開府三品秩滿，贈祖父如其官，太淑人受今封。癸未，④仲子以户部侍郎得請終養，上曰："王氏一門忠孝，其予休沐。"一時公卿祖帳都門，詩歌咏嘆，傳爲盛事。時太淑人年八十有一矣。每歲誕辰，仲子率諸子孫、曾玄孫、外孫子女百餘人稱觴上壽，太淑人歡甚，令仲子寓書諸宦游者盡心國事，勿念老身也。

丙戌，⑤之城以寧晋令、⑥象乾以保定守、⑦象坤以江西觀察、⑧象

---

① 仲子：即王之垣(1527—1604)，王重光次子，王漁洋曾祖，字爾式，小字承志，號見峰。明嘉靖戊午(1558)舉人，壬戌(1562)進士，官至户部左侍郎。卒後，詔賜祭葬，贈户部尚書，以子象乾貴，贈光禄大夫、少師兼太子太師、兵部尚書。
② 丁卯：隆慶元年(1567)。
③ 萬曆己卯：萬曆七年(1579)。
④ 癸未：萬曆十一年(1583)。
⑤ 丙戌：萬曆十四年(1586)。
⑥ 之城：即王之城，王重光六子，生卒年不詳，字爾守，號會峰，恩貢生，歷官温州府、淮安府同知，著有《海防要略》。
⑦ 象乾：即王象乾(1545—1630)，王之垣之子，王漁洋伯祖，字子廓，隆慶五年(1571)進士，授聞喜知縣，萬曆十七年(1589)進右參政，累官至兵部尚書，加太子太師。巡撫宣府、總督宣大山西軍務時與蒙古等少數民族部落友善商貿，深受蒙部部落歡迎，邊疆安寧無事。後於崇禎二年(1629)以病致政，十三年(1640)五月卒。
⑧ 象坤：即王象坤，王之翰之子，字子厚，號中宇，明世宗嘉靖四十四年(1565)任杞縣知縣。官至左布政使，死後受祭於鄉賢祠。

蒙以陽城令入覲,①之輔以户部郎、②之獻以禮部郎,③俱過家省覲。太淑人各問治狀,見諸子孫行李蕭然,[7]喜曰:"汝曹居官與吾治家一耳,寬則玩,嚴則怨,酌諸情理,靡不有濟!"諸子、諸孫奉教惟謹,四方胥史從諸子孫來者在户外聞之,無不嘖嘖。仲子於縣城南建祠堂祀瀯川公,歲時奉太淑人瞻視,太淑人涕泣,謂從行子孫曰:"汝父、汝祖諸生時以當世爲念,今已矣。汝曹當念其志,勿徒瞻禮肖像爲也。[8]"語罷,涕泣不已。聞者無不嗟嘆。

太淑人勤儉。每早,先家人起,入夜,猶聽子孫誦讀聲,不遽休。又善組織刺綉,晚年諸婦新衣猶躬爲剪裁,凡五膺、褒章、翟冠、錦袍不輕御。子孫或寄上文綺爲壽,藏諸篋笥曰:"勿殄天物也!"尤重人倫,好施予。繼姑盧淑人與己年相若,禮之至老不衰。敬禮伯嫂,親爲浣濯。季叔入邑庠,出粧奩以辦贄禮,無所吝惜。之翰、之輔早卒,④每引其兩婦共飲食。之棟,側室子,待之如己出。⑤ 每試,勉之曰:"不見汝兄耶!"長女家貧,所給粟帛僅足用,曰:"恐損汝福也。"每春和,諸子具板輿游别墅,不肯往。盛暑不令人揮扇,曰:"等暑耳!安用勞人?"鄉人貧窶,或以告,無不周給。歲歉施粥,以飯飢人。家奉大士,其慈悲救濟,一如《普門品》所說。一日鑄銅器,適其誕辰,忽幻成菩薩像及樓閣峰巒,異態事載縣令張君記中。精一之感,貫金石,通神明矣。癸巳上元夜,⑥仲子張燈,設酒醴爲歡,猶坐至漏下一鼓。翼日忽疾作。至二十日,端坐諭子孫:"勿隳所業,以負前人。勿懷兩心,各給綵花。"一語不亂。二十三日,取自製縞衣,仲子加文綺

---

① 象蒙:即王象蒙,王之輔之子,字子正,號善吾,隆慶元年(1567)進士,仕至光禄寺少卿。

② 之輔:即王之輔,王重光三子,初名之斡,字爾衛,小字滿志,號錦峰,嘉靖四十年(1561)辛酉科舉人,歷官户部員外郎。

③ 之獻:即王之獻,王重光七子,字爾嘉,小字選別,號柏峰,萬曆五年(1577)丁丑科進士,歷官浙江按察使,淮陽兵備道。

④ 之翰:即王之翰,王重光長子,字爾寧,小字長志,號羅峰,邑庠生,後補國子監生,累封禮部郎中,贈河南按察司副使。

⑤ 之棟:即王之棟,王重光八子,字爾隆,小字木頭,號雲峰,貢生,任高陽縣知縣。

⑥ 癸巳:萬曆二十一年(1593)。

一襲,瞠目視之曰:"惜也!"夜三鼓,溘然逝矣,鄉人皆爲流涕。

太淑人生於弘治癸亥,①距其卒,享年九十一歲。有子八人,仲子者即户部侍郎之垣也。[9]女二人,孫男十八人,孫女十六人,曾孫二十人,[10]曾孫女十七人。其仕迹、婚姻爲海内名族,俱在《濚川公傳》中。②

史域曰:"母德首孟母,然子輿、夫子一人耳,且不聞孟母年,暨孫氏有聞否。太淑人年幾百,而諸子、諸孫登上第,躋膴仕,擁旄秉節,幾滿海内。天道無親,恒與善人。如江如海,爲百谷王矣。"

賜進士出身承德郎右春坊右中允兼翰林院編修記注起居管理誥敕纂修正史講官通家晚生郭正域頓首拜撰。雲間後學沈紹文書。③

【校勘記】

[1] 是:《録》本同作"是",《合并》本作"之"。
[2] 旨甘:原作"臺甘",據《録》本、《黄離草》本、《合并》本改。《合并》本作"甘旨"。
[3] 主:《録》本、《濚川公傳》同作"主",《合并》本作"王"。
[4] 弈:原作"羿",據《録》本、《黄離草》本、《合并》本、《濚川王公墓表》改。
[5] 跽:《録》本、《黄離草》本同作"跽",《合并》本作"跪"。
[6] 師:《録》本、《黄離草》本同作"師",《合并》本作"私"。
[7] 蕭:《合并》本作"瀟"。
[8] 禮:《合并》本作"視"。
[9] 仲子者即户部侍郎之垣也:《録》本、《帖》本同,《黄離草》本、《合并》本均無此句。
[10] 二十:《帖》本還載有曾孫"王與籽",共計二十一人。《平蠻督木傳》作"二十餘",《黄離草》本、《合并》本、《濚川王公墓表》均作"十八",《忠勤録》作"二十二"。互異。

---

① 弘治癸亥:弘治十六年(1503)。
② 《濚川公傳》:明朝郭正域作,爲濚川公的傳記。
③ 沈紹文:生卒年不詳,字孺林,雲間人,擅長書法。

參考文獻

《黄離草》：（明）郭正域撰，萬曆二十八年（1600）刻本。

《合并黄離草》：（明）郭正域撰，萬曆四十年（1612）刻本；《四庫禁毁書叢刊》本，北京出版社 1997 年版。

《忠勤録》：（明）王象乾、王象蒙撰，《北京師範大學圖書館藏明刻孤本秘笈叢刊》第 11 册，廣西師範大學出版社 2010 年版。

《忠勤祠帖》：山東省桓臺縣政協王士禎紀念館編，廣陵書社 2003 年版。

蘆屋圖

〔清〕潘榮陛 編　　王婧哲、楊思雨 校注

整理説明

《蘆屋圖》載清人潘楚唫舊居蘆屋相關名士畫作及題咏,由其孫潘榮陛收錄刻寫傳世。寧夏大學圖書館所藏《蘆屋圖》爲清乾隆間刻本,孤本。該版本一函兩册,不分卷,版框高17.5厘米,寬12.3厘米。書衣及函套題簽爲"蘆屋圖"。四周雙欄,單、黑魚尾。書中鈐蓋有"東武劉氏"方形朱印、"東"陰刻方形朱印、"率真"方形陰刻墨印、"臣陛"方形陽刻印、"在廷圖書"方形陰刻墨印,部分天頭處有批語。

潘榮陛,字在廷,北京大興人,活躍在雍正末年至乾隆初年。雍正年間入皇宫供職,先後奉置史館,恭膺宫闕製作督銷之職,乾隆初年致仕。著有《帝京歲時紀勝》《工務紀由》《月令集覽》《昏儀便俗》《讀禮須知》《曠懷閑草》等書。《帝京歲時紀勝》前有自序。

寧夏大學圖書館藏《蘆屋圖》上册卷首有《〈蘆屋圖〉乞言引》和題名《蘆屋圖》的畫作一幅,并附題記,之後爲《〈蘆屋圖〉詩文》;下册正文後附《恭賦》《〈蘆屋圖〉書後》和手寫題記。全册共載詩文作者九十六人,詩文一百五十二篇。五言詩二十三首,七言詩一百零三首,四言詩七首,六言詩四首,詞四首,文章六篇,長短句雜文五篇。其中包含鄭燮、盧見曾等人詩咏。

蘆屋爲潘榮陛祖父,即康熙間名士潘楚唫讀書之所,葉榮等人爲其繪《蘆屋圖》以記,潘榮陛匯輯圖與諸名士題咏,於乾隆年間刻成此書。

該書具有一定的學術研究價值。首先,此書爲潘榮陛爲其祖父潘榮陛所輯,對研究潘榮陛及潘楚唫的家學與生平有一定的幫助。其次,《〈蘆屋圖〉詩文》中記載大量名士題咏,有些不見於其詩集中,如鄭燮題詩未見於《鄭板橋集》中,因而此書對於名士文集有着補充作用。

目前學界有關《蘆屋圖》的研究成果方面,王艷秀撰《寧夏大學圖書館藏〈蘆屋圖詩文〉初探》(《圖書館理論與實踐》2009年第10期)一文,首次介紹了此書的基本情況;楊思雨撰《寧夏大學圖書館藏清乾隆孤本〈《蘆屋圖》詩文〉考述》(《寧夏師範學院學報》2020 年第 9 期),梳理了潘榮陛生平、成書過程、版本特徵與文獻價值;王婧哲撰《〈蘆屋圖詩文〉各詩文作者生平考略》(《湖南人文科技學院學報》2021 年第 3 期),考證了部分詩文作者的生平。

此次整理以寧夏大學圖書館藏《蘆屋圖》爲底本,以標點、注釋、校勘等方式開展整理。

《蘆屋圖》乞言引

蘆屋，先王父之舊居也。在都城東南隅，金魚池之西，今名半鐍街即其處，然無迹矣。夫以京師宮室民居之盛，鱗次櫛比，欲求一僻遠間，敞如昔之蘆屋者，轉難多得。王父號楚唫，以康熙初來，自維揚度地至此。其地傍埠稆，面郊壇，高樹遠峰，參差隱見。而雉堞斜連鴛瓦，遥環如帶，平廣可數里。中則秋水兼葭，有碧波翠濤之致，誠勝境也。王父樂之，遂居焉。編茅緝荻，有邨舍風，因繞屋皆蘆，故名。雖非竹溪梅市，栗里桃源，然小築依遲，直寄山林於城市。而此中歲月蕭閑，烟霞岑寂，澹如也。吉時炊野蓛，膾游鱗，床頭貯酒，案上堆書，栽蒼蒭蔬，焚香試茗以寄傲其間。或爲詩歌，皆意之所適而自得其真。至於日有事於長安道上者，而蘆屋中不與聞，亦不見也，可謂心遠地偏矣。王父抱負素優，無心進取，處明盛而襄高隱，蓋天性云。居久之，方期老焉，俄爲公家，有屋遂廢，然未能遽忘也，爰爲圖以玩之。曩時曾游歷及覽圖，諸名人多有題咏，後諸父遠仕，各持去，以故散帙，即先大人所存亦無幾。榮陞恐久愈湮没也，謹將所存者集成軸，兼餘素楮。維大人先生錫以藻翰，惟所揮俾永寶之，庶先人之逸韵幽情，得附鴻文以并傳，幸何如也。

時乾隆十年歲次乙丑仲春穀旦，①孫男榮陞盥手敬識。

---

① 乙丑：乾隆十年(1745)。

蘆屋圖

揭揭葭菼，維葉庵庵。式遠塵囂，君子所憺。蒼蒼蒹葭，皚皚其萼。相厥攸宜，爰作室家。映山臨漵，亦可以渙。地偏心遠，載永居諸。圭窬蓽門，伊蘆是藩。讀書鼓琴，垂裕後昆。

丁亥槐秒，①後學李之英拜題。

---

① 丁亥：康熙四十六年(1707)。

《蘆屋圖》詩文

新安葉澹生《蘆屋圖》說　　諱榮。① 康熙己酉。②

楚嶔道兄，負才奇偉，慨慷好義，交游半天下。而賦性孤特，更放情於詩酒山水之間。家居桐屋，真城市山林，往來君子，每低徊不忍去。即今作客長安，亦必尋幽静之地處焉，名曰"蘆屋"。蓋其居，在天壇之旁，金魚池之右，四望空闊，西山在目，兼葭數里，秋水一泓，誠燕山之勝境，而亦最幽僻者，楚嶔獨能得之。此其曠懷高致，豈不隨遇而益見哉！噫！楚嶔以蘆中人自命，余時過都門，樂數晨夕。嘯咏之暇，楚嶔囑圖蘆屋，余欣然潑墨以摹其勝，兼望有心人或圖或詩，共傳快事，則又楚嶔之所深願也。余敢代爲表而索之。

錢唐范性華記　　諱醇政。庚戌。③

維揚潘楚嶔，甲辰來京師，④與前相國今改政涿鹿公，暨其子胎仙太史游。相國乃老，有別業在帝城南半壁街，唐諺所云"韋杜二曲，去天尺五"也，且於其寢居之側，小築數椽以居潘子，環屋皆蘆林。潘子與妻子俱，每酒酣朗吟曰："蘆中人，蘆中人，豈非窮士乎？"因自名其居曰"蘆屋"。於是蘆若陰來相之，歲時雨霜雪則去，虹霓見則來。不

---

① 據《桐陰論畫二編》卷上載，葉榮，徽州祁門（今安徽省黃山市祁門縣）人，好游覽。
② 康熙己酉：清朝聖祖愛新覺羅·玄燁康熙八年(1669)。
③ 庚戌：康熙九年(1670)。
④ 甲辰：康熙三年(1664)。

及雁北向之時，毋相見也。如是者五閱年，潘子與蘆相樂也，已而相信。余嘗訪潘子蘆屋，與客自道北車流水，馬游龍中，來止柴門，回頭朗朗百十間屋，鷄鳴犬吠，已静如太古。躊躅四望，見屋之角蘆葦横亙數里，如垂雲積水。蘆之外，平原曠野不知幾十里也。瞬息間，蘆外車不知幾百兩，馬不知幾百匹，殷殷塵起，蘆屋中不睹不聞耳。蘆之末，見天壇朱垣，如長虹斜倚，如女墻萬雉。朱垣上見古松萬棵，積翠雲際，松巔浮出圜殿頂，金碧射人眸子。東望金魚池，左夕照寺，塔影飛來，遇我於蘆之上矣。眷玆西顧，西山遥青，瞰蘆深處如屏如几，又如馳馬人露髻垣上，變態萬狀也。入門踞客座，見潘子方據匡床，仰視屋梁，朗吟所作詩。余語潘子曰："玆地勝概，俄爲子有矣，余訪子，玆地亦俄爲我有矣，矧子晨夕於斯者耶？"潘子曰："僕固窮，久居此者，洵足樂耳！"遂與劇談移日。居無何，潘子以故辭蘆屋而去，低佪不忍，屬客圖其迹，命余記之，因據圖記曰："高人逸士以植屋名居室者，漢之梅市，晋之竹林、栗里、五柳宅，唐之竹溪，或無圖無記，或有圖無記，竹林、竹溪與衆樂也，梅市、栗里、五柳宅獨樂也。楚唫在衆不失其獨處，言惟見其默，可謂不凝滯於物，而與世推移者矣。"

龍眠方與三詩[1]　　諱育盛。[2]

高人隱帝鄉，廬結古壇旁。三徑五都市，層樓一水央。宫雲環樹緑，野鶴帶松蒼。卧起行吟罷，銜杯學楚狂。

廿四橋頭水，蘆花秋亦飛。移來千里似，不異片帆歸。客久心何戀，時遷地欲非。留將圖畫意，長掩一柴扉。

---

[1]《龍眠方與三詩》共二首。
[2] 據《[道光]續修桐城縣志》卷一六《人物志》載，方育盛字與三，順治甲午（1654）舉人，著有《栲舟詩集》《天目詩集》。

襄平佟大中丞寫《蘆屋圖》長卷説　　諱毓秀，字鍾山。① 雍正乙巳。②

蘆屋乃楚唫先生舊居之地，惜未得一見。其諸孫，能琴書，兼明星學數理，皆佳士也。偶會於松蘿僧舍，因囑爲圖焉。予謹擬當年幽居高曠之致，摹寫其概，然更取其返思之道耳。

溧陽任大宗伯詩　　諱蘭枝，字香谷。③ 丙午。④

尺五城南有鄭莊，四圍蘆荻捲斜陽。新荷驟雨渾閑事，不數風流萬柳堂。

津門阮孝廉詩⑤　　諱戀業，字學齋。⑥ 丁未。⑦

墨渖傳來境壑幽，蒹葭瀟瑟滿林秋。興酣似寫滄洲境，聲價還馳顧虎頭。

憶昔音容夢寐尋，圖成蘆屋寄情深。頻將展卷追先澤，尺幅應添淚血侵。

滇南許少司空詩　　諱希孔，字素齋。⑧ 壬子。⑨

秋水蒹葭遠，名賢逸興長。一溪楊子宅，三徑蔣公堂。啼鳥窺書

---

① 據《續桐陰論畫》卷上、《欽定八旗通志》卷三四〇《八旗大臣題名二》載，佟毓秀字鍾山，襄平（今遼寧省遼陽市）人，隸旗籍，曾官甘肅巡撫、雲南巡撫。

② 雍正乙巳：清朝世宗愛新覺羅·胤禛雍正三年(1725)。

③ 據〔光緒〕續修正安州志》卷四《職官志》、《清秘述聞》卷一一《學政類三》載，任蘭枝字香谷，江南溧陽人。康熙五十二年(1713)進士，官內閣學士兼禮部侍郎。

④ 丙午：雍正四年(1726)。

⑤ 《津門阮孝廉詩》共二首。

⑥ 據〔乾隆〕鶴山縣志》卷五《秩官志》載，阮戀業字學齋，順天府大興縣（今北京市大興區）人，雍正元年(1723)舉人，官鶴山知縣。

⑦ 丁未：雍正五年(1727)。

⑧ 據〔道光〕昆明縣志》卷五《選舉志第十》載，許希孔字素齋，雲南昆明人，雍正八年(1730)進士，官工部右侍郎。

⑨ 壬子：雍正十年(1732)。

案,飛花落筆床。數椽高韵在,千古煥琳琅。

昆明曾都閫詩有序　　諱其明,字亮工。① 癸丑。②

癸丑歲,於都門客舍,在廷兄持來尊王考楚唫先生《蘆屋圖》示余。坐對者久,覺心境俱寂,恍然神游其中,因思寰區之内,四時之間,變態異常,勞攘彌定。而此中之歲月常閑,烟霞自别,荻花秋意,水色天光,不盡伊人之想。爰成俚句,以志景仰之懷,敢曰題贊,而妄附諸名公藻繪之末也。

想見高風寄數椽,此間清境自無邊。不同隱迹歸盤谷,祇學居閑在輞川。月色皎如江上夜,秋光澹似水中天。蕭蕭蘆荻花開落,酒興詩情伴幾年。

【天頭】淡墨秋山畫遠天,落霞還照紫添烟。故人好在重携手,不到平山謾五年。

宣化張大中丞詩　　諱元懷,字佃心。③ 乾隆丁巳。④

丁巳秋孟,養疴京師,在廷潘子,以尊王父《蘆屋圖》乞題,勉賦里言,用答其意。

小築閑依曲水潯,蕭蕭蘆荻澹秋陰。愛君濠濮無窮樂,尺幅猶能寫素心。

昆明熊太史詩　　諱郢宣,字華南。⑤ 戊午。⑥

幽人寄遠懷,結廬傍水次。水次多葦葭,秋水有逸致。浮青謏倦

---

① 據《〔乾隆〕雲南通志》卷二〇《選舉》載,曾其明字亮工,雲南昆明人。
② 癸丑:雍正十一年(1733)。
③ 據《〔乾隆〕宣化府志》卷二九《人物下》載,張元懷字佃心,宣化縣(今河南省張家口市宣化區)人,康熙四十七年(1708)舉人,曾官河南巡撫。
④ 乾隆丁巳:清朝高宗愛新覺羅・弘曆乾隆二年(1737)。
⑤ 據《〔道光〕昆明縣志》卷五《選舉志第十》載,熊郢宣字華南,昆明人,乾隆十六年(1751)進士。
⑥ 戊午:乾隆三年(1738)。

眸,飛雪驚鷗睡。蕭蕭助苦吟,渺渺滌塵思。清琴留月聽,倒甕邀花醉。此中歲月賒,悠然得所嗜。高迹繼栗里,五柳亦同志。桃源棹不返,園上尋真意。

廣陵胡隱翁仿米意寫《蘆屋圖》跋　　諱榕若。己未。①

予薄游金臺,獲交在廷先生昆玉,酒盞棋枰,時相往復。己未秋杪,坐月之頃,在兄出尊王考楚唫老先生隱居《蘆屋圖》,示予丐繪。展閱之,其清幽蕭瑟,恍若置身其中,不意軟紅塵裏,有此佳境,彼盤谷柴桑,恐無此澹遠也。爰寫其概以續貂後。嗚呼!蘆中人往矣!予惜未披幃入室,相與信宿於兹,夕雨晨烟,不識似此否耶?

錢唐梁相國詩　　諱詩正,②號薌林。[1]丙寅。③

丘壑道難忘,閑居賦帝鄉。地瞻天尺五,人在水中央。遠岸明秋雪,寒烟澹夕陽。畫圖饒領略,底用夢瀟湘。

湘寧陶明府跋　　名奕曾,字憲興。④

桐陰冪冪,故園雲水生涯;荻影蕭蕭,客邸烟霞況味。似松岡之萬本,蒼翠爲林;豈竹徑之千竿,綠筠繞舍。雁來秋浦,一天清月冷霜華;犢飲春畦,十里和風融雪浪。少數聲漁檓,不是苕溪;着幾點鶯篁,便成柳陌。小山桂樹,何來京雒緇塵;流水桃花,竟出軟紅香土。繪幽情於縑素,墨瀋淋漓;寫逸興於瑶牋,筆蕊璀璨。篝燈展軸,小窗缽韵如聞;對酒披圖,曲几爐烟宛見。縱芳徽邈矣,我猶思杜若洲邊;乃勝迹依然,人久在芙蓉城裏。

---

① 己未:乾隆四年(1739)。
② 據《國朝書人輯略》卷四、《皇朝通志》卷一〇〇載,梁詩正字養仲,號薌林,浙江錢塘(今浙江省杭州市)人,雍正八年(1730)探花,官至大學士,謚號文莊,撰有《西湖志纂》十二卷。
③ 丙寅:乾隆十一年(1746)。
④ 據《〔乾隆〕皋蘭縣志》卷六《官署》載,陶奕曾字憲興,湖南寧鄉人,官皋蘭知縣。

晉寧李大中丞詩　　名因培,字鶴峰。① 戊辰。②

風景蕭然似水鄉,所居六月足清凉。憑誰畫作秋江色,高臥蘆花夢裏香。織簾麟士久無鄰,巢樹申屠那可親。輸與先生城市隱,月明如在楚江濱。

錫山吳贊府仿董北苑五墨寫《蘆屋圖》附詩　　名松,字嶠林。

沙迥雲連左右壇,伊人高隱寄長安。只今芳迹誰能續,歲歲蘆花帶月寒。

姚江盧督學詩　　名文弨,字紹弓。③

連雲甲第雄渠渠,如龍之馬流水車。六街塵起漲蓬勃,是中絕少幽人廬。蕭蕭蘆屋誰所居,我初疑是秋江漁。豈知京國繁華地,笑傲滄洲致有餘。蘆芽自茁不用鋤,蘆花萬頃雪不如。高人結茅總爲此,秋來四面堆瓊琚。欲尋遺迹爲欷歔,逆旅一宿同蘧蘧。沁水名園尚見奪,半畝那得還如初。當年結搆親爬梳,尚憐手植杉與櫚。每倩好手一寫取,時時展玩心神舒。萬事誰能定盈虛,平泉花木成荒畬。真樂在我不關境,數幅亦足長依於。示我圖者爲誰歟?翁孫寶之同璠璵。翁之達觀豈余慕,世間無地無林竽。於戲,世間無地無林竽!

清苑王使君詩④　　諱以夔,字龍友。

城市山林別有天,數椽幽冷憶當年。不知幾許閑吟趣,都寄蘆花淺水邊。

---

① 據《清秘述聞》卷六《鄉會考官類六》載,李因培字鶴峰,雲南晉寧(今雲南省昆明市晉寧區)人,乾隆十年(1745)進士,官内閣學士。

② 戊辰:乾隆十三年(1748)。

③ 據《清秘述聞》卷一〇《學政類二》載,盧文弨字紹弓,浙江餘姚人,乾隆十七年(1752)進士,官侍讀學士。

④ 《清苑王使君詩》共二首。

擾擾紅塵滿帝城,箇中誰識道心清。披圖宛見高風在,矮屋疏籬不世情。

濟南王孝廉詩說[①]　　諱師文,字西郊。[②]

戊辰歲,[③]客居都門,館課之暇每鳴琴自遣。友人在廷潘子挾琴相訪,嘗聆其塞鴻平沙等曲,一彈再鼓,興味悠然,秋水蒹葭,徜恍心目,不覺喟然曰:"何爲其然也?"潘子曰:"夫有所受也。"因出尊王父楚唫先生《蘆屋圖》相示,兼請題咏。展玩之餘,依稀神韵清風從葭荗深處繪出,始彌嘆潘子弓冶之傳由來已久,而猶恨不獲造。楚唫先生蘆屋中,以相綢繆詩酒絃歌間也。

幽人地自偏,墨瀋寫林泉。雲外懸高閣,蘆中隱數椽。琴彈驚浦雁,詩咏戾天鳶。仙迹迷漁徑,披圖思曠然。

伊人葭露古相宜,城市山林會在斯。尺幅猶能傳逸志,神馳爲咏溯洄詩。

錢唐錢方伯詩[④]　　名琦,[⑤]字湘人。[2]己巳。[⑥]

知是胸中芥蒂無,偶來城市亦江湖。樓臺隔岸通霄漢,風雪當門入畫圖。佳趣此間容少得,小廬自愛愜真吾。蕭蕭淺水蘆花畔,十丈紅塵不敢污。

蕭蕭雲樹最清幽,曲檻疏櫺面面收。夢醒午驚風作雨,人來都説屋如舟。青山城郭東西岸,白露蒹葭冷淡秋。塵海中間仙境在,何須

[①] 《濟南王孝廉詩説》共二首。

[②] 據《〔雍正〕山東通志》卷一五《選舉》、《〔道光〕濟南府志》卷四二《選舉四》載,王師文,膠州(今山東省膠州市)人,乾隆九年(1744)舉人,官同知。

[③] 戊辰:乾隆十三年(1748)。

[④] 《錢唐錢方伯詩》共二首。

[⑤] 據《全浙詩話》卷四八載,錢琦字湘人,號璵沙,浙江仁和(今浙江省杭州市)人,乾隆二年(1737)進士,由翰林累官福建布政使。

[⑥] 己巳:乾隆十四年(1749)。

更覓武陵游。

石屏李明府詩　　名雲程，字鵬九。①

結廬非世外，得止自陶情。不必鹿門遠，亦同孤嶼清。素琴凭月弄，濁酒對花傾。秋水兼葭意，高風莫與京。

會稽陳別駕詩　　諱守揚，字鹿樵。壬申。②

沃壤初耕揚子津，蘆中開徑絕風塵。問今身入燕山市，如此高風有幾人。

東吳傅中翰詩③　　諱柟。④甲戌。⑤

蘆屋數椽塵壒外，烟波一片渺茫中。只今尺幅傳遺迹，疑有伊人嘯晚風。

無端馳逐五經秋，一動歸懷便百憂。想見寄身蘆屋者，朝朝水際狎沙鷗。

闕里孔明府詩　　諱繼炘，字景炎。⑥

蜀岡風月清更徹，移向城南當炎熱。徹兮清兮不可沒，緇塵撓映蘆花雪。蘆花秋水寫精神，數椽高樓廣陵人。揚子江頭葭露冷，遙分蒼翠薊河濱。竹屋有裏摹隆古，祗應風月與相親。吁嗟幽踪已空存，尚將遺事說蘭蓀。數幀烟霞雲林譜，隱隱風雨結茅村。雨霽風和月復明，誰解先生靜裏情。相國既去谿林變，葭葉蕭騷暮壒平。擬倩古

---

① 據《〔乾隆〕石屏州續志》卷一載，李雲程字鵬九，乾隆十九年(1754)進士，官廣西府教授，著有《寓川草詩文》三十二卷。
② 壬申：乾隆十七年(1752)。
③ 《東吳傅中翰詩》共二首。
④ 據《〔乾隆〕蕭山縣志》卷二〇《職官》載，傅柟，奉天(今遼寧省沈陽市)人，曾官蕭山知縣。
⑤ 甲戌：乾隆十九年(1754)。
⑥ 據《〔光緒〕麗江府志》卷五《名宦》載，孔繼炘，山東曲阜人，曾官麗江府知府、順寧府知府。

琴撫今昔，今昔風月一同清。

丹徒李琴夫詩　　諱御。① 丁丑。②

秋晚四天碧，蘿徑携琴尊。有客遺古迹，墨妙留精神。溯洄秋水姿，不種江南春。亂喧搆茅屋，歛性怡天真。嗟予獨生晚，未獲前賢親。欲作蘆中曲，不見蘆中人。徘徊向天末，荻花飄紛紛。

襄平楊梟使詩　　名英，字山齋。

仲蔚蓬蒿宅，宣城詩句中。人賢忘巷陋，境雅失途窮。置身勛業外，嘯歌山水中。晨鷄催不起，擁被聽松風。

德州盧運使詩③　　名見曾，字抱孫。④

欲訪伊人秋水深，微聞隔水奏孤琴。桃源只在人間世，却是凡夫沒處尋。

春雨春風石屋開，乾坤容易老名才。五陵裘馬知多少，誰向先生下拜來。黃石齋詩"江上蘆花解拜人"。

襄平尋樂道人詩　　號靜遠。

我畫江上峰，筆落意先止。鷺啄百花洲，帆飛黃蠟水。四望野雲多，鄉關何處是。忽披《蘆屋圖》，烟雲出百雉。不見蘆中人，猶聞茅屋語。寶繪永千秋，高風不沒齒。

---

　①　據《〔光緒〕丹徒縣志》卷三三《文苑一》載，李御字琴夫，號蘿村，晚號小花山人，丹徒（今江蘇省鎮江市丹徒區）人。
　②　丁丑：乾隆二十二年（1757）。
　③　《德州盧運使詩》共二首。
　④　據《揚州畫舫錄》卷十《虹橋錄上》載，盧見曾字抱孫，號雅雨山人，山東德州人，康熙六十年（1721）進士。

華亭徐太守詩　名良，字隣哉。①

佳境自心成，蒹葭隨處是。披圖想高風，令人生仰企。

【天頭】邯鄲城南游俠子，自矜生長邯鄲裏。千場縱博家仍富，幾處報讎身不死。

山陰周廣文詞　名大樞，字元木。②[3]　調寄《摸魚兒》。

記蕭蕭、望中蘆荻，一片秋心無際。此間曾著高人屐，烟水溶溶滴滴。正面對、千萬叠、巖巒排闥供青翠。寬然勝地。恰稱得逍遥，布袍藜杖，把酒浩歌意。　　追陳迹，流水居人併逝。舉頭門巷殊異。唯餘舊沼金魚戲，倘識當年風味。君莫涕，君不見、樓臺幾簇喧歌吹。纔興倏廢。試看取餘基，繁花蔓草，綠映夕陽麗。

興化鄭明府詩　諱燮，號板橋。③[4]

燕南蘆葦高於樹，秋水秋雲渺寒渡。中有幽人結屋居，蘆深屋矮尋無處。偶見茶烟半縷青，忽然收去天將暮。

析津薄太守詩　名岱，字補堂。

蓬蒿仲蔚廬，薜荔裴公島。王徑惟栽筠，鄭庭祇植草。古來閑達人，雅志慕綺皓。身游朱門中，意在青霞表。結屋鳳城南，四面叢蘆遶。顏之曰蘆屋，彌望殊浩渺。吟聲出蘆中，蘆葉聲相攪。春看高幹抽，秋愛細花縞。伊人宛在詩，因憶秦風好。興劇繪爲圖，名手爭屬藁。蒼茫葭菼間，老屋峙幽窈。斯人今何之，續畫趣不少。芳躅怳可

---

① 據《名家草書楹聯集粹》載，徐良字隣哉，號又次居士，江蘇吳縣（今江蘇省蘇州市）人，雍正十年（1732）舉人，官四川夔州知府。

② 據《國朝詩鐸》卷二六《詩人名氏爵里著作目》、《全浙詩話》卷四八載，周大樞字元木，山陰（今浙江省紹興市）人，乾隆元年（1736）舉人，官平湖教諭，著有《周易井觀》十二卷、《存吾春軒集》。

③ 據《文獻徵存錄》卷五載，鄭燮字克柔，號板橋，興化（今江蘇省興化市）人，乾隆元年（1736）進士，官山東知縣。

追,題名志傾倒。

汪大冢宰篆書《蘆屋圖》題額附詩　　諱由敦,字謹堂。① 丁丑。②

誰歟置屋如置舟,編茅爲卜林塘幽。緇塵十丈罨人海,此間獨有蓬萊洲。蒹葭采采淺水流,雪花遠岸明清秋。風絲雨笠寄吾業,蘆中足樂將奚求。主人家住揚子頭,片帆通潞京華游。江湖載酒偶泛宅,三楹豈爲營菟裘。即今烟景付粉繪,模山範水供雕搜。往來千古曾無繫,三嘆高風幾溯游。

長洲湯贊府詩　　名惟鐘,字健齋。

軟紅不到處,夫子結廬偏。北闕恩光近,西山爽氣連。雲礽傳舊德,圖畫憶前賢。我欲尋遺迹,蒼茫落照邊。

臨安馬給諫詩　　諱錦文,字梅阿。③

地闢塵囂外,心清境亦幽。雲深鴻影没,霜冷荻花秋。虛室邀三友,閑身笑五侯。高踪託毫素,對此緬風流。

東吳顧明府詩　　名學乾,字强叔。

蒹葭深處好停驂,破屋三楹書一龕。莫以去天尺五近,便將捷徑擬終南。畫裏高風不可攀,那知身復在塵寰。小園賦動鄉關思,愁絶江南庾子山。

【天頭】玫瑰露引出茯苓霜。

---

①　據《樞垣記略》卷一五《題名一》載,汪由敦字謹堂,浙江錢塘(今浙江省杭州市)人,雍正二年(1724)進士,官至吏部尚書協辦大學士,謚號文端。
②　丁丑:乾隆二十二年(1757)。
③　據《[民國]新纂雲南通志》卷二二六《官績傳二》載,馬錦文字梅阿,雲龍(今雲南省大理白族自治州雲龍縣)人,乾隆十七年(1752)進士,官廣西道監察御史、户科掌印給事中。

長洲褚太史詩　　名廷璋,^①字左峨。[5]

蕭辰木落蒼波寒,金風颯沓秋林丹。一行宛轉雁聲下,指是白月蘆花灘。蘆花茫茫失烟樹,鷗鷺飛來自飛去。有時洗墨流前溪,遥識幽人讀書處。結茅既作屋,編籬亦爲門。剪葉遂開徑,花飛每盈軒。絶勝楊柳渡,不數桃花源。誰歟隱者嵇阮流,琴書笑傲凌滄洲,息機且可營菟裘。豈料輕塵短夢一朝改,仿佛柯亭劉井轉瞬同浮漚。丹青粉墨置几案,披卷日夕當卧游。好事留傳三十載,長箋短幅牛腰倍。水雲蕭瑟碧天寒,不信當時落人海。文孫才士氣軼群,亦有遠性離塵氛,感愴遺迹同烟雲。他年泛宅江湖上,荻葦蕭蕭不忍聞。

蓉川袁太史詩^②　　名楠。

奕奕青蘆著曉花,紅林白屋自欹斜。卷中尺幅瀟湘意,費我連朝玉畫叉。

曉霧溟濛濕翠微,城堙樓閣望依稀。東華十丈紅塵斷,時有衝波白鷺飛。

清癯想見苦吟身,夜月蘆塘白似銀。多少輕肥五陵客,高風誰繼庾郎貧。

詩到無聲足卧游,披圖蕭瑟下簾鉤。今宵鄉思縈清夢,蘆葉蘆花并作秋。

錫山鄒孝廉詩　　名志伊。

此中高寄穩,古木若回環。雲静閑依闕,花開晝掩關。攤書亦勝友,隱几即深山。幽趣還堪溯,蕭蕭蘆荻間。

---

① 據《清秘述聞》卷一六《鄉會同考類四》、《湖海詩傳》卷二九載,褚廷璋字左峨,號筠心,江南長洲(今江蘇省蘇州市)人,乾隆二十八年(1763)進士,官侍讀學士。

② 《蓉川袁太史詩》共四首。

錢唐何明府詩① 名璠,字開清。

閑來隨處問烟霞,偶結茅廬三兩家。一片紅塵飛不入,滿畦蘆荻晚秋花。

城南城北鬥芳菲,十萬人家盡歸衣。獨抱低窗明月卧,簷前一任五雲飛。

武林姚給諫詩 名成烈,字申甫。②

結廬人境任夷猶,蘆葉蘆花起暝愁。三徑依稀留小築,百年隱見問浮漚。美人自昔依秋水,名士從來住小舟。我有好山歸未得,披圖情緒愧沙鷗。

長洲沈雪村詩 諱枋,字師泉。

聖世隱巢山,去天僅尺五。結廬蘆之中,欣如適樂土。所娛惟琴書,志不在簪組。襟抱趁幽奇,清音供茹吐。小住亦復佳,將安此環堵。遷徙本靡常,行藏可自主。念兹山水緣,繪入無雙譜。披圖緬遺規,高風足千古。

四明邵雨巖詩③ 名龍。

蕭蕭蘆屋畫圖間,林壑風期度等閑。勝迹至今猶企慕,逃名何必入深山。

此中高寄永幽棲,絶勝華岡與竹溪。秋水兼葭結人境,軟紅香土隔東西。

---

① 《錢唐何明府詩》共二首。
② 據《兩浙輶軒錄》卷二七、《國朝御史題名》載,姚成烈字申甫,浙江錢塘(今浙江省杭州市)人,乾隆十年(1745)進士,官湖北巡撫兼禮部尚書。
③ 《四明邵雨巖詩》共二首。

維揚方西疇詩　　諱士逵，字右將。①

黃金臺畔紛紅塵，阿誰遁迹城南闉。先生翛然此高寄，蒹葭秋水爲比鄰。將無牽船岸上住，宛爾縱櫂蘆中人。萑葦蒼蒼風瑟瑟，鳧鷖拍拍波鄰鄰。罏香茗碗任閒適，杜門謝客甘沉淪。熙皡淳朴聖明代，有此葛天無懷民。我與文孫交莫逆，得知宗世同陳荀。公餘把臂話疇昔，爲述祖德追前因。竹籬茅舍寄眉睫，丹青翠墨時品倫。即今陳迹不可考，幸餘圖畫傳丰神。緬想前賢多逸興，自慚衰朽如勞薪。二頃負郭苦昏墊，三間老屋荒荊榛。黃山白岳杳難覿，邗江吟社迹已湮。菰蒲小築縈魂夢，安得移家近水濱。

渤海張司馬詩　　名永貴，字羽庭。

乙亥十月既望，②客金山水月山房。在廷兄出其尊王考老先生《蘆屋圖》示余，臨江展閱，直與波光掩映，覺瓜步斷蓬，排灣橫葦，反足動我鄉愁耳。

蘆中人去已經年，蘆屋家風寶繪傳。乍見鳳城芳草地，却忘江寺蓼花天。蒹葭淅瀝千村雨，雲水蒼茫萬井烟。景仰高踪何處覓，披圖索句亦前緣。

溧陽彭進士詩③　　名同祖，字遜山。④

蘆中有屋遠看無，仿佛尊罍千里湖。京國終虛渭水夢，高人自愛輞川圖。荒荒小徑堪求友，漠漠寒山不負吾。鳳在雲霄鶴在墅，肯教塵俗一毫污。

野寺孤村事事幽，西山爽氣望中收。露華蕭瑟雙篷鬢，烟靄蒼茫

---

① 據《"解碼徽商"叢書·仁心濟世》載，方士逵字右將，號西疇，歙縣（今安徽省歙縣）人。
② 乙亥：乾隆二十年（1755）。
③ 《溧陽彭進士詩》共二首。
④ 據《〔嘉慶〕溧陽縣志》卷一〇《選舉志》載，彭同祖爲乾隆十七年（1752）恩科進士。

一釣舟。芳躅乍空松菊徑,離思已滿荻蘆秋。可知今日披圖者,恨不當年爛熳游。

錢唐陳綬衣詩　名章。①

由來鉅德人,必有賢後裔。一草與一椽,敬止念終始。潘侯見我爲我言,故家舊在天壇前。幽棲地僻頗疏曠,交蘆繞屋生涼烟。先人高尚棄軒冕,日夕彈琴究墳典。秋風乍起秋雪飛,誰識此中境深淺。事來更變不可知,人有我有能隨時。先人騎鯨上天去,蒼茫已復成荒陂。陸機文章陳世德,遠憶先疇在天北。緣尋好手繪作圖,求詩卷已牛腰籠,爲我佳句不可無。吾聞陶潛之孫官西曹,亦因祖德聲名高。惜不重追五柳宅,柴桑里地沉蓬蒿。潘侯潘侯意甚美,詒厥深恩念遺址。東西南北挈相隨,粉墨蕭森滿烟水。

西蜀沙門静道者詞　名無住,號遠塵。

乾隆丙子夏,②予買舟廣陵,得潘明府出《蘆屋圖》以示,并索句,有不敢辭,故作淮南行一章,附於簡末。

結廬樹蘆,惟鄰是卜。隱不買山,賢不處谷。二仲頻來,五侯借宿。愛其清幽,喜其別俗。荻草間間,芝蘭馥馥。一寸盆魚,三竿脩竹。清琴橫床,壺酒濁瀘。文棟維新,詩城彼築。冠蓋寧喧,誰事華屋。間有陰德,家聲遠矚。門千户萬,參差喬木。幾保担元,相傳宋玉。允矣潘侯,北燕大族。椒兮蕃衍,地真呈淑。庾信開府,以承以續。藏兹手澤,百朋拜祝。我來自東,稽首題軸。

東吳陳海峰詩　名家經,字永昭。

披吟正擬兼葭賦,展玩翻成槃澗圖。秋水有心縈舊屋,蒸雲無計護新蘆。人間蔣徑曾毋换,卷裹陶園得不蕪。尺幅祇今長世守,烟霞

---

① 據《揚州畫舫錄》卷四《新城北録中》載,陳章字授衣,號竹町,杭州人。
② 丙子:乾隆二十一年(1756)。

千古識清癯。

析津劉太史詩① 名東寧,字秩齋。

數椽茅屋枕城闉,塵外蘆中作隱綸。今日披圖秋水闊,蒹葭何處問伊人。

當年烟水繞柴門,隱德貽謀裕後昆。蘆屋令名傳不朽,天教餘慶厚文孫。

海陽鞠督學詩② 諱愷,字庭和。③

采采蒹葭水一方,伊人宛在水中央。相看莫道躭高隱,卜築何曾遠帝鄉。

車馬喧闐溢九衢,蕭然吾自愛吾廬。怪他世上啖名客,偏向侯門學曳裾。

東吳湯明府詩 名惟鏡,字鼎臣。④

水亭面面野烟浮,明月蘆花失釣舟。萬里鷗波秋澹宕,長安聖世有巢由。

西湖陳對鷗詩 名皋。⑤

帝城東畔殊清絕,渺渺青蘆秋作雪。誰識高人作隱居,一椽愛向蘆中結。門外紅塵沒馬頭,先生燕坐情方悅。披圖想見意徜徉,隱德文孫異代揚。他年合并廉希憲,勝事同傳萬柳堂。

---

① 《析津劉太史詩》共二首。
② 《海陽鞠督學詩》共二首。
③ 據《清秘述聞》卷一二《學政類四》載,鞠愷字廷和,山東海陽(今山東省海陽市)人,乾隆十七年(1752)進士。
④ 據《掘港鎮志》載,湯惟鏡,長洲(今江蘇省蘇州市)人,乾隆二十五年官掘港場大使。
⑤ 據《清人詞話》載,陳皋字江皋,號對鷗,浙江錢塘(今浙江杭州)人,與兄陳章俱以詩名,世人譽爲"陳氏二雄",著有《吾盡吾意齋集》《對鷗漫語》及《吾盡吾意齋樂府》二卷。

天寧野石頭陀仿子久筆意擬寫變景蘆屋三十六圖附詩　名片厓。

蘆邊結屋水邊樓，意在長天一色秋。玉浪瀉開湖面雪，銀痕界出蓼花洲。橫琴坐對清虛月，燕臥神游太乙舟。深羨先生妙隱趣，高風豈第古人儔。

晉陵錢少司空詩[①]　名維城，字稼軒。[②]

斜陽屋角隱沙洲，蘆荻蕭蕭一片秋。除是江南老詞客，紅塵那許占清幽。

金魚池畔鳳城偏，故老風流說往年。畫裏分明遺迹在，日邊誰補舊聞傳。

吳門朱孝廉詞　名煥，字守樸。調寄《沁園春》。丁丑。[③]

憶昔當年，小結三間，在水中央。最風侵紙帳，烟蒲駐綠；雪欺茶竈，露葦堆黃。爽氣西來，波光東泛，胸臆間南疑沅湘。醉吟裏，看如龍馬騁，流水車忙。　何曾蔓草斜陽，料遐舉流風高且長。想竹溪云盡，謫仙第一；松園屢換，靖節無雙。萬古雄心，一時別趣，都寄淋漓玳瑁床。人何在，在芙蓉地主，蔆壁椒堂。

江右徐侍御詩　名紹洵，[④]號恕園。[6]

慨歌一曲北游燕，小闢烟霞作靜緣。板屋數椽蘆兩岸，輞川風景在當年。

---

① 《晉陵錢少司空詩》共二首。
② 據《清秘述聞》卷六《鄉會考官類六》載，錢維城字稼軒，江南武進（今江蘇省常州市武進區）人，乾隆十年（1745）進士，著有《錢文敏公全集》三十卷。
③ 丁丑：乾隆二十二年（1757）。
④ 據《〔光緒〕江西通志》卷一六八《列傳》、《〔同治〕贛州府志》卷五〇《人物志‧仕績》載，徐紹洵字二泉，號恕園，江西贛縣（今江西省贛州市）人，雍正十三年（1735）舉人，官河南汝寧知府。

濟南汪廣文詩① 名居敬,字寅清。② 己卯。③

擾擾輪蹄隔渺茫,茅檐仿佛水雲鄉。當年揮麈坐清晝,蘆葉蘆花秋興長。

臨川小謝氣凌雲,八斗才名班馬薰。遺帙擎來人代謝,好從圖畫擬清芬。

大興張偶園詩④ 名曉,字錦田。辛巳。⑤

壺天清曠水雲濱,寫出當時注隱淪。物換星移塵世遠,要從畫裏索精神。

百年何處問滄浪,秋水蒹葭半草堂。一代名流遺韵在,但聞耆舊説清光。

滇南楊太史詩 名中選,字宣霖。⑥ 壬午。⑦

秋水晴潭屋數椽,那關城市覓林泉。高人雅愛瀟湘景,坐對蘆花月一川。

西蜀李太史詩 名調元,字羹堂。⑧ 癸未。⑨

達人厭塵氛,幽棲澹無慮。頗愛邊市居,差獲林泉趣。水閣饒蒲

---

① 《濟南汪廣文詩》共二首。
② 據《〔道光〕濟南府志》卷四二《選舉四》載,汪居敬字寅清,歷城(今山東省濟南市歷城區)人,官濮州學正。
③ 己卯:乾隆二十四年(1759)。
④ 《大興張偶園詩》共二首。
⑤ 辛巳:乾隆二十六年(1761)。
⑥ 據《〔民國〕新纂雲南通志》卷二二八《宦績傳四》載,楊中選字宣霖,號晴軒,雲南尋甸(今雲南省昆明市尋甸縣)人,乾隆二十六年(1761)進士,任懷柔知縣。
⑦ 壬午:乾隆二十七年(1762)。
⑧ 據《〔嘉慶〕羅江縣志》卷二四《人物志·宦業》載,李調元字羹堂,號雨村,别號童山蠢翁,四川羅江縣(今四川省德陽市羅江縣)人,乾隆二十八年(1763)進士,官直隸通永道。
⑨ 癸未:乾隆二十八年(1763)。

稗,芳甸滿花樹。雨響蘆荻秋,月明柳稍露。接葉聞啼鳥,隔草起飛鷺。獨酌寄詩琴,焚香脫巾屨。只此滌凡襟,何必山林住。京塵雖云緇,初服未易素。懷哉古逸民,披圖興景慕。

合淝董明經詩　　名懷崟,字覯宸。① 甲申。②

蘆荻蕭蕭點素秋,高人結舍傍沙鷗。紅塵不到疑封雪,皓月當空好泛舟。不盡烟波滄海逝,無窮景色畫圖留。文孫欲仿蓬壺意,暫謝簪纓幾溯游。

京江王太守詩　　名文治,③號夢樓。[7]

高人亭舍已蒼凉,畫裏兼葭爾許長。曾記大明湖上過,秋風一夜月如霜。

淝上張明府詩　　名璉,字耕塾。

曾聞大隱愛林泉,尺五城南別有天。風雅伊人秋水闊,參差遠樹碧雲邊。晚蘆歷落翻餘雪,歸雁回旋繞暮烟。無限晴光圖畫裏,仰瞻清况憶當年。

姚江朱明府詩　　名雲,字奇峰。丁亥。④

避俗何須遠市求,市偏得地更清幽。饒他萬井搴珠箔,嘯我叢林結海洲。托足常懷三顧意,棲身聊借一枝休。披圖仰見古人迹,荻岸蕭蕭冷素秋。

---

　① 據《〔光緒〕續修廬州府志》卷五〇《孝友傳一》載,董懷崟字覯宸,合肥人,善屬文,工書法,歲貢充景山教習,候選知縣。
　② 甲申:乾隆二十九年(1764)。
　③ 據《〔光緒〕丹徒縣志》卷三三《文苑一》載,王文治字禹卿,號夢樓,曾任臨安府知府。
　④ 丁亥:乾隆三十二年(1767)。

武林姚藩臺詩　　名成烈,字申甫。戊子。①

朝來剥啄到門前,故人投我瓊瑤編。盥手開函呈妙境,蘆屋一幅圖清妍。繙閱數過不忍釋,似逢相識恣流連。檢點舊句恍昨夢,驚心歲月多推遷。我聞陸機陳祖德,先澤獨賴子孫賢。潘侯鄭重意難却,濡毫載賦申華箋。名公珠玉足寶貴,不才糠粃合棄捐。掩卷鬱抑三嘆息,萬事瞥眼如雲烟。當時小築成大隱,樂此地偏得天全。一朝失據落人手,陳迹依稀記往年。自古樓臺數易主,文饒那得專平泉。君今鐫圖示後世,此屋雖廢此圖傳。臨風再拜重報命,先後題詩結勝緣。

析津黄漕臺詩②　　名登賢,字篤盟,[8] 號忍廬。③

尺五城南畫景陰,偶來幽興豁煩襟。不須寫入鵝溪絹,勝地隨緣趣可尋。

清風搖曳岸邊蘆,水鳥林蟬境自殊。佳話競傳居士屋,當年結搆傍菰蒲。

桐城張宫詹詩　　名曾敵,④號櫃亭。[9]

江洲葭荻秋蒼茫,不似蒲菌生陂唐。阿誰蘆中起環堵,浴天江水常周堂。敦彼神皋叢茁者,魚藻池西泰壇下。相君亭館經營之,幽偏頗與紅塵辭。曷來海鶴矯奇翼,規翔霄漢棲於斯。揭揭千莖擁虛室,飄烟弄雪春秋日。寂寥相對惟琴書,故里烟花棄何恤。馬蹄競逐長安花,翁獨心迹凌青霞。纖簾自操麟士業,牽船不異思光家。梓澤蘭

---

① 戊子:乾隆三十三年(1768)。
② 《析津黄漕臺詩》共二首。
③ 據《國朝御史題名》載,黄登賢字篤盟,號忍廬。順天大興(今北京市)人,乾隆元年(1736)進士,累遷至漕運總督副都御史。
④ 據《桐城耆舊傳》卷八、《〔道光〕續修桐城縣志》卷一三《人物志·宦迹》載,張曾敵字燈似,號櫃亭,乾隆十六年(1751)進士,曾任少詹事。

亭無定所,天地蘧廬非謾語。蓬萊清淺海塵揚,一楾難作烟波主。武陵溪路何芒然,往迹飆然今百年。空留一匹好東絹,畫中堂構雲仍傳。我如調饑得珍饋,頓拭塵甑觀睹異。無由賓徑偕羊求,終古斯人歌獨寐。秋風滿江霜葉鳴,篷窗羇客心魂驚。那如十笏穩高臥,粉墨蕭疏猶古情。薰祓不希明主顧,《吕氏春秋》:湯得伊尹,祓之於廟,薰以萑葦。①陸沈燕市甘遲莫。乃知聖朝巢務自有真底用,穿巖遠壑求高人。

大興吕廷評詩② 諱應聲,字審南。

潘子猶龍世罕同,每疑玉樹倚葭叢。一官獨喜抽簪速,八斗堪憐述德工。愛甚青氈傳舊澤,玩如古几沐流風。芳踪下賁予當拜,長水高山望不窮。

未與先生居處同,披圖幸得仰高風。山中宰相稱陶子,地上神仙是葛翁。世有真龍應衆好,人如野鶴自孤翀。故人樂有賢孫子,不朽長留大化中。

析津官鎮臺詩③ 名德滋,字爲霖,號培初。

卜築城南屋數椽,門臨秋水碧於烟。遥知中有高人隱,不是詩仙定謫仙。

楓葉蘆花映碧川,夕陽雲木共澄鮮。雨絲風片看無定,畫裏江南重九天。

漁村蟹舍路回斜,地僻幽棲步浣花。異日訪時來雪夜,蒹葭白露是君家。

一抹秋光映落霞,結廬人境静無譁。閑看萬荻含秋雨,絕勝河陽滿縣花。

---

① 《吕氏春秋》:"湯得伊尹,祓之於廟,爓以爟火,釁以犧猳。"
② 《大興吕廷評詩》共二首。
③ 《析津官鎮臺詩》共四首。

蕭山張待御詩① 名應曾，②字祖期。[10]

枳籬苔徑稱幽栖，綠野堂空剩燕泥。莫問蘆中嘯咏地，怡園廢址草萋萋。

苦憶江鄉水竹寬，荻花如雪晚風寒。歸心已落征鴻後，只在春明畫裏看。

矮屋三間泰時西，雨中蘆管乍抽齊。野雲勃勃墻頭過，風弄庭陰鳥自啼。

汝陽胡員外詩③[11] 名紹南。④

兼葭遥在鳳城南，不及高人未共探。細認橋頭流水路，分明秋影指晴嵐。

葦塘萬點破烟飛，一屋蒼凉迹已微。偏是浩歌人未遠，宛從雲外看山歸。

晋江張侍御詩 名光憲，字健堂。⑤

風雨話深村，疑是江南綠。不見蘆中人，但看蘆邊屋。門前秋水清，門外秋山寂。無地無桃源，解人何處覓。

宛平高孝廉詩 名樸生。

見説高踪寄數椽，無窮幽景尚依然。風清古案頻開卷，月照孤琴

---

① 《蕭山張待御詩》共三首。
② 據《〔乾隆〕紹興府志》卷五一《人物志十一》載，張應曾字祖期，號譜梅，曾任工部員外郎，著有《譜梅文集》。
③ 《汝陽胡員外詩》共二首。
④ 據《〔乾隆〕續河南通志》卷五一《進士》、《清秘述聞》卷六《鄉會考官類六》及《國朝御史題名》載，胡紹南字衣庵，河南汝陽人，乾隆戊辰(1748)進士。
⑤ 據《清秘述聞》卷一六《鄉會同考類四》載，張光憲字成之，福建晉江（今福建省晋江市）人。本書同《國朝御史題名》載，張光憲字健堂。

一撫絃。但絕塵緣即巖壑，何須世外覓林泉。歆歆寶繪圖真意，秋水蘆花別有天。

宛平徐奉政詩① 諱元弼，字春厓。

枌榆舊社瀼東西，韋杜城南別有蹊。老屋三間秋一片，此中多少路人迷。

先生宅畔聞栽柳，老子江頭說釣魚。何似地偏心自遠，蘆中人在市中居。

花縣風流不可攀，鴻飛爭似鳥知還。披圖羨煞君堂構，華屋人同板屋間。

武陵施明府詩 名鳳起，號客臺。②[12]

聖世有逸民，侯門禮韋布。遲哉蘆中人，孤絕水次鷺。秋老天沉瀏，花開雪回護。壁間琴無絃，戶外客滿屨。偃仰同書巢，淋漓雜酒具。陶陶栗里居，韋杜城南路。憶我近十年，方春凡一度。輪蹄霹靂驚，甲第烟雲數。萬斛揚緇塵，半椽樂吾素。忽來蕭然廬，寫出靜者趣。卜築今幾更，披圖古如晤。昨宵坐檐陰，落葉下庭樹。欲邀蘆屋人，擬作秋聲賦。展卷急題詩，身似此間住。

武林韓太史詩 名朝衡，字開雲。③[13] 有序。

戊子冬，余以邸舍屢遷，適寓居於止軒潘公宅之西院。獲知止軒壯而仕，暮而隱，蓋醇博古，君子也居。無何，止軒出乃祖楚唅公《蘆屋圖》以示名人題識，既哀肷成集矣。余浙之西泠人也，兩湖菱田荷

---

① 《宛平徐奉政詩》共三首。
② 據《兩浙輶軒錄》卷三五載，施鳳起字朗亭，號客臺，一號迂圃，浙江仁和（今浙江省杭州市）人，乾隆二十四年（1759）舉人，曾任汪山教諭。
③ 據《清秘述聞》卷一六《鄉會同考類四》及《嶺東道惠湖嘉道職官志》載，韓朝衡字開雲，號復堂，又號春湖。浙江仁和（今浙江省杭州市）人，乾隆三十一年（1766）進士，曾任官吏部主事。

蕩間卜居，竊有素志，猥以僕僕未遂。厥初披覽及斯，慨然動蒹葭秋水之興。用贅拙句於末微，特嘉止軒之善承其先，亦以見楚唫先得我心，曠世足相感耳。即一枝之借，夫豈偶哉！

天地有大隱，不遠朝市間。魚鳥共閑曠，水雲隨往還。蘆花一片秋誰主？蘆屋數間足風雨。携琴載酒蘆中人，仿佛西泠舊儕伍。蘆中屋廢蘆蕭然，蘆中人往圖猶傳。閔公此圖托公宇，寄身宛在蘆花邊。

北野許明府詩　名淳。

勝地在城南，蕭然風景好。積水常空明，交橫多荇藻。高士結廬居，宛若蓬萊島。白露滴蒹葭，伊人抒懷抱。一泓秋水中，聊酌彼行潦。金石發歌聲，意氣何浩浩。琴書以消憂，不至心如擣。滿地蘆花生，直欲和我老。

大興官孝廉詩[①]　名懋弼，字輔垣。

秋水寒叢晚翠鋪，蕭蕭風勁雁銜蘆。畫圖輸與先生好，栗里編茅得似無。

風景幽然發浩歌，葦塘萬點漾晴波。夜凉月白鴻飛處，留住秋聲一片多。

結廬雖說近長安，是處囂塵欲到難。獨釣寒江老霜雪，披圖宜作輞川看。

尺五城南小隱幽，夕陽掩映荻蘆洲。晚荷聽雨終閒事，紫蟹紅蝦別有秋。

大興樂明經詩[②]　名毓秀，字滙川。

澹澹盈門秋水，蕭蕭繞屋蘆花。畫圖此際披展，當年抱膝人家。

[①]《大興官孝廉詩》共四首。

[②]《大興樂明經詩》共四首。

爲露爲霜天氣，半明半暗斜陽。遡游遡洄宛在，寤言寤宿一方。

打頭數椽矮屋，論心幾箇相知。省識高風不遠，分明有客吟詩。

舊迹尋來何處？新題搆得多篇。洋溢一鄉桑梓，流傳奕世杯棬。

吳興章太史詩① 名銓，字柎廷。②

一椽京邸度年華，何處重尋隱者家。猶記江邊呼小艇，便從鷗侶宿蒼葭。瀟瀟蘆荻塵襟隔，點點溪山素願賒。詎意畫圖憑好手，居然尺幅抵秋槎。

回憶挐舟雪水濱，湖光山色幾時親。誅茅愛向江鄉住，讀畫無嫌墨瀋陳。信是衡門高隱地，誰爲把臂入林人。殷勤語與南歸客，肯寄吳淞江上蒓。

風景邢溝得似無，樵漁踪迹任榮枯。新詩一卷多吟客，老屋三間共酒徒。卜築何時來北地，生涯笑我慣西湖。荻花蘆岸蕭閑甚，寫入君家壁上圖。楚嵞先生自維揚遷居日下。

世業青箱手一編，縹緗插架總書田。西山爽入吟詩座，綠樹陰連消夏年。作字兼聞題柿葉，繪圖久矣貯芸牋。蘆中風味真瀟灑，不數崑山陶峴船。

析津官明經詩 名懋斌，字眉山。

隱中佳處是蘆中，山水清音樂未窮。四野秋聲湘浦雨，一天爽氣芰荷風。無多儔侶惟沙鷺，大半生涯付釣筒。十丈京塵飛不到，閉門常有白雲通。

---

① 《吳興章太史詩》共四首。
② 據〔光緒〕歸安縣志》卷四二《人物傳十》載，章銓字柎廷，號湖莊，歸安（即今浙江省湖州市）人。乾隆三十六年(1771)進士，曾任寧夏知府。著有《吳興舊聞補》《湖莊詩集》。

吳門周孝廉詩① 名夢棠，字甫秀。

宅邊秋水水邊蘆，中有烟波一釣徒。天外紅塵空十丈，等閑飛不到蓬壺。

倩誰結伴住雲隈，相國當年此溯洄。凉月紛紛秋瑟瑟，清商一曲和歌來。

先生五載卧蘆中，踏雪飛鴻西復東。收拾滄洲歸筆底，構堂奕葉仰清風。

吾家亦傍小江干，紅蓼花深草閣寒。烟雨吳淞歸未得，披圖頻向畫中看。

濟寧王太史詩 名仲愚，字蔭台。②

寥沆乾坤草亭裹，得多佳趣在山水。一丘一壑堪徜徉，蒹葭蒼蒼賦彼美。楚嗆先生京華游，停帆來自揚子頭。結廬城南天尺五，烟波一片蘆塘秋。蘆塘雖近長安市，遠遮紅塵橫空翠。西山朝爽送青來，點點嵐光撩眼媚。昔聞武陵有隱淪，洞口不老桃源春。披圖試看倚窗者，廬中人是羲皇人。吁嗟乎！勝迹由來星霜換，蘆花空裊秋水岸。秋風秋雨起秋蘋，蕭蕭荻港動三嘆。卓哉文孫才軼群，播傳先澤誦清芬。宏詞麗句滿玉軸，仍將素楮羅新文。我亦承命輕潑墨，染翰慚無如椽力。尺幅瀟湘碧天寒，亂雲深處一設色。

析津方明府詩 名維憲，字若波。

大江南北隨所適，眼底功名陋寸尺。囊琴匣研游都門，願作小隱長安客。南郊有水清且幽，雲爲遠帶蘆爲巒。高人情性故相宜，無須

---

① 《吳門周孝廉詩》共四首。
② 據《清秘述聞》卷八《鄉會考官類八》、《〔光緒〕廣州府志》卷四四《選舉表十三》載，王仲愚字蔭台，山東濟寧人。乾隆三十四年(1769)進士，曾任吏部主事。

十畝更開闢。茅屋數椽書半牀,俯仰雙清喜心迹。自顏其額曰停帆,萬里雲風生肘掖。興酣落筆盡文章,里黨於今仰巨擘。經綸自足示奕葉,豈比林泉空朝夕。傳之不朽繪爲圖,列列群言傾瀝液。我欲溯洄追芳躅,長天一片夕陽白。

東吳程孝廉寫圖并詩① 名志道,字大川。②

荻葉蕭蕭映碧潭,幽人小住帝城南。強將破墨營邱筆,寫出蘆中一釣庵。

舊迹飄零四十年,文孫才調更翩翩。披圖忽動鄉關思,家在江南蘆荻邊。

長洲顧明府詩③ 名慶範,字復齋。④

粉本如從郭恕先,風流還擬杜樊川。蒹葭秋水伊人遠,楊柳春風宛目前。遯世却憐難避迹,逃名不是學逃禪。行藏用舍皆無礙,入世英雄出世仙。

鳳城却喜有焦先,披賞渾如對輞川。詩局常留天地外,烟霞只愛濮濠前。碧雲黃葉清秋景,明月蘆花解脫禪。誰道長安都觸熱,由來大隱即神仙。

長沙蔡孝廉詩⑤ 名銘,字載玉。

半塘疏柳間橋莊,清静柴關引興長。別有湖山開畫府,好將天地入茆房。雲澄澄水千尋碧,月曬蘆花一抹香。自是紅塵飛不到,誰能

---

① 《東吳程孝廉寫圖并詩》共二首。
② 據《胡氏書畫考三種·國朝院畫錄》卷下載,程志道字又川。
③ 《長洲顧明府詩》共二首。
④ 據〔民國〕建陽縣志》卷五《職官志》、《〔道光〕夔州府志》卷二三《秩官志》載,顧慶範字復齋,江蘇吳縣(今江蘇省蘇州市吳中區)人。
⑤ 《長沙蔡孝廉詩》共二首。

城市問仙鄉。

　　葦荻蕭蕭第幾灣,小亭編竹兩三間。圖書滿屋烟雲合,詩酒平生日月閑。卷幔不妨山竟入,閉門無復世相關。畫中人在羲皇上,欲溯高風未許攀。

西湖郎明經詩　　名廣,字庶康。

　　性本愛澹遠,常與塵世忘。寢迹衡泌間,琴書一草堂。蘆聲亂秋雨,池色漾清光。淺沙眠白鷗,潛波戲文魴。游咏有餘樂,超曠追羲皇。幽境屬幽人,相得名益彰。古稱桃源逝,毋乃事渺茫。披圖緬高風,想象意徬徨。

大興方明府詩　　名維祺,字介亭。①

　　蘆荻蒼蒼淺水濱,高人築舍鷺爲隣。大千世界看如磨,尺五城南剩此身。浙北江南溯遷徙,公先世家之青鎮,旋遷歙,遷邗水,後游京,因卜居。朱門蓬戶閱亨屯。披圖動我無窮思,一別邗溝近十旬。

吳興嚴太史詩②　　名鳴,字新甫,號香雨。③有序。

　　蘆屋者,潘止軒先生令祖楚唅公讀書處也,故址在金魚池旁,迄今垂九十年矣。止軒出圖屬題,余既羨楚唅之逃名而不逃迹,深合陶潛結廬人境之意,而又以嘉止軒之揚世德誦清芬,二者均不可以不賦也,率成四律。

　　長安車馬日喧闐,小築蘆洲愜静便。不數輞川詩裏畫,真成蓬島洞中天。西峰晚翠收杯底,泰時祥雲護檻前。自是熙朝容大隱,細塵

---

① 據《〔民國〕醴陵縣志》卷七《政治志》載,方維祺爲直隸大興(今北京市)舉人,乾隆四十九年(1784)任醴陵縣知縣。
② 《吳興嚴太史詩》共四首。
③ 據《〔乾隆〕鳳臺縣志》卷四《職官》載,嚴鳴爲浙江歸安(今浙江省湖州市)人,乾隆四十九年(1784)任鳳臺縣知縣。

那得到林泉。

卜居愛近帝城隅,風物邗江比得無。公自維陽遷此。一片花搖千叠雪,數聲雁起半滂湖。白雲紅樹狁游興,綠簑青簑訪釣徒。我本江南舊漁侶,披圖忽苦憶蒓鱸。

遥遥華胄起河陽,奕葉清芬接武長。獻賦何心終白社,傳經有子嗣青箱。琳瑯墨瀋詩千帙,信宿蒹葭水一方。令嗣煥園先生著有《存意詩集》。最是風流能啓後,孫枝蘭桂盡成行。公再傳至止軒先生昆玉,今令孫已濟濟矣。

文孫宦迹紀秦郵,韓信祠前選壯游。到處每誇蘆屋勝,歸來重搆草亭幽。止軒今所居名半草亭,即蘆屋舊額也。著書早富名山貯,止軒著有《歲時紀勝》《昏儀便俗》等書。述祖長教世澤留。圖中止軒自爲詩記其事。更愛水雲圖一幅,知君興亦在滄洲。止軒急流勇退,取"行到水窮處,坐看雲起時"①二句意,繪爲圖。

歸安吳孝廉詩　名蘭庭,字胥石。②

蘆屋在何許? 蕭然水一涯。主人卷書坐,頭白似蘆花。

烏程高明經詩　名世鑛,字朗亭。

即此羅含宅,應教異代誇。陂塘秋水闊,繞屋是蘆花。若下多吟客,烟波有釣槎。披圖重載筆,吾亦念生涯。

析津任孝廉詞③　名會棻,字唫甫,號石香。

秋天鳴雁春天鳥,送光陰摧人漸老。盡爲韁鎖忙,都忘拾瑶草。　看破紅塵,歸來綠繞,都是蘆塘荻道。讀罷古顏多,琴終山翠小。右調寄《海棠春》。

---

① 王維《終南別業》:"行到水窮處,坐看雲起時。"
② 據《晚晴簃詩匯》卷九六載,吳蘭庭字胥石,浙江歸安(今浙江省湖州市)人,乾隆三十九年(1774)舉人。
③ 《析津任孝廉詞》共二首。

魚池清徹，朱明堪避熱。金鏡滿，銀河潔。陂塘五月中，匹練千秋節。人不見，茶烟一縷晴空結。　披圖妙絕，幽徑通曲折。管城子，烏玉玦。仿佛舊烟花，_{公原籍廣陵。}依稀小江浙。秋來也，蘆花萬點飛晴雪。_{右調寄《千秋歲》。}

又題① _{有小序。}

恭題《蘆屋圖》之明，復集毛詩成句五章，章八句，爲蘆屋之誦。

彼汾一曲，於誰之屋？所謂伊人，溫其如玉。獨寐寤歌，維日不足。優哉游哉，云何不樂。_{其一。}

蒹葭蒼蒼，零露瀼瀼。君子至此，有紀有堂。下莞上簟，北風其涼。_{用陶淵明"高臥北窗下"句意。②}安且吉兮，何用不臧。_{其二。}

彼茁者葭，其葉肺肺。南澗之濱，其魚唯唯。彼美一人，在水之湄。每懷靡及，使我心痗。_{其三。}

揚之水，其流湯湯。豈不懷歸，_{楚唫公自給揚遷居日下。}亦孔之臧。南有嘉魚，_{金魚池在蘆屋之南。}承筐是將。每有良朋，_{公居時，有錢唐范性華等嘗過其廬。}并坐鼓簧。_{其四。}

八月萑葦，猗儺其枝。我來自東，_{金魚池地屬東南，去金臺書院不遠，余赴課嘗經其間。}心焉數之。念昔先人，悠悠我思。懷允不忘，作爲此詩。_{其五。終。}

析津任明經詩 _{名又棻，號西崦。有小叙。}

壬辰春，③偶披《蘆屋圖》卷，見琳瑯滿幅，慨然興焉。效作長短句一首，塗鴉具耳。時二月二十一也。

楚唫先生誰爲儔？蘆花一片明江秋。返照水光上茅棟，居然人

---

① 《又題》共五首。
② 陶淵明《與子儼等疏》載："嘗言五六月中北窗下臥，遇涼風暫至，自謂是羲皇上人。"
③ 壬辰：乾隆三十七年（1772）。

在木蘭舟。數椽茅屋，非先生不勝；十畝蘆田，非先生不幽。蘆中人，蘆中人，何處求？蘆花蘆屋，不知何年何月結騷社。惹得詩人，至今翻吟覆咏不肯休。

恭賦王父楚崟太公《蘆屋圖》詩①

不爭朝市住京華，客久天涯便是家。懶向紅橋看芍藥，偏來紫陌憩兼葭。閑雲野鶴行踪慣，遠水平蕪望眼賒。尺五城南容寄傲，更須何處覓仙□。

飄泊蘆蒼淺水濱，會心鷗鷺許相親。數椽茆屋烟霞古，四壁圖書歲月陳。門外不來題鳳客，座中偏有索詩人。官情肯共風塵老，漫憶鱸魚溪上蓴。

幻海生涯任有無，百年身世幾榮枯。山中採藥逢仙侶，灘上垂綸憶釣徒。方寸自如游五岳，扁舟何必去重湖。竹林栗里令何在？贏得千秋一畫圖。

傳來書卷舊螢編，匣裹猶存硯一田。墨稼自需勤肯獲，經鋤豈必計逢年。草堂剩迹晋濡翰，石室遺文貯染牋。珍重百朋群錫與，好將爭耀米家船。

【校勘記】

[1] 號蕊林：原作"字蕊林"，據《國朝書人輯略》卷四改。
[2] 字湘人：原作"字湘蓴"，據《清秘述聞》卷一五《鄉會同考類三》、《全浙詩話》卷四八改。
[3] 元木：原作"園牧"，據《國朝詩鐸》卷二六《詩人名氏爵里著作目》、《全浙詩話》卷四八改。
[4] 號板橋：原作"字板橋"，據《文獻徵存錄》卷五改。
[5] 左峨：原作"筠心"，據《清秘述聞》卷一六《鄉會同考類四》改。
[6] 號恕園：原作"字恕堂"，據《〔光緒〕江西通志》卷一六八《列傳》、《〔同治〕贛州府志》卷

---

① 《恭賦王父楚崟太公蘆屋圖詩》共四首。

五〇《人物志·仕績》改。
［7］號：原作"字"，據《〔光緒〕丹徒縣志》卷三三《文苑一》改。
［8］字筠盟：原作"字雲門"，據《清秘述聞》卷一一《學政類三》、《國朝御史題名》改。
［9］號：原作"字"，據《桐城耆舊傳》卷八、《〔道光〕續修桐城縣志》卷一三《人物志·宦迹》改。
［10］祖期：原作"譜梅"，據《〔乾隆〕紹興府志》卷五一《人物志十一》改。
［11］汝陽：原作"衣庵"，據《〔乾隆〕續河南通志》卷五一《進士》、《清秘述聞》卷六《鄉會考官類六》及《國朝御史題名》改。
［12］號：原作"字"，據《兩浙輶軒錄》卷三五改。
［13］開雲：原作"春湖"，據《清秘述聞》卷一六《鄉會同考類四》及《嶺東道惠湖嘉道職官志》改。

《蘆屋圖》書後

　　吾宗自東晉時家吳興，及宋元嘉錫號純孝里，①事具載譜叙中。厥後徙歙邑，更徙揚州，則始於我五世祖。而王父楚唵公復爲北遷之始，迄今四葉居大興。陛生也晚，於諸孫爲季，弗獲親奉飴含。少時聞二大人稱述遺訓，并睹先贈君所示《蘆屋圖》，想見我王父曠襄高致。問圖何爲作？以屋傳也。居何爲以蘆名？在蘆中也。屋何以有圖？則居之不終，而寄情於楮墨也。方我公之入都，在康熙三載，承平伊始，舊業毀於兵。公悉蠲所有，挈琴、書數事，飄然北游。既戾止，見繁華里第，皆無意棲遲，獨愛此荻岸葦叢，得物外蕭閑意，遂購而居之。未幾，官役興，蹐削頓盡，乃寫諸尺幅，時寓目焉。爾日高其行者，贈言已夥，小子陛受而藏之，積數十年。追摹遡咏，得諸詞壇藝苑之菁英，裒然成帙。庶先人高蹈之風未克久遂於生平，竊幸永垂於來禩矣。夫百年邸舍，改易何常？豈如著在丹青，不可得而磨滅。王父胸無葑懲，於世味尠所流連，故園累代之傳，不難棄而不有顧。惓惓於此數椽，蓋性之所耽，未能恝置耳。不才縱莫由繼厥志，忍令没而不傳耶？且王父之可傳者，固不僅此。蚤以詩見知於時名宿，其他著述頗多。府君得之庭訓，立稿亦且等身，皆有待刊行。其首重此圖者，亦欲後之人毋忘先澤所留貽，且識始遷之迹云耳。

　　時在乾隆十二年，歲丁卯仲春既望，②孫男榮陛沐手恭跋於西草廠巷停帆書屋。

　　潘君楚唵老世伯，舊居名曰"蘆屋"，圖卷後諸君題咏於康熙丁未，③後人刻板成書，分送鄉誼。

---

① 純孝里：在今浙江省湖州市吳興區。南朝宋元嘉四年（427年）南朝宋文帝因潘綜挺身救父，將潘綜故里賜名爲純孝里。
② 丁卯：乾隆十二年（1747）。
③ 丁未：康熙六年（1667）。

参 考 文 献

一、古代文献

(一) 史部

《〔乾隆〕萧山县志》：(清) 黄钰修,影印清乾隆十六年(1751)刻本。

《〔乾隆〕鹤山县志》：(清) 刘继纂修,影印清乾隆十九年(1754)刻本。

《〔乾隆〕宣化府志》：(清) 王者辅原本,张志奇续修,黄可润续纂,影印清乾隆二十二年(1757)刻本。

《〔乾隆〕续河南通志》：(清) 阿思哈、嵩贵纂修,影印清乾隆三十二年(1767)刻本。

《〔乾隆〕亳州志》：(清) 郑交泰纂,王万云修,影印乾隆三十九年(1774)刻本。

《〔道光〕济南府志》：(清) 成瓘纂,影印清乾隆四十三年(1778)刻本。

《〔乾隆〕石屏州续志》：(清) 吕缵先修,罗元琦纂,影印清乾隆四十五年(1780)刻本。

《〔乾隆〕凤台县志》：(清) 林荔修,姚学甲纂,影印清乾隆四十九年(1784)刻本。

《〔乾隆〕绍兴府志》：(清) 李亨特、平恕纂修,影印清乾隆五十七年(1792)刻本。

《清秘述闻》：(清) 法式善等撰,影印清嘉庆四年(1799)刻本。

《〔道光〕续修桐城县志》：(清) 金鼎寿纂修,影印清道光十四年(1834)刻本。

《〔乾隆〕皋兰县志》：(清) 吴鼎新修,黄建中纂,影印清道光二十年(1840)刻本。

《〔嘉慶〕羅江縣志》：（清）李桂林等纂修，影印清同治四年（1865）刻本。

《〔同治〕贛州府志》：（清）魏瀛修，魯琪光纂，影印清同治十二年（1873）刻本。

《〔光緒〕續修正安州志》：（清）彭焯修、楊德明等纂，影印清光緒三年（1877）刻本。

《〔光緒〕丹徒縣志》：（清）何紹章修，呂耀斗纂，影印清光緒五年（1879）刻本。

《〔光緒〕廣州府志》：（清）戴肇辰、蘇佩訓修，史澄、李光廷纂，影印清光緒五年（1879）刻本。

《〔光緒〕江西通志》：（清）曾國藩修，劉繹纂，影印清光緒七年（1881）刻本。

《〔光緒〕歸安縣志》：（清）陸心源等修，影印清光緒八年（1882）刻本。

《〔光緒〕續修廬州府志》：（清）黃雲修，林之望等纂，影印清光緒十一年（1885）刻本。

《〔道光〕夔州府志》；（清）恩成修，劉德銓纂，影印清光緒十七年（1891）刻本。

《〔道光〕昆明縣志》：（清）戴絅孫纂輯，影印清光緒二十七年（1901）刻本。

《皇朝通志》：（清）嵇璜等撰，影印清光緒二十七年（1901）刻本。

《國朝書人輯略》：（清）震鈞輯，影印清光緒三十四年（1908）刻本。

《國朝御史題名》：（清）黃叔璥撰，影印清光緒年間刻本。

《〔光緒〕麗江府志》：（清）陳宗海修，政協麗江市古城區委員會編，2005年版。

《桐城耆舊傳》：（清）馬其昶撰，影印清宣統三年（1911）刻本。

《〔乾隆〕雲南通志》：（清）鄂爾泰修，影印文淵閣《四庫全書》本，臺灣商務印書館 1986 年版。

《〔雍正〕山東通志》：（清）岳濬修，杜詔纂修，影印文淵閣《四庫全書》本，臺灣商務印書館 1986 年版。

《〔嘉慶〕溧陽縣志》：（清）李景峰、陳鴻壽修，史炳、史津纂，鳳凰出版社 2008 年版。

《欽定八旗通志》：（清）福隆安纂修，國家圖書館出版社 2013 年版。

（二）子部

《胡氏書畫考三種》：（清）胡敬撰，影印清嘉慶年間刻本。
《桐陰論畫二編》：（清）秦祖永撰，上海古籍出版社1996年版。
《續桐陰論畫》：（清）秦祖永撰，上海古籍出版社1996年版。
《揚州畫舫錄》：（清）李斗著，鳳凰出版社2013年版。

（三）集部

《國朝詩鐸》：（清）張應昌輯，清同治八年(1869)永康應氏秀藏堂刻本。
《湖海詩傳》：（清）王昶輯，商務印書館1936年版。
《樞垣記略》：（清）梁章鉅、朱智撰，何英芳點校，中華書局1984年版。
《文獻徵存錄》：（清）錢林輯，王藻編，文海出版社1986年版。
《兩浙輶軒錄》：（清）阮元、楊秉初輯，夏勇整理，浙江古籍出版社2012年版。
《全浙詩話》：（清）陶元藻編，俞志慧點校，中華書局2013年版。
《蘆屋圖詩文》：（清）潘榮陛編，《朔方文庫》影印寧夏大學圖書館藏清稿本，國家圖書館出版社2018年版。

二、現代文獻

（一）著作

《〔民國〕建陽縣志》：趙模修，王寶仁纂，民國十八年(1929)鉛印本。
《〔民國〕醴陵縣志》：陳鯤修，劉謙纂，民國三十七年(1948)鉛印本。
《〔民國〕新纂雲南通志》：龍雲修，周鍾嶽纂，民國三十八年(1949)鉛印本。
《掘港鎮志》：掘港鎮志編寫組編，掘港鎮志編寫組1981年出版。
《晚晴簃詩匯》；徐世昌編，聞石點校，中華書局1990年版。
《名家草書楹聯集粹》：司慧國、張愛軍、王玉孝主編，藍天出版社2010年版。
《清人詞話》：孫克強、楊傳慶、裴哲編著，南開大學出版社2012年版。

《嶺東道惠湖嘉道職官志》：陳梅湖主纂，陳端度協纂，2012 年版。

《"解碼徽商"叢書·仁心濟世》：張愷著，安徽師範大學出版社 2016 年版。

(二) 論文

《寧夏大學圖書館藏〈蘆屋圖詩文〉初探》：王艷秀撰，《圖書館理論與實踐》2009 年第 10 期。

《寧夏大學圖書館藏清乾隆孤本〈《蘆屋圖》詩文〉考述》：楊思雨撰，《寧夏師範學院學報》2020 年第 9 期。

《〈蘆屋圖詩文〉各詩文作者生平考略》：王婧哲撰，《湖南人文科技學院學報》2021 年第 3 期。

漢石例

〔清〕劉寶楠 撰　　賀知章 校注

整理説明

《漢石例》六卷，清劉寶楠撰。寧夏大學圖書館藏《漢石例》爲清道光十六年（1836）稿本。該本一函六册，半葉十行，二十三字，小字雙行同，白口，四周單邊。版框19.9×13.8厘米，尺寸24.4×17.2厘米。書紙用朱色方格紙，謄抄工整。書中有朱、墨筆修改，闕字例用"□"。列入國家珍貴古籍名録。

劉寶楠（1791—1855），字楚楨，號念樓，江蘇寶應人。嘉慶二十四年（1819）優貢生，道光二十年（1840）年進士，歷任直隸文安（今屬河北）、元氏（今屬河北）、三河（今屬河北）、寶坻（今屬天津）等縣知縣。

劉寶楠精於漢學，是"揚州學派"的傑出代表。著作有《論語正義》二十四卷、《釋穀》四卷、《漢石例》六卷、《愈愚録》六卷、《勝朝殉揚録》三卷、《寶應圖經》六卷、《念樓集》等二十餘種。

《漢石例》共六卷二百八十五例。正文前有道光十年作者自作《叙目》一篇，主要叙述漢碑中今人宜避之處，如"祖考稱考""祖母稱母""父母生稱考妣""祖考稱皇""女子稱妃"等二十五例。目録後有道光十年作者識語。正文卷一、卷二、卷三述墓碑例，卷四述廟碑例、德政碑例和墓闕例，卷五雜例，卷六總例。共列墓碑例一百五十條，廟碑例二十九條，德政碑例十三條，墓闕例十一條，雜例三十二條，總例四十八條。

《漢石例》成於道光十年（1830），道光二十九年（1849）刻入《連筠簃叢書》，同治八年（1869）山東濟南府再次刻印，後又輯入《金石全例》。《連筠簃叢書》本張穆叙中談到劉寶楠編修《漢石例》緣由："鄱陽洪氏《隸釋》《隸續》，其文其銘，體例非一。""錢塘梁氏《志銘廣例》、吴江郭氏《金石例補》、嘉興馮氏《金石綜例》，搜才較博，舉例尚疏。至長洲王氏《碑版廣例》，雖上取秦漢，下訖中唐，其恉乃主於摧毁漢人，專以文章正統與韓歐。""吾友寶應劉君楚楨，始本竹垞之意，壹以東京爲主，傳以經術，加之博證，纂爲《漢石例》六卷。"《續修四庫全書總目提要》評價其書特點:"其書頗能得大義,義舉而例亦因之,至於斷制深嚴,條例明暢,尤非諸家所能及。"①

　　寧夏大學圖書館藏《漢石例》手稿本爲目前所見最早的版本,有學者據目錄後題"道光十六年三月下旬,寶楠自校一過,漫識於目錄後,時寓都中揚州新館之淮海堂"等字樣,斷定其爲劉寶楠清稿本。《漢石例》鈔本國家圖書館和復旦大學圖書館各藏一部,傳世刊本主要有清道光十六年(1836)刻本、道光二十九年(1849)連筠簃刻本、同治八年(1869)山東湖州丁彥臣刻本[同治八年(1869)山東文友堂刻本]、光緒十一年(1885)吳縣朱氏槐廬家塾刻《槐廬叢書》本和光緒十四年(1888)《行素草堂金石叢書》本。此稿本對刊本當有重要校勘價值。

　　《叢書集成初編》和臺灣新文豐出版公司出版的《石刻史料新編》第四十册據《連筠簃叢書》本排印。目前對《漢石例》的研究只有在介紹古籍書目和研究漢代石刻義例時簡略提到,專門針對此書的研究尚未見到。

　　本次整理,以寧夏大學圖書館藏清道光十六年(1836)稿本(簡稱"寧大本")爲底本,以《連筠簃叢書》刻本(簡稱"連筠簃本")爲對校本。附錄一收錄了道光二十九年張穆爲"連筠簃本"作的序言,附錄二收錄了同治八年膠州匡源爲山東文友堂刻本作的序言。爲閱讀、查尋資料方便,增加了目錄,列於卷首。并根據現代行文習慣,在每個條目前後增加空行,將條目名稱提前兩格,具體內容段前空兩格排版。

　　本次整理,以標點、注釋、校勘等爲整理方式。校正了錯別字,補充了一些遺漏文字,明顯爲書寫筆誤之處徑行改正,不出校記。對書中所引典籍內容,凡不影響文意理解的,一般不出注。出注的情況主要有以下三種,一是對現代讀者相對陌生的學者和著作,在注中予以簡要介紹;二是書中引文出處相對模糊或對原書內容進行大段引用,在注中説明詳細出處;三是有些內容有助於對原文的理解,在注中加以引用。

---

① 《續修四庫全書總目提要·史部》;《續修四庫全書總目提要》編纂委員會編,上海古籍出版社 2014 年版。

漢石例叙

　　元潘景梁①、明王止仲②、國朝黄太冲③并纂録韓柳諸家文爲碑碣例,世稱"金石三例"是也。夫刻石之興,肇自皇古,梁甫弇山,載籍蓋闕,琅琊碣石,巡幸偶經。降至東都,斯風乃熾,公卿貴人,下及一行之士、門生故吏,載筆貞珉,其書爵里姓名爲傳體,其書生卒年月爲狀體。魏晋以降,訖於唐初,謹守其法。韓柳上法莊荀,工於思議而體制寖失。予素喜東漢碑碣之文,甄而録之,爲墓碑例百五十、廟碑例二十九、德政碑例十三、墓闕例十一、雜例三十二、總例四十八。爲文之體,略備於斯,魏晋以下,概從删佚。[1]然而祖考稱考,《郡掾史張元祠堂碑》。祖母稱母。《金廣延紀母碑》。

　　《爾雅》:"父之考爲王考,父之妣爲王母。"④漢人省文去"王"字,故曰"考"、曰"母",然不可爲例。又案,歐陽氏《博古圖》"商父癸鼎""持刀父癸尊""執戈父癸卣""持干父癸卣""執戈父癸盉"并上作"孫"字形,下注"父癸"二字;"商父乙尊""父乙第二爵"并上作"孫"字,下注"父乙"二字。上"孫"字應指作器之人,下"父癸""父乙"應指祖父,似孫得稱祖爲父。又"商母乙鬲""亞形中孫執戟"旁注"母乙"二字,似孫得稱祖母爲母。案,周《州卣》提梁銘一字曰"孫",《圖説》云:"孫,可以爲王父尸。"⑤然則古器凡篆作"孫"字如人立形,皆指尸。下文"父癸""父乙""母乙"即指上"尸"言,子稱父母,非孫稱祖父母也。又案,

---

① 潘昂霄,生卒年不詳,字景梁,號蒼崖。元代濟南歷城人。著有《金石例》十卷,采集秦漢及唐宋諸大家金石文例,發凡起例,編纂而成。
② 王行(1331—1395),字止仲,號半軒。明代江蘇蘇州人。著有《墓銘舉例》四卷。
③ 黄宗羲(1610—1695),字太冲,一字德冰,號南雷。明末清初浙江紹興府餘姚縣人。著作宏富,有《金石要例》一卷等。
④ 見《爾雅義疏》卷四《釋親第四》。
⑤ 見《重修宣和博古圖》卷一一"州卣"。

薛氏《鐘鼎款識》"齊侯鎛鐘"云："用享於其皇祖、皇妣、皇母、皇考。"①似祖母稱"妣"，蓋本《毛詩》"似續妣祖"、《周禮》"以享先妣"之義。然下有"母""考"，則上文"祖""妣"之"妣"，自是祖母之稱，若單用妣字，其義不明矣。

父母生稱考妣。《冀州從事郭君碑》。

《爾雅》："父爲考，母爲妣。"《方言》："南楚瀑洭之間，謂婦妣曰母姼，稱婦考曰父姼。"郭氏注《爾雅》云："《禮記》曰：'生曰父、母、妻，死曰考、妣、嬪。'今世學者從之。案，《尚書》曰：'大傷厥考心''事厥考厥長''聰聽祖考之彝訓''如喪考妣'。《公羊傳》曰：'惠公者何？隱之考也。仲子者何？桓之母也。'《蒼頡篇》曰：'考妣延年。'明此非死生之異稱矣。"②又注《方言》云："古者通以考妣爲生存之稱。"據郭氏兩注，是考妣爲存殁通稱。《曲禮》孔疏云："此生死異稱，出《爾雅》文，言其別於生時耳，若通而言之亦通也。"③下文引《尚書》云云，即用郭氏《爾雅》注文，是孔氏亦以考妣爲存殁之通稱。案，生死異稱，乃《曲禮》文，非《爾雅》文，孔氏誤也。《説文》："考，老也。""妣，殁母也。"考老互訓乃本義，引伸爲殁父之稱。許不言者，妣爲殁母，則考爲殁父，從可知也。《釋名》："父死曰考。考，成也。亦言槁也，槁於義爲成，凡五材，膠漆陶冶皮革，乾槁乃成也。母死曰妣。妣，比也，比之於父亦然也。"據許、劉二説，則考妣定爲父母既殁之稱，今從之。

以及烈祖、《太尉楊公碑》。烈考、《太尉橋公廟碑》《中常侍樊安碑》。文考《文範先生陳仲弓碑》。之號。

此俱襲用《詩》《書》之文，然今人宜避。

親父、《元儒先生婁壽碑》。惠兄、順弟《北軍中侯郭仲奇碑》。之名，或碑陰頌其舉主，《三公山碑》。或碑額題其姓名。《倉頡廟碑》。

碑末碑陰，後人題年月姓名，常例也。碑額題名則非。

尊之則頌以聖心，《冀州刺史王純碑》。卑之則比於下流。《太尉楊公碑》。

聖心、下流，并指出錢立碑人。

此皆不可爲法。若夫張氏爲天文之應，《巴郡太守張敏碑》。柳氏爲柳宿之精，《孝廉柳敏碑》。以霜月爲九月，以皇極爲五日。《魯相韓勑造孔廟禮器碑》。

---

① 見《歷代鐘鼎彝器款識法帖》卷七"齊侯鎛鐘"。
② 見《爾雅義疏》卷四《釋親第四》。
③ 見《禮記正義》卷五《曲禮下第二》。

王氏懷祖《漢隸拾遺》："霜、相古同聲。故霜字以相爲聲。"①錢氏大昕《養新録》："霜月,相月也。《爾雅》'七月爲相',恐非漢人立文本意。"②

歐陽、趙、洪,并多詆斥。又如祖考稱皇。《淳于長夏承碑》。

《曲禮》："祭王父曰皇祖考,王母曰皇祖妣。父曰皇考,母曰皇妣。夫曰皇辟。"《注》："更設稱號,尊神異於人也。皇,君也。"③《祭法》"皇考廟"注亦云："皇,君也。"《正義》："皇考廟者,曾祖也。皇,大也,君也。曾祖轉尊,又加大君之稱也。"④案,此則自曾祖至考及妻稱父,皆得爲皇,周制也。《陔餘叢考》曰："皇者,大也。於君上之義無涉。《曲禮》:'父曰皇考,母曰皇妣。'《離騷》:'朕皇考曰伯庸。'《晉司馬機爲燕王告祔廟文》:'亦曰敢昭告於皇考清惠亭侯是也。'徐健庵⑤《讀禮通考》謂:'今人以顯考爲父,起於元世,時以皇字爲君上尊稱,遂易爲顯考。'然葉石林⑥云:'漢議宣帝父稱,羣臣初請謚爲悼太子,魏相以爲宜尊稱曰皇考。自是皇考遂爲尊號之稱,非後世所得通用。'石林之言如此,則似宋時已無稱父爲皇考之例。"⑦

女子稱妃。《先生郭輔碑》。

碑云："娥娥三妃,行追太姒⑧。"以三妃稱郭氏三女。案,《檀弓》:"舜葬於蒼梧之野,蓋三妃未之從也。"碑文本此。鄭氏注云:"帝嚳而立四妃矣,象后妃四星,其一明者爲正妃,餘三小者爲次妃。帝堯因焉,至舜不告而取,不立正妃,但三妃而已。夏后氏增以三三而九,合十二人。《春秋説》云:'天子取十二。'即夏制也。以虞、夏及周制差之,則殷人又增以三九二十七,合三十九人。周人上法帝嚳,立正妃,又三二十七爲八十一人以增之,合百二十一人。其位

---

① 《讀書雜志》第十五《漢隸拾遺》:"引之云:弟一行'霜月之靈',霜月即《爾雅》之'七月爲相'也。霜、相古同聲,故霜字以相爲聲……《集古録》以霜月爲九月,非是。"
② 見《十駕齋養新録》卷一七"霜月"條。
③ 見《禮記正義》卷五《曲禮下第二》。
④ 見《禮記正義》卷四六《祭法第二十三》。
⑤ 徐健庵:連筠簃本作"徐氏"。徐乾學(1631—1694),字原一,號健庵,清江南崑山人。撰《讀禮通考》一百二十卷。
⑥ 葉夢得(1077—1148),字少藴,宋蘇州長洲人。晚年隱居湖州弁山玲瓏山石林,故號石林居士,所著詩文多以石林爲名,如《石林燕語》《石林詞》《石林詩話》等。
⑦ 見《陔餘叢考》卷三七"顯考"條,後略"健庵之説,不知何所本"。
⑧ 寧大本此處旁注"姒",因此連筠簃本"姒"作"姒"。"姒"指古代兄弟之妻年長者,《爾雅·釋親》:"娣婦謂長婦爲姒婦。""姒"是"姒"的異體字,《説文解字注》:"姒,美女也。"

后也、夫人也、嬪也、世婦也、女御也。……孔疏《大戴禮·帝繫篇》云：'帝嚳卜四妃之子，皆有天下。長妃有邰氏之女曰姜嫄，次妃有娀氏之女曰簡狄，次妃陳豐氏之女曰慶都，次妃娵訾氏之女曰常宜。即常儀。'……《援神契》云：'辰極橫后妃四星，縱曲相扶。'"①考《爾雅·釋詁》："妃，合也。《説文》同。妃，匹也。妃，對也。妃，媲也。"②《左氏·桓二年傳》："嘉耦曰妃。"然則妃者上下皆得稱之，無貴賤一也。鄭君注《檀弓》推周之制，天子妃一百二十一人，則后、夫人、嬪、世婦、女御，皆得爲妃，明尊卑之稱，不繫此也。《曲禮》云："天子有后，有夫人。"③又云："天子之妃曰后，諸侯曰夫人，大夫曰孺人，士曰婦人，庶人曰妻。"④不言天子有妃，不言天子之妃曰妃者，知妃非后專稱也。諸侯、大夫、士庶人不稱妃者，承上文而辭省也。《左傳》："惠公元妃孟子。"⑤《文十四年傳》："子叔姬妃齊昭公。"《昭八年傳》："陳哀西元妃生悼大子偃師，二妃生公子留，下妃生公子勝。"《後漢書·皇后紀》："晋獻升戎女爲元妃。"則夫人稱妃。《儀禮·少牢饋食禮》"諸侯卿大夫祭其祖禰於廟之禮"也，康成説。而云"以某妃配某氏"，則孺人稱妃。《左氏·成八年傳》："士之二三，猶喪妃耦。"此士統庶人言，則婦人與妻稱妃也。秦漢以後，猶稱諸侯王妃，至大夫、士不稱妃，蓋此稱鮮用而其義始尊矣，此今人所宜避也。又碑紀郭輔而稱其女爲妃，修辭未善。若夫以太姒妣比諸女，洪氏《隸釋》已斥其非⑥，不更贅言。

　　郡署稱朝。《司隸從事郭究碑》《豫州從事尹宙碑》。

　　顧氏亭林《日知録》據《後漢書·劉寵傳》《晋書·劉琨傳》《三國志·孫皓傳》注、晋盧湛《贈劉琨詩》，謂郡守稱朝。據潘岳《西征賦》，謂縣令稱朝。⑦又

―――――――――

① 見《禮記正義》卷七《檀弓上第三》。"但三妃而已"，《禮記正義》作"但三而已，謂之三夫人。《離騷》所歌湘夫人，舜妃也。"連筠簃本未見《大戴禮記》與《援神契》兩處引文。
② 《爾雅義疏》卷四《釋詁第一》："妃，合、會，對也。妃，媲也。"
③ 見《禮記正義》卷四《曲禮下第二》。
④ 見《禮記正義》卷五《曲禮下第二》。
⑤ 見《春秋左傳正義》卷二《隱元年盡二年》。
⑥ 《隸釋》卷一二《先生郭輔碑》："又云：娥娥三妃，行追大姒。漢碑嘗以孔宙比禹湯矣，此以大姒比郭氏諸女，擬人不以其倫如此。"
⑦ 《日知録》卷二四"上下通稱"條："漢人有以郡守之尊稱爲本朝者。《司隸從事郭究碑》云'本朝察孝，貢器帝庭'，《豫州從事尹宙碑》云：'綱紀本朝'是也。亦謂之郡朝。《後漢書·劉寵傳》'山谷鄙生，未嘗識郡朝'是也。亦謂之府朝，《晋書·劉琨傳》'造府朝，建市獄'是也。亦有以縣令而稱朝。晋潘嶽爲長安令，其作《西征賦》曰'勵疲鈍以臨朝'是也。《三國志·孫皓傳》注、晋盧湛《贈劉琨詩》引文未見。

引胡三省《通鑑》注:"晋宋之間,郡曰郡朝,府曰府朝,藩王曰藩朝,宋武帝爲宋王,齊高帝爲齊王,時曰霸朝。"然非後世所可通用。又案,郭究、尹宙二碑皆稱本朝,此猶撰文人稱之,非太守自稱。《後漢書·法真傳》:"太守曰:'欲以功曹相屈,光贊本朝。'"①太守自稱本朝,後世斷不可行。

官牒稱勑。《帝堯碑》《史晨饗孔廟後碑》《西嶽華山廟碑》《仙人唐公房碑》《武都太守李翕西狹頌》。

勑本作敕,漢碑多作勑,其實勑音徠,不當借用。顧氏亭林《金石文字記》據《陳咸傳》②及孫寶③、何竝④之文,又據《韋賢》《丙吉》《趙廣漢》《韓延壽》《王尊》《朱博》《龔遂》諸傳,謂漢時官長行之掾屬,祖父行之子孫,皆曰敕。⑤又據《何曾傳》謂晋時上下通稱,至南北朝,惟朝廷專之,而臣下不敢用,故北齊樂陵王百年⑥,習書數敕字,遂以見殺。⑦趙氏翼《陔餘叢考》又據《漢書》成帝、元帝詔,王尊、丙吉傳,《後漢書》陳寵傳,《魏略》梁習,《三國志》高堂隆、司馬昭、張猛諸人,證長官敕僚屬。據《漢書》韋賢,《後漢書》張純,《逸民傳》向子平,《魏略》曹操、李豐,《吳書》李衡,《世語》薛夏,《北史》雷紹、崔光諸人,證尊長敕子弟。又言北齊王百年,作敕字,武成帝殺之,又似專爲君上之用。蓋古時詔敕本自朝廷,而民間口語相沿,亦得通用。至唐顯慶中再定制,必經鳳閣鸞臺,始

――――――

① 《後漢書》卷八三《逸民列傳》:"太守曰:'昔魯哀公雖爲不肖,而仲尼稱臣。太守虛薄,欲以功曹相屈,光贊本朝,何如?'"

② 《漢書》卷六六《陳萬年傳附子咸傳》:"公移敕書曰:即各欲求索自快,是一郡百太守也,何得然哉!"

③ 《漢書》卷七七《孫寶傳》:"數月,以立秋日署文東部督郵。入見,敕曰:'今日鷹隼始擊,當順天氣取奸惡,以成嚴霜之誅,掾部渠有其人乎?'"

④ 《漢書》卷七七《何竝傳》:"使文吏治三人獄,武吏往捕之,各有所部。敕曰:'三人非負太守,乃負王法,不得不治。'"

⑤ 《金石文字記》卷之一《西嶽華山廟碑》:"敕者,自上命下之辭,漢時人官長行之掾屬,祖父行之子孫,皆曰'敕'。考之前史,《陳咸傳》言'公移敕書',而孫寶之告督郵、何竝之遣武吏,俱載其文爲'敕曰'。他如《韋賢》《丙吉》《趙廣漢》《韓延壽》《王尊》《朱博》《龔遂》之傳,其言'敕'者凡十數見。"

⑥ 《北齊書》卷一二《樂陵王百年傳》:"百年嘗作數'敕'字,德冑封以奏。""見帝於玄都苑涼風堂,使百年書'敕'字,驗與德冑所奏相似。遣左右亂捶擊之,又令人曳百年繞堂且走且打,所過處血皆遍地。氣息將盡,曰:'乞命,願與阿叔作奴。'遂斬之,棄諸池,池水盡赤,於後園親看埋之。"

⑦ 《何曾傳》:"人以小紙爲書者,勑記室勿報。"則晋時上下猶通稱之也。至南北朝以下,則此字惟朝廷專之,而臣下不敢用。故北齊樂陵王百年習書數"勑"字而遂以見殺。

名爲敕，其令始嚴。然《唐書》"安禄山討契丹，敕人持一繩。""李愬嫡母卒，父晟敕愬服緦。"則臣下猶有用敕字者。此修書者慣用古文之字以爲文，非當日實事也。① 案，漢代敕字上下通用，魏晉以後，此字漸尊。今仍以漢言之，顧趙所引證外，《後漢》寇恂、岑彭、耿弇、劉隆、魯恭、郭丹、鮑永、梁統、曹褒、張霸、度尚、班超、橋玄、楊震、孔融、黃昌、范式諸傳所載，皆長官敕僚屬也；胡廣、周榮、楊由諸傳，崔駰傳注引華嶠書所載，皆尊長敕卑幼於平日也。《漢》龔勝，《後漢》羊續、樊宏集、鄭宏集、梁統、張霸、丁鴻、趙諮、張酺、盧植、趙岐、任末、范丹、謝夷吾諸傳，《列女傳》袁安、李固傳注所載，皆尊長敕卑幼於臨終也。蓋遺命亦得稱敕，然在後世，俱不可行。又案，薛氏《鐘鼎款識‧諸旅鬲》云："諸旅作尊鬲，其子孫永寶用敕。"此亦祖父敕子孫，在周時敕字通用，秦漢猶然，然不可爲後世法。

墓域稱陵。《北海相景君碑》《丹陽太守郭旻碑》。

《日知錄》據《史記‧趙世家》《秦本紀》，爲稱陵之始；據《水經注》引《風俗通》，《後漢書‧明章二帝紀》，《西京雜記》，及曹公《祭橋玄②文》，《陳思王上書》，謂人臣得稱陵；又據《舊唐書‧德肇傳》，盧粲駁武承訓造陵之奏，謂陵之稱施於尊極，不屬王公已下，此自南北朝以後然而。審是則人臣不得稱陵，由來已久。③ 案，《水經注‧滱水篇》云："滱水又東，逕京邱北，……南對漢中山頃王陵，北對君子岸，岸上有哀王子憲王陵。……滱水又東，逕白土北，南即靖王子康王陵，……又東逕漢哀王陵北，冢有二墳，故世謂之兩女陵，非也。"《灅水篇》云："灅水又東逕燕王陵南。"此漢代人臣得稱陵也。《濟水一》云："又東，逕秦相魏冄冢南，……世謂之安平陵。"此戰國時人臣得稱陵也。《河水四》云："其水東南逕子夏陵北。"《汾水篇》云："襄陵縣西北有晉襄公陵。"顏師古注《漢書‧地理志》，亦以河東郡襄陵爲晉襄公之陵，陳留郡襄邑，本承匡襄陵鄉也，宋襄公所葬。此春秋時諸侯及大夫、士皆得稱陵。《河水四》引闞駰《十三州志》曰："雷首山南有古冢，陵柏蔚然，……俗謂之夷齊墓。"似商周之際，已通名"陵"，顧氏謂始於趙秦恐非。

---

① 見《陔餘叢考》卷二二"敕"條。《甕牖閑評》云：敕字從束從文，不從來從力，或作勅字，乃變體書，猶可用也。至乃作勅字，則贅字，非敕字矣。

② 玄：原文作"元"，清代避聖祖康熙名諱玄燁，下文徑改，不再一一注明。

③ 見《日知錄》卷二四"上下通稱"條。

漢石例叙　77

以病亟爲不豫。《斥彰長碑》。

《書·金縢》:"王有疾,弗豫。"孫氏星衍注曰:"史遷'弗'作'不','豫'一作'忥'。"《疏》曰:"《曲禮疏》引《白虎通》曰:'天子病曰不豫,言不復豫政也。今本《白虎通》脱文。'"①史公爲"不豫"者,《書序》:"武王有疾。"《釋文》云:"馬本作'有疾不豫'。"②《論衡·死僞篇》《後漢·禮儀志》皆引作"不豫",與史公同也。"豫",《説文》作"忥",云"喜也",引此經。③《釋文》云:"豫,本又作忬。"案,忬非古字,豫、忥文異義同。"不豫"者,言有疾不適意也,非不復豫政之謂。此既爲天子病之名,後人所宜避也。《逸周書·祭公解》:"王若曰:'祖祭公,我聞祖不豫有加。'"④此在人主稱臣下則可,且祭公於穆王在祖列,故隆稱爲祖。遂以天子病之名稱之,若人臣自稱則僭也。"不豫"與"不懌"同,《顧命》:"王不懌。"《釋文》馬本作:"不懌,曰疾不解也。"⑤馬氏是别一義。《律曆志》引《顧命》曰:"王有疾不豫。"⑥然則今文亦作不豫也。

以終命爲徂落。《祝長嚴訢碑》。

《堯典》:"帝乃徂落。"《孟子》引作:"放勳乃徂落。"⑦《説文》作:"殂,云殂往死也。"《虞書》曰:"勳乃殂。"《爾雅》:"徂落,死也。"⑧據此諸文,則"徂落"乃死之通稱,徂、殂通用,然《書》以紀帝堯,後人自不必作泛稱矣。

以遺言爲顧命。《陳太邱碑》《司空臨晋侯楊公碑》《朱公叔墳前石碑》《處士圂叔則銘》《議郎胡公夫人哀贊》。

臣以遺言告君,君以遺言告臣,古人皆稱顧命。《禮記·緇衣》:"葉公之顧命曰:'毋以小謀敗大作,毋以嬖御人疾莊后,毋以嬖御士疾莊士、大夫、卿士。'"《逸周書·祭公解》:"祭公告穆王曰:'謀父疾維不瘳,朕身尚在兹,朕魂

---

① 見《尚書今古文注疏》卷一三《金縢》。
② 見《經典釋文》卷第四《尚書音義下》。
③ 《説文解字》卷一〇:"忥,忘也。嘾也。從心餘聲。《周書》曰:'有疾不忥。'忥,喜也。"
④ 《逸周書》卷八《祭公解》:"王若曰:祖祭公,予小子虔虔在位,昊天疾威,予多時溥愆。我聞祖不豫,有加于,維敬省不吊,田降疾病,予畏天威,公其告予懿德。"
⑤ 見《經典釋文》卷第四《尚書音義下》。
⑥ 《漢書》卷二一下《律曆志第一下》:"故《顧命》曰:'惟四月哉生霸,王有疾不豫,甲子,王乃洮沬水',作《顧命》。"
⑦ 《孟子注疏》卷九上《萬章章句上》:"《堯典》曰:'二十有八載,放勳乃徂落,百姓如喪考妣。三年,四海遏密八音。'"
⑧ 《爾雅》鄭注:"徂落者,李巡曰:'徂落,堯死之稱。'"

在於天。'"又曰："汝無以嬖御固莊后云云。"與《緇衣》大同小異。則知《緇衣》之"葉公"，乃"祭公"之訛，或葉公述祭公之言，記《禮》者文不備耳。此臣告其君也。《書•顧命篇》："此君告其臣也。"《緇衣》鄭注："臨死遺言曰顧命。"《顧命》偽孔傳："臨終之命曰顧命。"《正義》："《說文》云：'顧，還視也。'鄭玄云：'迴首曰顧，顧是將去之意。言臨將死去，迴顧而爲語也。'"漢代人臣病亟，遺命戒其子孫，亦稱顧命。《後漢書•趙諮傳》："乃遺書敕子允。子允不忍父體與土併合，欲更改殯，祗、建警以顧命，於是奉行。"《崔駰傳》："瑗臨終，顧命子寔曰：'歸精於天，還骨於地。何地不可藏形骸，勿歸鄉里是也。'"此則"顧命"二字，爲古人上下之通稱，然在今人亦宜避。

以居喪爲諒闇。《北海相景君銘并陰》。

《書•無逸》云："乃或亮陰，三年不言。"伏生《大傳》作"梁闇"，《禮記•喪服四制》作"諒闇"，《論語》作"諒陰"，《公羊》"文九年"注引《論語》作"凉闇"。《玉篇》："凉，俗涼字。"《漢書•五行志》作"涼陰"。伏生《大傳》："《書》曰：'高宗梁闇，三年不言。'何爲'梁闇'也？《傳》曰：'高宗居凶廬，三年不言。'此之謂'梁闇'。"鄭注："'闇'讀如'鶉'，鶉謂廬也。"其注《禮記》及《論語》義同。《左氏•隱元年》疏引馬氏注："亮，信也。陰，默也。爲聽於冢宰，信默而不言。"偽孔傳《論語》孔注并同。案，鄭氏是也。《爾雅•釋宮》："楣謂之梁。"《喪服傳》："居倚廬，寢苫，枕塊，既虞，翦屏柱楣。"注云："柱楣所謂梁闇。"①《大傳》："父母之喪，居倚廬不塗，寢苫枕塊，非喪事不言，君爲廬宮之。既葬，柱楣塗廬，不於顯者，君、大夫、士皆宮之。"②既練居堊室。《白虎通•喪服篇》："倚廬於中門外東牆下，戶北面。"潘安仁《西征賦》："天子寢於諒闇。"然則倚廬爲始遭喪時所居，柱楣爲既葬後所居也。"梁"本字，"亮""諒""凉"皆假借字。"闇"本字，《廣雅•釋宮》："庵，舍也。"王氏懷祖《疏證》云："喪服四制。鄭注云：'闇，謂廬也，

---

① 《禮記正義》卷五七《間傳第三十七》："父母之喪，既虞、卒哭，柱楣翦屏，苄翦不納。"卷六三《喪服四制第四十九》："諒闇，依注'諒'讀爲'梁'，'鶉'，烏南反，下同，徐又并如字。案：徐後音是依杜預義。鄭謂卒哭之後，翦屏杜楣，故曰'諒闇'，闇即廬也。"皆與引文不全相符。

② 《禮記正義》卷四五《喪大記第二十二》："父母之喪，居倚廬，不塗，寢苫枕凷，非喪事不言。君爲廬，宫之。……既葬，柱楣，塗廬，不於顯者；君、大夫、士皆宮之。"與引文相符，《尚書大傳》不見此處引文。

義與庵同是也。'作陰者,取陰闇之義,亦假借也。"許君宗寅①曰:"《文選·潘安仁閒居賦》:'今天子諒闇之際。'李善注:'謂凶廬裏寒涼幽闇之處,故曰諒闇。'"其説與鄭氏異。要皆指凶廬言也,此制上下同之,故漢晉書通用"諒闇"二字。《後漢書·章帝八王傳》:"濟北惠王壽,諒闇以來二十八月。"《晉書·山濤傳》:"濤遭母喪,詔曰:'山太常尚居諒闇。'"然則諸王及人臣皆得稱"諒闇"也。《景君銘》稱"諒闇",義蓋取此,然經傳既以稱高宗居喪,則亦後人所宜避也。

碑又有單稱"闇"者。《隸釋·衛尉衡方碑》"寢闇苫凷"是也。既避"諒闇",亦不必單用"闇"字。

揆以今儀,皆宜諱避。至於橋玄碑陰,刊以鼎鉞之文;《太尉橋公廟碑》。武氏石室,廣繪聖賢之象。《武梁祠堂畫象》。

漢石畫象,不止武梁,但武梁畫象最多爾。

山陽麟鳳,《麒麟鳳凰碑》。黽池木禾,《李翕黽池五瑞碑》。并徵作繪之功,無關摘詞之義。凡斯之類,概不入編。於是刊其踳駁,采厥精腴,繩墨定而曲直明,規榘陳而方圜正。洵藝林之表臬,而文苑之楷模也。爰爲條列例目,將以就正大雅,得所折衷焉。

道光十年十一月,寶應劉寶楠叙於江都寓宅之愈愚齋。

【校勘記】

[1] 删佚:連筠簃本作"闕如"。

---

① 許宗寅,生卒年不詳,字吾田,初名畹,字薌韭,清桐城(今安徽省桐城縣)人。撰有《古邨詩義》一卷。

漢石例目錄

卷一
 墓碑例
  稱碑例
  稱碣例
  稱銘例
  稱表例
  稱頌例
  稱靈表例
  稱哀讚例
  稱神誥例
  稱神道碑銘例
  碑額書國號書官書姓稱君例
  碑額書先世例
  碑額書前官例
  碑額標郡邑名例
  碑額稱公例
  碑額稱侯例
  碑額稱府君例
  碑額稱處士例
  碑額稱先生例
  碑額稱故民例
  碑額標謚例
  碑額標私謚稱先生而繫以字例

碑無額自標題其首行例
碑有額復自標題其首行例
碑文首用維兮例
碑文首用伊歎例
碑叙首以官爵冠姓氏上例
碑叙首書卒葬年月日及立碑人例
碑叙首書立碑年月日叙末書卒年月日及立碑人例
碑文稱公例
碑文稱君例
碑文稱府君例
碑文稱明府例
碑文稱使君例
碑文稱先生例
碑文稱徵士例
碑文稱處士例
碑文稱官例
碑文稱字例
碑文載私謚例
碑額書姓碑文不復書姓但書名字郡邑例
碑額書姓碑文復書姓例
墓在故里碑文但書名字不書郡邑例

卷二

墓碑例

碑文渾書先世高曾祖父不名例
先叙遠祖後叙近代俱不名例
先叙遠祖後叙近代遠祖名近代不名例
先叙近代後叙遠祖俱不名例
先叙近代後叙遠祖近代不名遠祖名例
先叙近代旁及伯叔兄弟子姓俱不名後叙遠祖名例
叙遠祖不叙近代遠祖名例

敘遠祖不敘近代遠祖不名例
詳敘先世功德書名例
詳敘先世功德不書名例
詳書先世功德旁及伯叔兄弟功德例
書天潢先世例
書國戚先世例
一人立二碑皆書名字邑里世系例
一人立二碑一敘名字近代及遠祖一敘名字近代不及遠祖例
一人立二碑皆書遠祖不書近代一載名字里一不載名字里例
一人立二碑皆書名字及遠祖近代一書近代名一不書近代名例
一人立二碑一敘先世一不敘先世例
一人立三碑兩碑敘名字先世一碑不敘名字先世例
一人立三碑一略敘先世不載名字一詳敘名字邑里及先世一僅載名字例
書薨例
書卒例
書不祿例
書終例
書不瘳例
書丁憂例
書告病例
書歷年及卒年月日例
書卒年月日及歷年間以事迹例
書歷年及卒葬年月日例
渾書歷年例
渾書卒年例
渾書卒例
書在官病卒例
書致仕病卒例
書歸葬例
書不歸葬例

書合葬例

書不合葬例

碑中兼敘妻德及卒年例

碑末附載妻卒年月日例

婦人墓碑書氏書字例

書繼室例

有官職者妻得統稱夫人例

敘婦人家世例

書子孫官爵例

書弟及子官爵事迹例

書孤嗣例

書哀子例

書無子例

公卿大夫爲卑官處士立碑例

邑長爲邑人立碑例

父母爲子立碑例

僚友立碑例

姻戚立碑例

子立父碑例

子立母碑例

孫立祖碑例

女立父碑例

女立母碑例

弟立兄碑例

弟及子同立碑例

子吏門人同立碑例

門生爲師之祖父立碑例

門人爲師之子弟立碑例

父子同塋立碑例

兄弟同塋立碑例

婦祔姑墓例

孫祔祖墓例

碑叙首總叙立碑人例

碑中叙立碑人爵里姓名例

碑中渾叙立碑人碑陰詳載姓名例

碑中渾叙立碑人碑末夾注姓名例

碑中叙首立碑人碑陰叙同立碑人復書首立碑人例

碑陰載立碑人姓名同郡不書郡同縣不書縣例

碑陰人名後各總標郡縣名例

卷三

墓碑例

書故吏故民例

書門生門童弟子不同例

書處士與德行好學不同例

書清白士與聘士不同例

義士及弟子統名諸生服義例

書分子例

分書奔喪持服例

分書某代門生例

碑文自標撰文人姓名例

碑文首書撰文人姓名碑末書立碑人姓名又繫以詩詩後又列同立碑人姓名例

碑文渾書撰文人碑陰詳列立碑人末作四言詩叙故吏持服行喪之事例

碑文中叙詔册例

碑文中叙贈賵例

碑文中叙哀誄例

碑文但錄詔册不復撰文例

碑末或陰附錄詔册例

碑末補書先世例

碑末附載他人例

有志無銘例

有銘無志例

志文接入銘詞不標詞曰銘曰等字例

自作志銘例

生題石槨例

歿題石槨例

生壙碑末夾注年歲及其子名爵工師姓名例

墓碑中兼叙他石畫象及雕畫工人例

祔葬穿中石柱題詞例

石室題詞例

石人刊字例

石獸刊字例

記冢地例

冢地書向例

卷四

廟碑例

碑額稱廟例

碑額稱神祠例

碑額稱祠堂例

碑額載郡邑名字例

嶽廟石闕題詞例

神廟石闕題詞例

廟門題額例

廟門書先世官系及政績例

碑叙首書修廟年月日及修廟人爵里姓名字例

碑叙首書謁廟人爵里姓名字及年月日例

碑叙首書修廟祭廟人爵里姓名字碑中書同修廟人爵里姓名字碑末書助修廟人世系德業并繫以吉語例

碑文詳書修廟人立廟碑人爵里姓名字例

碑中書修廟人爵里姓不書名字碑末補書名字及子弟名字同修人名字例

碑中書立廟人爵姓名同立廟人爵里姓名碑末又詳載同立廟人爵里姓名字例
　　碑中書修廟立碑人爵里姓名字碑末書同修廟立碑人爵里姓名字例
　　碑中書立廟立碑人爵里姓名字碑末書立碑年月日碑陰又詳書立碑人及年月日例
　　碑中書立廟人碑末書祭廟人例
　　碑中書立壇刊碑人年月爵里姓名碑末書前致祭人爵里姓名字今監立碑致祭人年月爵里姓名及同監立碑人例
　　碑中書祀廟人姓名碑末又稱頌祀廟人碑陰載出錢立碑人姓名碑側又詳載立碑人例
　　碑中書制器人爵里姓碑末補書名字及出錢人爵里姓名字碑陰又廣載出錢人爵里姓名字例
　　前官修廟後官立碑詳書修廟立碑年月及前後官爵里姓例
　　前官立碑未成後官成之詳書前後立碑年月日及前後官爵里姓名字例
　　碑文全錄狀牒末用贊銘載立碑人爵里姓名字及立吏舍人例
　　碑文全錄狀牒末用贊銘載立碑人爵里姓名字及立碑年月日與工師姓名例
　　碑文叙子孫官爵及立廟立碑之由例
　　碑文末補書名字總書歷官及卒葬年月日例
　　碑陰詳列世次例
　　碑陰條列價直例
　　碑陰分書治黃屋作碑出錢人爵姓名字例
德政碑例
　　額稱循吏例
　　碑兼二職例
　　稱功德叙例
　　稱功勳銘例
　　稱清德頌例
　　生稱諱例
　　生稱謳例
　　碑中書立碑年月立碑人爵里姓名字碑陰又詳載立碑人爵里姓名字及工師

里姓名字例
　　碑中書立碑人姓名碑陰又詳列立碑姓名其碑中所書立碑人惟一人重書餘不重書碑陰末書年月日又繫以吉語例
　　碑中詳書先世名爵功烈碑末書年月日及立碑人姓名繫以吉語碑陰又詳載立碑人姓名例
　　碑中既詳載立碑人碑末書年月日又於立碑人中序其世系學業功德作詩稱美例
　　碑文全錄令牒例
　　碑末續書官階仕迹附載詔書例
墓闕例
　　稱先靈例
　　稱神道例
　　書爵姓例
　　書爵省文例
　　詳書世系略載宦績例
　　書卒葬年月日例
　　書立闕年月日及子弟建闕人石工人例
　　書弟姪官爵學行例
　　兩闕一書姓名里一書官爵例
　　兩闕分書官爵一書姓及立闕年月日一不書例
　　兩闕分書官爵一書姓名字一書姓例
卷五
　雜例
　　表界域例
　　表鄉聚例
　　表宮殿例
　　表陂池例
　　爲宮殿立碑叙立碑人爵里姓名例
　　爲古墓立碑叙立碑人爵里姓名例
　　書修學校年月工程例
　　書修祠宇年月工程例

書修隄堰爵里姓名年月工程例

書修橋梁爵里姓名年月工程例

首書倡修隄堰人次及繼修人末復書倡修繼修同修及作銘人例

首書倡修橋梁人其同修者碑文三見末及義工義徒例

書修門闕爵里姓名年月工程例

書修道路爵里姓名年月工程例

書修道路爵里姓名及立碑人爵里姓名例

書修道路爵里姓名渾書立碑人不載爵里姓名例

碑首書表字末書記字例

碑首用維字末用主字例

書家產例

書宅舍例

表孝行例

表軍功例

舊有立石今始刊詞揭於碑陰例

舊碑已壞改刊新石仍用舊文例

舊碑已壞改刊新石不用舊文例

兩人共立一碑例

一碑載兩人碑詞例

一碑載兩事例

神位祚几刻石例

神位梧棬刻石例

墳壇石例

廟壇石例

卷六

總例

碑文隔圈例

碑文空字例

碑文出格例

碑文提行例

碑文空行例
碑文低行例
重字旁注二字例
重字旁注二點例
銘詞稱詞例
銘詞稱銘例
銘詞稱誄例
銘詞稱歎例
銘詞稱頌例
銘詞稱讚例
銘詞稱叙例
銘用三言例
銘用六言例
銘用七言例
銘用長短句例
銘詞分章例
銘後書亂曰例
銘後書重曰例
銘後書叙曰例
國號上加大字例
國號上加皇字例
國號上加聖字例
國號上加神字例
書四時天名例
書太歲例
書倉龍例
書星次例
書月律例
書朔例
書閏例

書廿書卅書卌等字例

碑末書立碑年月朔日太歲例

碑末書立碑人爵里姓名字及年月日例

碑末碑陰書立碑人姓字不書名例

碑末書撰文寫碑刻碑人姓名例

碑末書市石察書刻碑人姓名例

碑文左旋例

碑文橫書例

碑陰有額例

碑陰標目例

碑陰書立碑人錢數例

碑陰書立碑出錢人子弟統於父兄例

碑末既書出錢人姓名復於出錢人中稱美其好義樂輸者例

碑陰末稱美工師例

　　近見錢塘梁君玉繩《志銘廣例》①、吴江郭君麐《金石例補》②，采集漢魏六朝碑文，其途則廣，其例甚略。又嘉興馮君登府《金石綜例》③，上采商周，下及唐宋，旁及海東諸國，其例較梁、郭差備，而疏略仍多。且漢碑已有之例，而引六朝、唐碑。如稱父爲君，已見《樊安碑》，而引唐《顔氏家廟碑》；銘詞分章，已見《張公神碑》《劉熊碑》，而引唐《木澗魏夫人祠碑銘》；有銘不加"銘曰"，已見《太尉楊公碑》《陳留太守胡公碑》，而引北魏《司馬元興墓志》；序三代書"爵"不書"名"，亦見《楊公》《胡公碑》，而引東魏《司馬昇墓志銘》，自注：昉於《漢景君闕銘》。若斯之類，殊失檢校。又以稱曾祖爲高祖、爲曾父，稱高祖爲高門，稱曾祖爲曾門，稱他人父爲先父，及生稱考、妣爲例，今人臨文，未可襲用。夫金石之學，藉以考證經史，梁、郭無所詮釋，馮君亦未發明，均未善也。三書已刊行，閱者自能辨之。

　　道光十六年三月下旬，寶楠自校一過，漫識於目録後，時寓都中揚州新館之淮海堂。

---

① 梁玉繩(1745—1819)，字曜北，號諫庵，清浙江錢塘人。撰有《志銘廣例》二卷。
② 郭麐(1767—1831)，字祥伯，號頻伽，清江蘇吴江人。撰有《金石例補》二卷。
③ 馮登(1783—1841)，字雲伯，號勺園，清浙江嘉興人。撰有《金石綜例》四卷。

漢石例卷一

墓碑例

稱碑例

《漢故國三老袁君碑》。《集古録》。

歐陽氏《集古録》①，趙氏《金石録》②，洪氏《隸釋》《隸續》③所載諸墓碑，惟此碑順帝時立。歐、趙、洪三家并載碑文云："永建六年二月卒。"是此碑順帝時立。袁君名良，《通志·金石略》"三老袁貢碑"，自注永建六年，"貢"其"良"之誤，與《水經·渠水篇》注作"袁梁"，音同通。又案，袁安祖父名良，見《後漢書》本傳，在此袁良前。年代較先，舉以示例，餘不備録。按《禮》，碑制有二：一爲宫、廟、庠、序中庭之碑，以石爲之；一爲下棺之碑，以木爲之。《聘禮》："賓入門三揖。"鄭注："入門將曲揖，既曲北面又揖，當碑揖，又賓自碑内聽命，又賓降自碑内。"《祭義》："君牽牲，既入廟門，麗於碑。"鄭注："麗，繫也。謂牲入廟，繫著中庭碑也。"《雜記》："宰夫北面於碑南，東上，公食大夫禮，入陳鼎於碑南。"此諸侯廟内之碑也。諸侯廟有碑，則天子廟亦有碑。《聘禮》："陪鼎上當碑南。"陳注："宫必有碑，所以識日景引陰陽也。凡碑引物者，宫廟則麗牲焉，以取毛血。其材宫廟以石，窆用木，又醯醢百甕夾碑。"疏："碑近北東當洗。"案，《聘禮》："卿館於大夫。大夫館於士。"謂館於大夫、士之廟，則此所云碑者，賓館之碑，即

---

① 《集古録》，宋歐陽修編纂，書成於宋嘉祐八年（1063），中國最早的金石學著作，總計一千卷，大多散佚。其中《集古録跋尾》爲歐陽修對其中的所録金石資料的評論，共十卷。
② 《金石録》，宋趙明誠、李清照撰，共三十卷。中國最早的金石目録和研究專著之一。
③ 《隸釋》《隸續》，宋洪适著，著録漢魏隸書石刻。《隸釋》二十七卷，《隸續》二十一卷。

大夫、士廟之碑。"公食大夫禮,庶羞陳於碑内,庭實陳於碑外",亦指賓館。《士冠禮》:"至於廟門揖入,三揖至於階。"《士昏禮》同。此大夫、士廟之碑也。據鄭注云"宫必有碑",則天子諸侯燕寢亦當有碑。賈公彦云:"雖無文,兩君相朝,燕在寢,豈不三揖乎?明亦當有碑矣。"其説是也。又《鄉飲酒禮》:"三揖至於階。"注:"將進揖,當陳揖,當碑揖。"諸侯燕禮賓揖,當與此同。《鄉射記》:"主人以賓三揖,及階。"則諸侯鄉庠庭中有碑也。賈公彦謂天子庠序有碑,此以意推之,亦當然也。宮廟之碑,皆在中庭。而《文心雕龍》云:"宗廟有碑,樹之兩楹,事正麗牲,案,"正"當作"止"。未勒勳績。"《玉海》亦謂"碑樹兩楹"。按,兩楹不得有碑,此説誤也。是皆指中庭之碑言也。《檀弓》:"公室視豐碑,三家視桓楹。"鄭注:"豐碑斲大木爲之,形如石碑,於槨前後四角樹之,穿中,於間爲鹿盧,下棺以繂繞。天子六繂四碑,前後各重鹿盧也。四植謂之桓,諸侯四繂二碑,碑如桓矣;大夫二繂二碑;士二繂無碑。"按《喪大記》:"君葬用輴,四綍二碑;大夫葬用輴,二綍二碑;士二綍無碑。"此鄭注所本。《喪大記》又云:"凡封用綍,去碑負引。"鄭注:"樹碑於壙之前後,以綍繞碑間之鹿盧,輓棺而下之。此時棺下窆,使輓者皆繫綍而繞,要負引舒縱之,備失脱也。用綍去碑者,謂縱下之時也。"劉熙《釋名》:"碑者,被也。此本葬時所設也。孫氏星衍《北堂書鈔》景[2]宋本跋此書所引經典,如引《釋名》:"碑者,披也。本葬時所設也。"今本"葬"作"王莽",足證古本書傳,與流傳本不同。今依據改。恭冕[1]云:"《廣韵》'碑'字注引《釋名》云:'本葬時所設。'尤爲確證。而顧氏《金石文字記》據誤本《釋名》駁難,[2]不知《釋名》古本,固不誤也。"施轆轤以繩被其上,引以下棺也。臣子追述君父之功美,《廣韵》引無美字。以書其上,後人因焉。故建於道陌之頭,顯見之處,名其文就謂之碑也,是皆指下棺之碑言也。"潘氏昂霄《金石例》引《韵會舉要》"碑"字注云:"《説文》:'豎石紀功德。從石卑聲。'徐曰:'案,古宗

---

① 劉恭冕(1821—1871),字叔俯,號勉齋,劉寶楠次子,清江蘇寶應人。撰《論語正義補》一卷、《何體注論語述》一卷。
② 《金石文字記》卷之一《郎中鄭固碑》:"此後漢時人所見云爾。不知周時固有碑矣。"

廟之碑以繫牲耳,後人因於其上紀功德,此碑字從石。秦以來制也,七十二家封禪勒石不言碑。《穆天子傳》:'乃爲名迹於弇兹石上。'亦不言碑。"案,今本《説文》無"紀功德"三字,不知《韵會》所據何本。碑字從石,見《儀禮》《禮記》。不得云秦制,但經傳所云碑在宫廟則以石,下棺則以木,此爲異耳。其名碑則一也。紀功德亦以石,但不名碑。故《史記·封禪書》引《管子》、《秦始皇本紀》并云刻石,不言立碑。《淮南子》:"盧敖見若士遯逃乎碑。"高誘注:"匿於碑陰。"此見於西漢人書也。然則墓用石名碑,與刻石紀功德名碑,皆始於漢。而《文心雕龍》謂:"碑者,埤也。上古帝皇,紀號封禪,樹石埤嶽,故曰碑也。"周穆王紀迹於弇山之石,亦古碑之意。此謂碑名肇自上古,其説恐非。《隸續》曰:"碑之有穿,在廟則以繫牲,在穴則以下柩。"又曰:"漢碑穿無不居中,《楊統碑》後有餘石,打碑者去之,非穿之偏也。"《金石文字記》曰《郎中鄭固碑》:"有一大孔,漢碑多如此。孫何①《碑解》云:'何始寓家於潁,嘗適潁,[2]見荀陳古碑數四,皆穴其上,若貫索之爲者。問故起居郎張公觀,公曰:此無足異也。蓋漢去聖未遠,猶有古豐碑之象耳。後之碑則不然矣。'予見漢碑,皆高不過今之三尺餘,可用以麗牲。以木爲之,可用以引棺。今既失其穿中之制,而碑之高下,乃無限度,與古人之碑,名同而體異也。"

趙氏《陔餘叢考》曰:"碑有序有銘,謂之碑文可也。而直謂之碑,則非也。孫何曰:蔡邕譔《郭有道》《陳太邱碑》,皆有序冠篇,而末亂之以銘,未嘗直名之曰碑。迨李翱爲《高愍女碑》,羅隱爲《三叔碑》《梅先生碑》,則序與銘混,而不分其目,亦不復曰文而直曰碑。是竟以麗牲懸繂之具,而名其文矣。古者嘉量有銘,謂之量銘;鐘有銘,謂之鐘銘;鼎有銘,謂之鼎銘。不聞其去銘字,而直謂之量也、鐘也、鼎也。此名目之宜審者也。"自注:"《南史·虞荔傳》:'梁武於城西置士

---

① 孫何(961—1004),字漢公,北宋汝州人。

林館,荔乃制碑奏上帝,即命勒於館。'則六朝時已單名曰碑。"①案,歐、趙諸家所錄漢碑,其標目皆單稱碑,不稱碑文。又歐、薛諸家所錄量、鐘、鼎,其標目亦單稱量、稱鐘、稱鼎,不稱量銘、鐘銘、鼎銘。趙氏所言殊非。

稱碣例

許君宗寅曰:"《周禮·秋官·職金》:'楬而璽之。'注:'今時之書,有所表識,謂之楬櫫。'又《蜡氏》:'有死於道路者,令埋而置楬。'《漢書·酷吏傳》:'瘞寺門桓東,楬著其姓名。'顏師古注:'楬,杙也。椓杙於葬處,而書死者姓名也。'《說文》:'楬,楬櫫也。'《春秋傳》曰:'楬而書之。'《廣雅》:'楬櫫,杙也。'《廣韵》:'楬櫫,有所表識也。'楬櫫,漢人語,其字本從木,後人以石爲之,因通用碣。"案,許說②是也。碣用木者,亦古碑用木之證。

《孔德讓碣》。《集古錄》。

《江原長進德碣》。《隸釋》。

《隸釋》曰:"江原長碣,似闕非闕,似碑非碑。"③《隸續》曰:"《孔謙碣》甚小,一穿微偏,左有暈一重,起於穿中,復有兩暈在右,其一甚短,與它碑小異。"《金石例》曰:"五品以上立碑,螭首龜趺。七品以上立碣,圭首方趺。"案,此隋制,非漢制也。《金石錄》《隸釋》并載《故民吳公碑》《童子逢盛碑》,賤者幼者并稱碑。稱碑者,非以其官尊,則稱碣者非以其官卑也。《隸續·碑圖》"堂邑令費君碑"螭首,"太尉陳公司空宗公碑"圭首,《水經注·陰溝水篇》載《費亭侯曹騰[3]碑》亦圭首。則螭首圭首,在漢又無定制也。《說文》:"碑,豎石也。碣,特立之石也。"東海

---

① 見《陔餘叢考》卷三二"碑表、志銘之別",原文"碑文可也"後有"碑銘可也","直名之曰碑"後自注:"《北史·樊遜傳》:魏收爲《庫狄干碑序》,令樊孝謙作銘,陸卭不知,以爲皆收作也。是又有兩人合作序、銘者。"

② 此本《周禮·秋官·職金》之文,許宗寅未有增删。文中此類說法甚多,不再贅述。

③ 《隸釋》卷一三《江原長進德碣》:"右江原長碣,有名字而不知其姓。似闕非闕,似碑非碑。其文由左而右,其下刻一怪獸之首,若虎而有角。碑在今蜀州江原縣。"

有碣石山，然則碑、碣在漢爲通稱。《隸釋·國三老袁良碑》銘曰："才本惪，曜其碣。"[1]是碑碣通稱之證。特碣較碑狹小而圓，《後漢書·竇融傳》："憲登燕然山刻石，令班固作銘曰：'封神丘兮建隆嵑。'"注："方者謂之碑，圓者謂之碣。嵑，碣也。是也。"《趙岐傳》："年三十有餘，有重疾，乃爲遺令，勅兄子曰：'可立一圓石於吾墓前。'"又劉昭《祭祀志》注引應劭《漢官馬第伯封禪儀記》曰："冶石二枚，狀博，平圓九尺。"此壇上石也。其一石武帝時石也，此員石皆碣也。昔人謂石鼓乃石碣，碣形似鼓，遂誤名鼓。蓋有見於此。《隸續·碑圖》云："江原長碑，其下一獸銜環，其文三行，以左爲首，似亦是墓闕也。"案，此圖上狹下廣，誠如《隸釋》所云"似闕非闕"，此復云"亦是墓闕"，非也。又此圖碑首方平，無圭螭之文，豈漢制主首螭首統名碑，首無主螭名碣歟？

稱銘例

《說文》："名，自命也。從口夕。夕者，冥也。冥不相見，故曰口自名。"段氏玉裁注曰："《祭統》曰：'銘者，自名也。'此許所本。《周禮·小祝》故書作銘，今書或作名。《士喪禮》古文作銘，今文皆爲名。許君於金部不錄銘字，從《周官》今書，《禮》今文也，許意凡經傳銘字，皆當作名。鄭君注經，乃釋銘爲刻。劉熙乃云：'銘，名也。記名其功也。'呂忱乃云：'銘，題勒也。'不用許說。"

《漢故中常侍長樂太僕吉成侯州君之銘》。《金石錄》。

《漢揚州刺史敬君之銘》。同上。

碑稱銘，常例也。略舉趙氏書以見例，餘不備錄。按，《禮記·大學》有《湯盤銘》，《祭統》有《孔悝鼎銘》，《大戴記·踐阼》有《武王幾杖銘》，《左氏傳》有《讒鼎銘》《正考父鼎銘》，銘，謂題勒也。《穆天子傳》："銘迹於縣圃之上。"郭注："謂勒石銘功德也。"皆非施之於葬。古者葬用銘旌，不用銘石。《士喪禮》："爲銘各以其物。亡則以緇長半幅，䞓末長終幅，廣三寸，書銘於末，曰某氏某之柩。"《檀弓》："銘，

---

[1] 《隸釋》卷六《國三老袁良碑》："民被澤毣畿乂大本惪，曜其碣。"惪，同"德"。

明旌也。以死者爲不可別已，故以其旗識之。"《喪服小記》："書銘自天子達於士，其辭一也。男子稱名，婦人書姓與伯仲，如不知姓則書氏。"鄭注："此謂殷禮也。"孔疏："書銘，謂書亡人名字於旌旗也。天子書銘於大常，諸侯以下，則各書於旌旗也。"《司常》："王建大常，諸侯建旂，孤卿建旃，大夫士建物，師都建旗，州里建旟，縣鄙建旐，皆畫其象焉。官府各象其事，州里各象其名，家各象其號。"注："事名號者，徽號所以題別衆臣，樹之於位，朝各就焉。"《士喪禮》曰："爲銘各以其物，此蓋其制也。"案，此則生以表朝位謂之旌，殁以表柩謂之銘旌。葬則埋入壙中。《既夕》云："祝取銘置於茵。"賈疏："茵入壙，銘亦入壙是也。"兩漢以來，既埋銘旌，復埋銘石。《呂氏春秋·安死篇》："今有人於此，爲石銘置之壟上。曰：此其中之物，具珠玉玩好財物寶器甚多，不可不扣，扣之必大富，世世乘車食肉。人必相與笑之，以爲大惑。"據此文則銘石或豎立墓側，然此則寓言，非定例。其稱述功績，則取法鐘鼎。其詳書名氏，則取法銘旌。《祭統》曰："銘者，自名也。自名以稱揚其先祖之美，而明著之後世者也。"又曰："銘者，論撰其先祖之有德善、功烈、勳勞、慶賞、聲名，列於天下，而酌之祭器，自成其名焉，以祀其先祖者也。"法物銘其先績，墓石亦銘其先績，故銘墓亦稱銘。其制當始於秦漢，而傳記所載季札之喪、孔子銘墓、衛靈之喪、石槨有銘，以及比干志刻之盤、滕公定葬之石，後人僞託，皆無取焉。

《陔餘叢考》曰："墓志銘之始，王阮亭《池北偶談》謂《事祖廣記》引《炙輠子》，以爲始於王戎；馮鑑《事始》，以爲始於西漢杜子春；而高承《事物紀原》，以爲始於比干；《槎上老舌》，又引孔子之喪，公西赤志之，子張之喪，公明儀志之，以爲墓志之始。不知《檀弓》所謂志之者，猶今之主喪云而，未可改作志也。惟《封氏見聞錄》青州古冢有石刻銘云：'青州世子，東海女郎，賈昊以爲東海王越之女，嫁苟晞之子者。'又東都殖業坊王戎墓，有銘曰：'晉司徒尚書令安豐侯王君墓。'銘凡數百字。又魏侍中繆襲，葬父母，墓下題版文。則志銘之作，納於壙中者，起於魏晋無疑云云。阮亭所據封氏之説固核，然《南史》齊武帝、裴皇后薨，時議欲立石志，王儉曰：'石志不出禮經，起自宋元嘉中顔延之爲王球石志。素族無銘策,故以紀行。自爾以來,共相祖襲。今儲妃之重,既有哀策,不煩石志。'此則墓志起於元嘉中之明據也。司馬溫公亦謂南朝始有銘志埋墓之事,然賈昺辨識東海王越之女一事,亦見《南史》,則晋已有墓志之例。又《宋書·何承天傳》:'文帝開元武湖,遇大冢,得一銅斗,帝以問群臣。承天曰:此新莽時威斗,三公亡皆賜之葬。時三公居江左者惟甄邯,此必邯墓也。俄而冢内更得一石,銘曰:大司徒甄邯之墓。'又張華《博物志》,載西漢南宫殿内,有醇儒王史威長葬銘曰:'明明哲士,知存知亡。崇隴原野,非寧非康。不封不樹,作靈垂光。厥銘何依,王史威長。'則西漢時已有墓銘也。《金史·蔡珪傳》:'金海陵王欲展都城,有兩燕王墓,舊在東城外,俗傳燕王及太子丹之葬也。及啓壙,其東墓之柩端,題曰:燕靈王舊。舊即古柩字,漢高祖子劉建也。其西墓蓋燕康王劉嘉之葬也。'此又西漢題識於柩之法,不特此也。《莊子》云:'衛靈公卜葬於沙丘,掘之得石椁,有銘曰:不慿其子。靈公乃奪而埋之。'則春秋以前,已有銘於墓中者矣。由此數事以觀,墓銘之來已久。王儉謂始自顔延之,此又何説?竊意古來銘墓,但書姓名官位,間或銘數語於其上,而撰文叙事,臚述生平,則起於顔延之耳。"①又曰:"碑刻以孔子題延陵吴季子十字碑爲始。或疑爲後人僞託者。唐李陽冰初工嶧山篆,後見此碑,遂變化開合,如龍如虎,則非後人所能造也。"②案,《叢考》謂"撰文叙事,起於顔延之",則歐陽趙洪諸家所録漢人墓銘,又何説也?近閱孫氏星衍《孔子題吴季子墓字考》云:"孔子題字,見於唐大曆十四年蕭定刻石,稱'開元中元宗敕殷仲容摸搨之'。本文云:'於虖有吴延陵君子之墓。'又見《汝閣絳帖》,字迹縮小,文亦不同,然皆在此刻之後。余考春秋時,孔子未嘗至吴,而至齊觀嬴博之葬。細繹'墓'字當爲'葬'字,恐是孔子題季札子墓文,後人摹而刻諸吴地者也。《藝文類聚》載宋范泰《吴季子札贊》云:'嬴博遠死,解劍在生。夫子戾止,爰詔作名。'是言'孔子戾止'在'嬴博作名'者。'名'字古不從金,此稱孔子題字之始,則晋宋人已盛傳之。碑文墓字,《汗簡》引作

---

① 見《陔餘叢考》卷三二"墓志銘"條。
② 見《陔餘叢考》卷三二"碑表"條。

𦵶,音墓,云：孔子題季子墓文。郭忠恕所見，亦是唐摹本，已與蕭定石刻不同。蓋碑文漫漶，傳摹者不能無舛耳。予案，𦵶實當爲𦵶，从古文'死'在'艸'間，下省一'中'。《汗簡》以𡰯爲石經'死'字，而葬作𦵶，知㇇即尸之誤，人即尸下人也。則孔子所題應是觀葬嬴博時書此文以歎美之。其爲先聖手迹，非妄傳也。"①案，孫説近理，附録俟考。

稱表例

《漢故謁者景君墓表》。《金石録》。

《説文》："裵，上衣也。从衣从毛。古者衣裘以毛爲表。"表本裘表之名，其後衣之有表者皆名表。《喪大記》："袍必有表。"《論語》："當暑，袗絺綌，必表而出之。"於是旌表亦名表，而墓石亦所以表揚功德，故亦名表。《釋名》："下言於上曰表，思之於內表思於外也。"亦取表著之意。《後漢書·李雲傳》："冀州刺史賈琮，過祠雲墓，刻石表之。"《延篤傳》："爲平陽侯相，表龔遂之墓，立銘祭祠。"《范冉傳》："刺史郡守各爲立碑表墓焉。"此墓碑稱表之證，詳卷五"碑首書表字"注。

稱頌例

《漢故成陽令唐君之頌》。《金石録》。

此墓碑也，廟碑亦名頌。《金石録》載《漢桂陽太守周府君頌》是也，不更見。案，"頌"本六詩之一，《毛詩序》云："頌者，美盛德之形容，以其成功，告於神明者也。"鄭注《周禮·太師》云："頌之言誦也、容也。誦今之德，廣以美之。"是則頌者，頌揚功德，被於樂章，非以刻石。《史記·秦始皇本紀》："二十八年，始皇東行郡縣，上鄒嶧山立石，與魯諸儒生議刻石頌秦德。"此作頌刻石之始。下文之罘立石頌秦德、琅琊立石刻頌秦德、二十九年之罘刻石、三十二年刻碣石門、三十七年會稽立石刻頌秦德，皆仿於此。兩漢時，凡頌揚功德之文，皆得名頌，上下同之。若王褒《聖主得賢臣頌》，揚雄《趙充國頌》是也。表揚處士，亦得稱頌。《後漢書·法真傳》："友人郭正曰：'法真可謂百世之師者矣。'乃共刊石頌之。"表墓之文，亦所以頌揚功

---

① 見《平津館文稿》卷下"孔子題吳季子墓字考"。

德，故亦得名頌。《後漢書·桓榮傳》："彬卒於家，諸儒乃共樹碑而頌焉。"《崔駰傳》："初寔父卒，起冢塋，立碑頌。寔卒，大鴻臚袁隗，樹碑頌德。"《姜肱傳》："熹平二年，終於家，弟子劉操，刊石頌之。"《韓韶傳》："以病卒官，同郡李膺等，爲立碑頌焉是也。"

稱靈表例

《太傅胡公夫人靈表》。《蔡中郎集》。

《司徒袁公夫人馬氏靈表》。同上。

靈之爲善，常訓也。《書·盤庚》僞孔傳："詩定之方中。"鄭箋："并云靈善也。"《大戴禮·曾子篇》："神靈者，品物之本也。陽之精氣曰神，陰之精氣曰靈。"《詩·靈臺傳》："神之精明者稱靈。"《水經·湘水》注："聖人之神曰靈。"故《漢書·禮樂志》《安世房中歌》，"靈"凡再見；《郊祀歌》《練時日》，"靈"凡八見，"天地"一見，"赤蛟"五見，皆謂神靈也。《說文》云："靈，靈巫以玉事神，从玉霝聲。"又云："靈或从巫。"案，靈本事神之玉，因以名神，其事神之巫，亦因以名靈。王逸注《楚詞》，或云神，或云巫，隨文解之。其注《云中君》云："楚人名巫爲靈子。"是巫名靈者，楚語則然，非正訓也。然則靈表者，以兆域爲神靈所依，故表其神靈，《王稚子闕》稱"先靈"是也。見"墓闕例"。

稱哀讚例

《議郎胡公夫人哀讚》。《蔡中郎集》。

《說文》有"贊"無"讚"，則"讚"乃"贊"之俗字也。《說文》曰："贊見也。"徐鉉曰："進也，執贄而進。有司贊相之。"案，事神接賓，皆有贊幣者釋辭，故導引之辭，經中擯相贊辭是。稱述之辭，史中贊辭是。皆得名贊。《釋名》有"讚"無"贊"，《釋言語》篇云："讚，錄也，省錄之也。"《釋典藝》篇云："稱人之美曰讚。讚，纂也。纂集其美而敘之也。"《文心雕龍》云："讚者，明也。昔虞舜之祀，樂正重讚，蓋唱發之辭也。及益讚於禹，伊陟讚於巫咸，并颺言以明事，嗟歎以助辭也。"此并以"讚"

爲"贊"正字，與許氏異。碑稱"哀讚"者，讚文皆代胡夫人之子述哀慟之辭故也。

稱神誥例

《漢交阯都尉胡夫人黃氏神誥》。《蔡中郎集》。

《周禮·士師》："以五戒先後刑罰……二曰誥，用之於會同。"注："《大誥》《康誥》之屬，是誥乃上告下之辭。"《説文》："誥，告也。上告下，下告上，并得爲誥。"《僞古文尚書》："仲虺之誥，以臣告君。"[1]此其例也。胡夫人留葬雒陽，不歸祔夫墓。碑文極言不祔葬之義，因名其墓碑爲神誥，義取告神，與尋常墓碑不同。

稱神道碑銘例

《漢故太尉楊公神道碑銘》。《集古録》。

神道，即羨道也。鄭氏注《周禮·冢人》云："隧，羨道也。"賈疏："天子有隧，諸侯以下有羨道。隧道上有負土，羨道上無負土。"若然，"隧"與"羨"別。而鄭云隧、羨道者，對則異，散則通。案，周制天子之墓道名隧，《左氏·僖二十五年傳》"晉文公請隧不許"是也。《左氏·隱元年傳》："潁考叔曰：'掘地及泉，隧而相見。'鄭莊公曰：'大隧之中，其樂也融融。'莊姜曰：'大隧之外，其樂也洩洩。'"此則故爲隧道，實以寶黃泉相見之言，非鄭莊敢用隧葬也。秦制天子之墓道名羨，《史記·秦始皇紀》："或言工匠爲機藏皆知之，藏重即泄。大事畢已藏，閉中羨，下外羨門，盡閉工匠藏者，無復出者。"正義："羨謂冢中神道是也。"漢沿秦制，《後漢書·禮儀志》云："大鴻臚設九賓，隨立陵南羨門道東北面是也。"下文"羨道"凡四見。然則羨道改名神道者，避天子也。《後漢書·光武十王傳》云："中山簡王焉薨，詔大爲修冢塋，開神道。"李賢注："墓前開道建石柱以爲標，謂之神道是也。其與天子異者，天子神道在墓中，王侯以下神道，即指墓前地

---

[1] 連筠簃本引作：《書序》：'湯歸自夏，至於大坰，仲虺作誥，以臣告君。'

耳。"《陔餘叢考》曰："吴曾《能改齋漫録》謂：墓路稱神道，自漢已然。而引《襄陽耆舊傳》'光武立蘇嶺祠，刻二石鹿夾神道。'又《楊震碑》首題'太尉楊公神道碑銘'爲證。張淏又引《漢書·高惠文功臣表》云：'戚國侯李信成，坐爲太常丞相侵神道爲隸臣。'據《高祖功臣表》，信成坐縱丞相侵神道在元狩五年。案《建元以來侯者年表》，樂安侯李蔡，元狩五年，以丞相侵盜孝景園神道壖地罪，自殺，國除。則信成所坐，即李蔡也。天子神道本名美，此云孝景園神道者，上得兼下，故通稱也。又《霍光傳》：'光夫人侈大其塋制，起三幽闕，築神道。'謂此二事又在前，是神道蓋起於西漢也。"①

碑額書國號書官書姓稱君例

《漢故長水校尉曹君之碑》。《水經注·陰溝水篇》。下同。

《漢故幽州刺史朱君之碑》。

右碑額二，録之以見大凡，餘不詳載。其不書國號及故字者，《豫州從事皇毓碑》；不書國號者，《故西戎令范君之墓》；不書故字者，《漢謁者曹君之碑》；并見《水經注·夏水篇》。漢代詔策章奏表記之文，叙人爵名者，并云故某官某人，存殁從同。殁稱故者，見馬援、韋彪、陰識、劉般、翟酺、楊震、張皓、謝弼、周舉、左雄、盧植等傳。生稱故者，見伏湛、廉范、張霸、班彪、第五倫、龐參、劉陶、謝弼、蔡邕、孟嘗、謝該等傳。而《鄭元傳》應劭曰："故太山太守應仲遠。"則自稱用故字，蓋故某官猶言前某官，原非物故之故。然在今日，則生者諱言故矣。不書官者，《漢故陳君之碑》；王氏昶《金石萃編》。不專標最後官而詳書前職者，《漢故綏民校尉騎都尉桂陽曲紅灌陽長熊君之碑》；《金石録》。無漢故二字及不書官爵者，《虞君之碑》、②《水經注·陰溝水篇》。《孔君之墓》《金石録》。非例之正，故不録。稱君之制，詳後"碑文稱君例"。案，碑額皆陰文，《金石文字記》引王弘撰[4]曰："《武榮碑額》'漢故執金吾丞武君之碑'十字，作陽文凸起，他碑所無。"附録於此，不別爲例。

---

① 見《陔餘叢考》卷三二"神道"條。
② 《水經注》卷二三《陰溝水篇》："城之西南七里許，有《漢尚書令虞詡碑》。碑題云：虞君之碑。"

碑額書先世例

《□本周末嗣僦氏襲以興勃海君玄孫伯著之碑》。①《隸釋》。

《金石錄》"周末"上無闕字及本字，今從《隸釋》。《隸釋》曰："襲以興者，謂襲周之後而興。此時墓刻始萌芽，標題未當律令，……碑有太歲丁亥字，當是建武或章和年所刻。"案，碑文云："胄周別封氏衛僦，同僦。邑而爲性同姓。焉。"僦本衛孫氏邑，見《左傳》，其後人因以爲姓，孫氏爲衛同姓大夫，系出於周，故云。

碑額書前官例

《漢故博陵太守孔府君碑》。② 碑文云："博陵太守遷下邳相河東太守。"③《隸釋》。《金石錄》無"漢"字。

《金石錄》曰："孔君自博陵再遷河東，而碑額題博陵，莫曉其何謂。"《隸釋》曰："此碑陰有故吏十三人，皆博陵人，蓋其函甘棠之惠，痛夏屋之傾，相與刊立碑表，故以本郡題其首。"案，此則故吏爲前官立碑得書前官，此一例也。

《漢故車騎將軍馮公之碑》。④ 碑文云："車騎將軍，……坐遜位拜將作大匠，河南尹，復拜廷尉。……坐正法作左校，拜屯騎校尉，復廷尉。"《隸釋》。

《隸釋》曰："碑云：'一要金紫，十二銀艾。'緄終於廷尉，而以將軍題碑者，尊金紫也。"案，《隸釋》所載《司隸校尉魯峻碑》碑文云："拜司隸校尉，……遭母憂，自乞拜議郎。服竟，還拜屯騎校尉。"《集古錄》曰："峻最後爲屯騎校尉，而碑首題司隸校尉，莫曉其義。"《隸釋》曰："漢人碑志，或以所重之官揭之。司隸權尊而秩清，非列校可比，猶馮緄舍廷尉而用車騎也。"案，《隸續》載《司隸校尉楊淮碑》云："司隸校尉，將作大匠，河南尹。"淮終河南尹，而額題司隸校尉，與《魯峻碑》同，《高陽令楊君碑》⑤碑文

---

① 見《隸釋》卷十二《僦伯著碑》。
② 見《隸釋》卷八《博陵太守孔彪碑(并陰)》。
③ 此段碑文不見於《博陵太守孔彪碑(并陰)》，《隸釋》卷二二《孔君碑》有此段碑文。
④ 見《隸釋》卷七《車騎將軍馮緄碑》。
⑤ 見《隸釋》卷一一《高陽令楊著碑》。

云："遷高陽令，……拜思善侯相。"《集古録》曰："楊君最後爲□善侯相，其中間嘗爲高陽令。而碑首不書最後官，不詳其義。"《隸釋》曰："漢之王國相，秩二千石，侯國相與令長等。思善者汝南小國，碑首題以高陽，取叢爾國不若壯哉縣也。"《隸續》載《司徒掾梁休碑》碑文云："辟司徒府，拜新都令。"《隸續》曰："梁君終於宰邑，而以公府掾書其額者，重內也。"并以前官尊顯題其額，此又一例也。

《漢故領校巴郡太守樊府君碑》。① 碑文云："牧伯劉公，……表授巴郡。後漢中，……以助義都尉養疾閭里，又行襃義校尉。"同上。

《隸釋》曰："表授巴郡，後漢中，其額以'領校巴郡太守'稱之者，朝無成命也。後漢中者，亦嘗再表此郡也。……助義都尉、襃義都尉，史策未之見。劉焉到蜀，以張魯爲督義司馬，可見助義、襃義，皆劉焉率爾創置。"案，此則前官之出於朝命者題其額，此又一例也。

碑額標郡邑名例

《漢故光禄勳東平無監劉府君之碑》。②《集古録》。《蔡中郎集》有《太尉汝南李公碑》《彭城姜伯淮碑》，其標目皆以郡名，然其額無明文，故不録。

《隸釋》曰："漢人銘墓，以郡邑題其首者，所見惟此一碑。"③案，廟壇碑額亦題郡邑。《金石録》載《故太丘長潁川□陳君壇》，《隸釋》所載壇碑④，更闕"川"字，其言曰："潁之下闕二字。……本傳云：潁川許人。……此額'潁'下是'川'，又一字是'許'。"⑤《隸釋》載《漢故行梁相事碭孔君之神祠》⑥是也。廟碑壇碑，不更爲例。

碑額稱公例

《漢故司空宗公之碑》。⑦《金石録》。案，《蔡中郎集》標目，太尉橋公、李公、楊

---

① 見《隸釋》卷一一《巴郡太守樊敏碑》。
② 《隸釋》亦作"漢故光禄勳東平無監劉府君之碑"。
③ 見《隸釋》卷一一《光禄勳劉曜碑》。
④ 見《隸釋》卷一八《太丘長陳寔壇碑》。
⑤ 《隸釋》卷二六《陳仲弓壇碑》"其額題'故太丘長潁川陳君壇'"，不闕"川"字。
⑥ 見《隸釋》卷二五《碭孔君神祠碑》。
⑦ 見《金石録》卷一八《漢司空宗俱碑》。

公,太傅胡公,司空楊公,太守胡公,皆稱公,其碑額當亦稱公,然集中無明文。又司空房楨、袁逢二碑標目,皆書名,此必非碑額也,故悉不錄。

舉一以見例,不備錄。其稱公之制,詳後"碑文稱公例",府君、處士、先生并同。

碑額稱侯例

《漢故荆州刺史度侯之碑》。①《金石錄》《蔡中郎集》"荆州刺史庾侯碑",碑額亦當稱侯。

秦漢人稱公卿曰君侯。《史記·絳侯世家》廷尉稱周亞夫,《樗里子列傳》甘羅稱呂不韋,《李斯傳》趙高稱李斯,皆曰"君侯"是也。兩漢書稱君侯甚多,不備錄。《馮衍傳》注載衍《與陰就書》,前書稱君侯,後書稱明府。案衍傳,就始封新陽侯,故稱君侯,其後帝貶黜外戚賓客,衍由此得罪,意者就亦自貶損,故衍書不復稱君侯,而以太守國相稱之。然必封侯始稱侯,《漢書·劉屈氂傳》注:"如淳曰:'《漢儀注》:列侯為丞相稱君侯。'師古曰:《楊惲傳》邱常謂惲為君侯,是則通呼列侯之尊稱耳,非必在於丞相也。"猶三公始稱公也。漢末不能如禮,又省文去君字,故單稱侯。

此墓碑也。廟碑額亦得稱侯。《金石錄》載"張子房碑"額"漢故張侯之碑"是也,②後不更見。

碑額稱府君例

《漢故光祿勳東平無鹽劉府君之碑》。見前。

《漢故河南尹蘇府君碑》。③《金石錄》。

碑額稱處士例

《處士圂叔則碑》。《蔡中郎集》。案,此集中標目也,其碑額當同《隸釋》載《金恭墓闕》④云"處士金恭",闕上亦標"處士",與碑額同。

---

① 見《金石錄》卷一五《漢荆州刺史度尚碑》。
② 見《金石錄》卷一九《漢張侯殘碑》。
③ 見《金石錄》卷一九《漢河南尹蘇府君碑額》。
④ 見《隸釋》卷一三《處士金恭闕》。

朱學勤①曰："圂叔則,《藝文類聚》引作圈,疑作圈爲是。圈即四皓圈公之後,姓氏書無圂姓。"

碑額稱先生例

《郭先生之碑》。②《隸釋》。

碑額稱故民例

《漢故民吳公之碑》。③《金石録》。

《隸釋》曰："漢之仕者,没有遺愛。其州縣之民,爲之采石鑱銘,則自稱曰故民。吴公匿迹韜光,不荅聘召,作碑者體其謙晦之操,故以民稱之。所謂故民者,物故之民也。"

碑額標謚例

《漢故太尉車騎將軍特進逯鄉昭烈侯劉公之碑》。④《隸釋》。

碑額標私謚稱先生而繫以字例

《漢文範先生陳仲弓之碑》。⑤《金石録》。《蔡中郎集・貞節先生范史雲碑》《元文先生李子材碑》,標題當同。

私謚詳後"碑文載私謚"例。

碑額有稱私謚,稱先生,不繫以字者,《元儒婁先生碑》;有稱爵稱私謚,不稱先生,不繫以字者,《漢故司隸校尉忠惠父魯君碑》。并見《集古録》。文有詳略,不别爲例。

---

① 朱學勤(1823—1875),字修伯,清仁和(今杭州餘杭區)塘棲鎮人。著有《讀書跋識》《樞垣日記》等。
② 見《隸釋》卷一二《先生郭輔碑》。
③ 見《金石録》卷一六《漢故民吳公碑》。
④ 見《隸釋》卷一一《太尉劉寬碑》。
⑤ 見《金石録》卷一八《漢陳仲弓碑》。

碑無額自標題其首行例

《中常侍樊安碑》第一行"漢故中常侍騎都尉樊君之碑"。《隸釋》。

碑有額復自標題其首行例

《泰山都尉孔宙碑》第一行"漢泰山都尉孔君之銘"。[5]《隸釋》。

《隸釋》曰："凡漢刊其首行即入詞，無額者或題其前，如《張納》《樊安》之比亦甚少。已篆其上，復標其端，惟此碑。"《張納碑》見"德政碑例"。

碑文首用維兮例

《張賓公妻穿中二柱文》"維兮，本造此穿者，張賓公妻，子偉伯"云云，"維兮張偉伯，子長仲"云云。《隸釋》。

《隸釋》曰："維兮猶烏呼之類。"案，《逸周書·周祝解》曰："維哉其時，告汝。""維兮"猶"維哉"也。

《縣三老楊信碑》："惟兮，和平大漢元年。"同上。

《隸釋》曰："惟兮，歎息之辭。……和平，威宗之紀年。"案，維、惟通用。

碑文首用伊歎例

《祝長嚴訢碑》"伊歎，嚴君諱訢，字少通"云云。《金石錄》。

盧氏見曾①校刻《金石錄》作"伊欸"，自注："謝本作伊歎，非是。此當如《詩》'噫嘻成王'之例。"案，《隸釋》載此碑亦作伊歎，謝本不誤。

碑叙首以官爵冠姓氏上例

《楊賜碑》"漢有國師司空文烈侯楊公"云云。《蔡中郎集》。

《武梁碑》"故從事武掾"云云。《金石錄》《隸釋》載此碑"故"字上闕字，當是

---

① 盧見曾(1690—1768)，字澹園，又字抱孫，號雅雨。清山東德州人。著有《雅雨堂詩文集》等，刻有《雅雨堂叢書》。

"漢"字。[6]

《苑鎮碑》"漢故荊州從事苑君"云云。《隸釋》。

《丁魴碑》"廣漢屬國故都尉丁君"云云。同上。

《楊淮碑》"故司隸校尉楊君"云云。《隸續》。

碑額既標官爵,序首復標官爵,與標題首行體異意同。德政碑亦有此例,且兼序其郡縣名於姓上者,《隸續·武都太守耿勳碑》是也。碑文首云"漢武都太守右扶風茂陵耿君"云云。後不更見。

碑叙首書卒葬年月日及立碑人例

《太傅胡公碑》"維漢二十有一世,建寧五年春三月,既生魄,八日壬戌,太傅安樂鄉侯胡公薨。越若來,四月辛酉,葬我君文恭侯。於是掾太原王允,雁門畢整;按,"畢"當作"卑",《廣韻》卑字注云:"蔡邕《胡太傅碑》有'太傅掾雁門卑整是也'。"又《後漢·皇后紀下·虞美人紀》:"熹平四年,議郎卑整上言。"李賢注:"《風俗通》曰:'卑氏鄭大夫卑諶之後,漢有卑躬為北中太守,亦作卑整可證。'"屬扶風曾宙,潁川嚴歷等,僉謂公之德也"云云。刊之於碑,用慰哀思。《蔡中郎集》。

《朱公叔墳前石碑》"維漢二十一世,延熹六年粵四月丁巳,忠文公益州太守朱君名穆字公叔卒於京師。其五月丙申,葬於宛邑北萬歲亭之陽舊兆域之南,其孤野"云云。設兹方石,鎮表靈域。同上。

右例碑叙首書卒葬年月日。其有但書卒年月日,不書葬者,《謁者景君墓表》表云:"惟元初元年五月丁卯,故謁者任城景君卒。"《金石錄》。《太尉郭禧後碑》碑云:"惟光和二年夏五月甲寅,太中大夫故太尉郭公薨。"同上。《益州太守無名碑》;碑云:"永壽元年三月十有九日,益州太守□君卒。"《隸釋》。但書卒年月不書日者,《祝長嚴訢碑》碑云:"惟漢中興,卯金休烈,和平元年,歲治東宮,星屬角房,月建朱鳥,中呂之均,顛躓徂落,壽不寬宏,經設三命,君獲其央,年六十九。"《金石錄》。《隸釋》曰:"謂庚寅四月"①。案,"中呂"謝本作"中宮",誤。《北海相景君銘》銘云:"惟漢安二年仲秋□□,故北海相任城景府君卒。"《隸釋》。案,闕處當是"之月"二字。《堂邑令

―――――――
① 此處引文《隸釋》未見。

費鳳碑》。碑云："惟熹平六年，歲格於大荒無射之月，堂邑令費君寢疾卒。"同上。案，《金石錄》無"歲格於大荒"句，《隸釋》文全故錄之。文有詳略，不別爲例。

碑叙首書立碑年月日叙末書卒年月日及立碑人例

《敦煌長史武斑碑》"建和元年大歲在丁亥二月辛巳朔，廿三日癸卯長史同下缺。"云云。案，此立碑年月日。"以永嘉元年□月□日遭疾不□，案，此卒之年月日。於是金鄉長河間高陽、史恢等，追惟昔日同歲郎署，……故□石銘碑，以旌明德。"《隸釋》。

碑文稱公例

《太尉喬公碑》"公諱元"云云。《蔡中郎集》。《中郎集》有喬公廟碑，亦稱公。①

《太傅文恭侯胡公碑》"公諱廣"云云。同上。《中郎集》胡公凡三碑，皆稱公。②

《司空宗公碑》"公諱俱"云云。《金石錄》。

《故民吳仲山碑》"吳公仲山"云云。同上。

太尉、太傅、司空，皆三公也。《蔡中郎集》更有《太尉李咸》《楊秉》《楊賜》諸碑，《司空房楨碑》；《金石錄》有《太尉郭禧碑》；《隸釋》有《太尉劉寬》《楊震》諸碑，皆稱公是也。漢碑於舉主稱府君，常例也。而《廷尉仲定碑》稱"南陽陰府君"，又稱"南郡胡公""下邳趙公"。同是舉主，而陰君爲南陽太守稱府君，胡公爲太尉、趙公爲太傅稱公，公之稱不可苟如此。獨吳仲山以故民稱公爲例之變。案，古人稱公有數義。天子三公稱公，周之周公、召公，漢之鄧公禹、吳公漢是也。《日知錄》所引甚多，不備錄。《日知錄》據李善《兩都賦》注，謂"漢御史大夫亦稱公"。《史記·晁錯傳》："錯父謂錯：'上初即位，公爲政用事，侵削諸侯，人口議多怨公者。'"《後漢書·皇后紀》："獻帝謂郗慮曰：'郗公，天下寧有是邪？'"時二人皆官御史大夫，是御史大夫稱公也。案，此則兩漢書君父稱臣子爲公者，皆以其爵稱之，或謂君稱臣、父

---

① 《蔡中郎集》卷五《太尉橋公廟碑》："公稟性貞純。"
② 《蔡中郎集》卷五《太傅胡公碑》："太傅安樂鄉侯胡公薨。"《蔡中郎集》卷六《陳留太守胡公碑》："初以公在司徒。"

稱子得爲公,非也。王者之後稱公,周之宋公是也。唐公、虞公亦此例。諸侯之臣稱君曰公,《詩》"魯公"是也。《詩》、《書》、三傳,不備録。鄰國之臣稱鄰君曰公,《詩》"譚公"是也。三傳不備録。諸侯相稱曰公,《左傳》鄭伯稱許公隱十一年。是也。諸侯之臣稱公,《左傳》齊棠公、楚葉公是也。失其名曰公,秦漢之際侯公、《史記·秦始皇紀》。樅公、《項羽紀》。吕公《高祖紀》《日知録》所引甚多,不備録。是也。尊其老曰公,戰國時馮公、《齊策·馮媛章》。漢白公、《漢書·溝洫志》。南公、《項籍傳》。嬴公、《眭宏傳》。建公《元后傳》。是也。《日知録》又引《史記》文帝謂馮唐:"公奈何衆辱我?"案,《方言》:"凡尊老晉秦隴謂之公。"

　　子稱父曰公,《戰國策》:"陳軫將之魏,其子陳應止其公之行。"《史記·留侯世家》:"吾惟豎子固不足遣,乃公自行耳。"又《史記·太史公》司馬遷稱其父談是也。孫稱祖曰公,《吕氏春秋》:"孔子之弟子從遠方來,孔子問之曰:'子之公不有恙乎?'次及其父母兄弟妻子是也。"又《後漢書·鄭元傳》:"孔融告高密縣,爲元特立一鄉,曰鄭公鄉,以爲公者,仁德之正號,不必三事大夫。"《日知録》謂此是曲説,①《陔餘叢考》亦以鄭公爲年老稱公,不取仁德之説。②竊謂孔融云"公"者,仁德之正號,此説未爲不通,顧氏、趙氏必以孔融所言爲非,非也。然則有名德者亦得稱公,又一義也。《仲山碑》乃其子所立,碑稱仲山"少立名迹,約身剛同琱。已,節度無隻,同雙。不貪仕進"云云。其稱公者,蓋兼子稱父公、仁德稱公二例。

碑文稱君例

　　《太尉陳球碑》"君諱球"云云。《隸釋》。下并同。陳球二碑,碑首皆稱君,其

---

① 《日知録》卷二十"非三公不得稱公":"此是曲説。據其所引,皆史失其名之公,而太史公,又父子之辭也。《戰國策》:'陳軫將之魏,其子陳應止其公之行。'《史記·留侯世家》:'吾惟豎子固不足遣,乃公自行耳。'此皆謂父爲公。《宋書·顔延之傳》:'何偃路中遥呼延之曰:顔公延之。答曰:身非三公之位,又非田舍之公,又非君家阿公,何以見呼爲公?'《北齊書·徐之才傳》:鄭道育嘗戲之才爲師公,之才曰:'既爲汝師,又爲汝公,在三之義,頓居其兩。'"

② 《陔餘叢考》卷三六"公"條:"此皆以年老稱公者也。至文舉謂太史公亦以年德稱公,則甚誤。"

下始稱公，歐、趙書并有此碑，《隸釋》較詳故錄之，後仿此。

《車騎將軍馮緄碑》"君諱緄"云云。

《光禄勳劉曜碑》"君諱曜"云云。

《司隸校尉魯峻碑》"君諱峻"云云。

《冀州刺史王純碑》"君諱純"云云。

《山陽太守祝睦碑》"君諱睦"云云。

《竹邑侯相張壽碑》"君諱壽"云云。

《後漢·志》：太尉，公；將軍比公；光禄勳卿、司隸校尉，比二千石；太守、侯、國相，皆二千石。刺史雖六百石，其尊在太守上。此皆内外尊官，而碑文皆稱君，故各錄其一以見例。其餘内外官，自二千石以下至於佐貳僚屬，其碑文類皆稱君，不可殫錄。又案，《荆州刺史度尚》《博陵太守孔彪》諸碑，皆屬吏立，碑文稱君。《司隸校尉魯峻》《高陽令楊著》諸碑，皆門生立，碑文稱君。漢碑多門人屬吏所立，無不稱君，略舉數碑以見例。又《費汎》《袁良碑》，孫爲祖立；《樊安碑》，子爲父立；《鄭固碑》，弟爲兄立，碑文皆稱君，此足以證尊卑皆得稱君。今人惟施於朋友及宗戚同輩行者，若以施於尊者，則斥爲不敬矣。《日知錄》曰："漢時曹掾皆稱其府主爲君。至倉頭[7]亦得稱其主人爲君，《後漢書·李善傳》：'君夫人善在此'是也。女亦得稱其父爲君，《漢書·王章傳》：'我君素剛，先死者必我君'是也。婦亦得稱其舅爲君，《爾雅》：'姑舅在則曰君舅、君姑。'《淮南子》：'君公知其盜也，逐而去之。'《列女傳》：'我無樊、衛二姬之行，故君以責我'是也。"又曰："《喪服》：'妾爲君。'鄭注：'妾謂夫爲君者，不得體之加尊之也，雖士亦然。'"①

碑文稱府君例

《衛尉衡方碑》"府君諱方"云云。《集古録》。

此殁稱府君也。《河南尹蘇君碑》《安平相孫根碑》《梁相費汎碑》并同。其生稱府君者，廟碑則《宏農太守樊毅華嶽碑》《古文苑》作："《樊毅修西嶽廟記》入'記'類，自注'一作碑'。"案，作碑是，碑類有《西嶽華山亭碑》亦稱"樊府君"，

---

① 見《日知録》卷二四"君"條。

與此同。《濟陰太守孟郁修堯廟碑》《魯相韓勑修孔廟後碑》，韓勑碑文，首稱君，末稱府君。德政碑則《桂陽太守周憬功勳銘》《司隸校尉楊涣石門頌》《巴郡太守張納功德叙》，叙文稱君，標題稱府君。皆生稱府君也。廟碑例，德政碑例，不更見。其墓闕稱府君者，《益州太守楊宗墓道》《趙相雍勸闕銘》《趙傅逢君神道》《益州太守高頤墓闕》闕凡二，一稱府君。《交阯都尉沈君墓闕》，亦歿稱府君也。墓闕例不更見，上各碑文不悉錄。《費汎》乃其孫均立，餘皆故吏門生所立，亦稱府君，則府君爲通稱。今人惟子孫稱其祖父已歿者爲府君，若以稱他人，及生而稱之，斥爲非禮，非也。

《日知錄》曰："府君者，漢時太守之稱。《三國志》孫堅襲荆州刺史王叡，叡見堅驚曰：'兵自求賞，孫府君何以在其中？'孫策進軍豫章，華歆爲太守，葛巾迎策，策謂歆曰：'府君年德名望，遠近所歸。'"①案，府君之稱，著於《後漢書·寇恂傳》稱太守耿況，《劉平傳》稱太守孫萌，《朱暉傳》稱太守阮况，《王龔傳》劉表稱太守王暢，《臧洪傳》稱太守張超，《酷吏傳》凉州人稱太守樊仲華，《高獲傳》稱太守鮑昱，《華陀傳》稱太守陳登，《西南卭都夷傳》稱太守張翕，又《傅燮傳》燮爲漢陽太守，黃衍說燮。又《周嘉費長房傳》《吳祐傳》注引《濟北先賢傳》，稱太守并爲府君，不知顧氏何以不引。

碑文稱明府例

《北海相景君銘》："伏惟明府，受質自天。"《隸釋》。

此歿稱明府也，生亦稱明府。《集古錄·朔方太守碑陰》碑陰云："延熹四年，詔書遷衡令。五年正月到官，奉見明府。"案，明府未知所指，據文當指衡令上官，《隸釋·魯相韓勑造孔廟禮器碑》碑云："韓明府名勑，字叔節。"《桐柏淮源廟碑》碑云："烈烈明府，好古之則。"案，明府指南陽太守。是也。

蓋明府在漢爲太守、國相之通稱。國相秩與太守同，故其稱亦同，其屬國

---

① 見《日知錄》卷二四"府君"條。

及丞,亦得稱明府。《隸釋·蜀郡屬國辛通達李仲曾造橋碑》,碑首橫刻稱辛爲明府,李爲君;碑文稱辛爲明君,李爲明府。對文則別,散則通也。明君之稱,今所不用,明府則相沿不改也。《前漢書》韓延壽、何并、龔遂,《後漢書》郅惲、周章、張晧、王龔、臧洪、鍾晧、史弼、杜密、劉寵、彭脩、劉翊、許揚、高獲、李郃、法真諸傳,并稱太守爲明府,《鄭宏傳》注引《謝承書》,亦稱太守爲明府。《吳祐傳》稱國相爲明府,《孫賓傳》爲京兆尹,《張湛傳》爲左馮翊,《張霸傳》梁不疑爲河南尹,亦稱明府,三輔與郡守秩同。又《郅惲傳》稱左隊大夫逯并爲明府。注:王莽以潁川爲左隊,郡守爲大夫,是亦太守稱明府。《張湛傳》注:"郡守所居曰府,府者尊高之稱。"是也。若以稱公卿,則變文稱明公,《董卓傳》孫堅稱衛尉張溫,《吕布傳》布稱曹操,并爲明公是也。《鄧禹傳》稱光武爲明公,時方仕於更始爲大將軍,故云。若以稱令長,則變文稱明廷,《張儉傳》稱外黃令爲明廷。注:明廷猶明府是也。

碑文稱使君例

《涼州刺史魏元丕碑》:"於戲使君,既膺涞德。"《隸釋》。

《小黄門譙敏碑》:"於穆使君,盛德炤明。"同上。

使君本使者之稱。《史記》《漢書》"爰盎傳",徙爲吴相告歸,丞相申屠嘉稱盎爲使君。[①] 案盎前爲中郎將隴西都尉,嘗持節出使,故稱使君。《漢書·王訢傳》稱繡衣御史暴勝之爲使君,[②]顏師古注:"爲使者故謂之使君,使音所吏反。"《後漢書·寇恂傳》恂稱更始使者爲使君,[③]李賢注:"君者,尊之稱也是也。"其後遂爲校尉刺史通稱。《鄧禹傳》爲護羌校尉,《崔駰傳》陳禪爲司隸校尉,并稱使君。《第五倫傳》爲兗州刺史,《傅燮傳》耿鄙爲刺史,《蓋勳傳》梁鵠左章并爲刺史,

---

[①] 《史記》卷一〇一《爰盎晁錯列傳》:"丞相曰:'使君所言公事,之曹與長史掾議,吾且奏之;即私邪,吾不受私語。'"《漢書》卷四九《爰盎晁錯傳第十九》同。

[②] 《漢書》卷六六《公孫劉田王楊蔡陳鄭傳第三十六》:"仰言曰:'使君顓殺生之柄,威震郡國,令夏斬一訢,不足以增威,不如時有所寬,以明恩貸,令盡死力。'"

[③] 《後漢書》卷一六《鄧寇列傳第六》:"恂曰:'非敢脅使君,竊傷計之不詳也。'"

《劉表傳》爲荆州刺史，并稱使君是也。《臺佟傳》稱刺史爲明使君，猶明府明公也。又《郭伋傳》調并州牧，童兒來迎再稱使君。案《百官志》，孝武帝初置刺史，成帝更爲牧，建武十八年復爲刺史。伋調并州牧，在建武十一年，時方省朔方刺史屬并州，是不置刺史，然牧即刺史更名，故仍稱使君。又《袁術傳》閻象稱術爲明公，孫策稱術爲使君，同時異稱。案，術時自領揚州刺史，故策稱使君，又爲左將軍假節封陽翟侯，故象稱明公。又《西羌傳》任尚爲中郎將，稱使君，《馬援傳》注引《東觀記》，馬賓"以郎持節，號使君"，亦使臣之義。神道碑亦稱使君，見"墓闕例"。

碑文稱先生例

《陳太邱碑》"先生諱寔"云云。《蔡中郎集》，下同。《中郎集》載《太邱廟碑》，亦稱先生，又載《太邱第二墓碑》，碑首稱君，以下稱先生。

《郭有道林宗碑》"先生名泰"云云。

《貞節先生范史云碑》"先生諱丹"云云。

《彭城姜伯淮碑》"先生諱肱"云云。《中郎集》復有《翟先生碑》《元文先生李子材碑》，《翟先生》無名字，《李子材碑》多書名，不可爲法，不錄。

歐、趙諸書《婁壽》《郭輔》諸碑，并稱先生，與《太邱》諸碑同，不備錄。碑稱先生者，多縉紳耆舊所立，然《太邱第二碑》，其子紀立，則先生亦通稱也。《郭輔碑》女明文立，然縉紳撰文，故不同。先生有二義。周孔之制，輩行同而先生者稱先生，《儀禮·有司徹》"先生之脀"，鄭注："先生，長兄弟。"賈疏："文承長兄弟之下，故知先生非老人教學者。"《論語·憲問篇》："見其與先生并行也。"包注："先生，成人也。"皇疏："先生者成人。謂先己之生也，非謂師也。"是也。《爾雅》："先生爲兄。"包、鄭所本。戰國時則以先生稱其師，《孟子·離婁篇》樂正子曰："先生何爲出此言也？"又曾子居武城，左右曰："待先生者如此其忠且敬也。"是也。或非師而年齒甚尊，以師禮事之者，亦稱先生。《孟子·告子篇》宋牼將之楚，孟子曰："先生將何之？"是也。《戰國策》所稱先生皆然。自是以後，先生遂爲尊稱，不以稱同輩。漢人撰《禮記》，所稱先生皆指師，而《論語·爲政篇》："有事弟子服其勞，有酒食先生饌。"馬注："先生，父兄也。"先從父丹徒君①《論語駢枝》曰："年幼者爲弟子，年長者爲先生，皆謂人子也。饌，具也。有事幼者服其勞，有酒食長者共具之。《內則》曰：'男女未冠笄，昧爽而朝，問何食飲矣。若已食則退，若未食，則佐長者視具。'長者，即先生也。具，即饌也。鄭注《內則》即訓爲'饌'。"案，丹徒君之言是也。鄭注《儀禮》"饌"皆訓"具"，馬氏以後世先生爲尊稱，遂誤解《論語》。秦漢時，或單稱先，單稱生。《陔餘叢考》曰："《史記》蘇秦被刺死，齊王求其賊誅之。燕人曰：'甚矣，齊之爲蘇生報仇也。'注：'生，一作先，言先生也。'叔孫通諸弟子，以制禮皆賜爲郎，喜曰：'叔孫生誠聖人也。'弟子稱師曰生，亦謂先生也。《漢書·貢禹傳》：'禹請老，元帝報曰：朕以生有伯夷之廉，史魚之直，故親近生。今未得久聞生之奇論也。'師古曰：'生，謂先生也。'時禹年八十餘，元帝敬之稱生，非輕之，乃尊之也。此單稱生也。《史記·晁錯傳》：'學申商刑名於軹張恢先所。'徐廣曰：'先即先生。'《漢書》：'梅福曰：叔孫先非不忠也。'注：'先，猶言先生也。'又建元中，上招賢良，公卿曰：'鄧先好奇計。'注：'亦曰鄧先，猶云鄧先生也。'此單稱先也。"②案，《史記·越世家》楚王曰："生休矣。"又朱公長男見莊生曰："故辭生去。"《漢書·高帝紀》漢王謂酈食其曰："以魏地萬户封生。"師古曰："生猶言先生。他皆類此。"《蒯通傳》韓信曰："生且休矣。"稱通爲先生也。《賈誼傳》屈原放逐，誼追傷之，其辭曰："於嗟默默生之無故兮。"師古曰："生，先生也。"《後漢書·鄧禹傳》光武謂禹曰："生遠來，寧欲仕乎？"亦先生也。又《漢書·儒林傳》："漢興，言《易》自淄川田生，言《書》自濟南伏生，言《詩》於魯則申培公，於齊則轅固生，燕則韓太傅，言《禮》則魯高堂生，言《春秋》於齊則胡母生，於趙則董仲舒。"師古曰："培固者，其人名，公、生者，其號也，他皆類此。"案，此則下文田生、項生、白生、張生、歐陽生、繆生、許生、唐生、

---

① 劉台拱(1751—1805)，字端臨，號江岑，寶應人。乾隆五十年(1785)任丹徒縣訓導，所以這裏稱"丹徒君"。撰有《論語駢枝》一卷。

② 見《陔餘叢考》卷三七"老先生"條。

諸生、黄生、徐生，皆尊大之稱，是以韓嬰亦稱韓生，董仲舒亦稱董生，而《孟喜傳》云："喜詐言師田生且死時，枕喜厀，獨傳喜。梁丘賀曰：'田生絶於施讎手中，時喜歸東海，安得此事？'"喜、賀皆田生弟子，稱其師爲田生，是先生之省文也。又案，薛氏《款識》，有厐生鼎，屈生敦，叔獼生敦，此又似子孫稱其先人，不但弟子稱師也。

碑文稱徵士例

《陳太邱碑》："徵士陳君。"《蔡中郎集》。

《韓勑孔廟後碑陰》："徵士河南成皋蘇漢明。"此廟碑稱徵士，下不更見。《隸續》曰："漢人題名有稱徵試博士者，此稱徵士，蓋聘召而不行者。"《陔餘叢考》曰："有學行之士，經詔書徵召而不仕者曰徵士，尊稱之則曰徵君。《後漢書·黃憲傳》：'天下號憲爲徵君。'《魏志·王肅傳》：'魏初徵士燉煌周生烈，注經傳，頗行於世。'又《管寧傳》注引《傅子》曰：'胡徵君怡怡無不愛也。'胡徵君謂胡晦。"①案，《漢書·姜肱傳》："盜聞而感悔，求見徵君。"《韓康傳》："亭長以韓徵君當過，方發人牛修道橋，及見康柴車幅巾，以爲田叟也，使奪其牛，有頃使者至，奪牛翁乃徵君也。"此《叢考》所遺。亦稱聘君。《金石錄·尉氏令鄭君碑》"聘君之孫"是也。

碑文稱處士例

《處士圂叔則碑》："伊漢二十有一世處士，有圂典字叔則者。"《蔡中郎集》。

《隸續》載《嚴發殘碑》云"處士嚴發"云云，乃桓景陳章所上表牒之辭，非撰文人所稱，與此異。

《儀禮·鄉射禮》云："主人就先生而謀賓、介。"鄭注："賓、介，處士賢者。"賈疏："案，《玉藻》云大夫素帶，士練帶，居士錦帶，弟子縞

---

① 見《陔餘叢考》卷三六"徵君徵士"條。

帶。鄭玄以居士在士之下、弟子之上，解爲道藝處士，非朝廷之士。此處士亦名君子，即《鄉飲酒禮》云'徵唯所欲，以告於鄉先生君子可也。'鄭亦云：'君子有大德行不仕者，以其未仕，有德自處，故名處士君子也。'"又《鄉射禮》："大夫與則公士爲賓。"注："公士在官之士，鄉賓主用處士。"疏："處士即君子者也。"據鄭、賈說，則處士乃有賢德而不仕者之稱。漢代近古，故史傳中不輕稱處士。《史記·魏公子列傳》："趙有處士毛公、薛公。"《張釋之傳》："王生者，處士也。"《循吏列傳》："孫叔敖者，楚之處士也。"《漢書·蒯通傳》："齊處士東郭先生梁石君。"《後漢書·劉寬傳》："每行縣，止息亭傳，輒引學官祭酒及處士諸生。"李賢注："處士，有道藝而在家者。"《郎顗傳》上書曰："處士漢中李固。"《張霸傳》："表用郡人處士顧奉公、孫松等。"《徐穉傳》："尚書令陳蕃疏曰：'伏見處士豫章徐穉、彭城姜肱、汝南袁閎、京兆韋著、潁川李曇。'"注："《謝承書》曰：'曇與徐孺子等，海內列名五處士焉。'"《楊震傳》亦曰："詔徵處士韋著。"劉昭《五行志》注引蔡邕《伯夷叔齊碑》："處士平陽蘇騰，字元成。"《种暠傳》："李燮上書曰：'伏見故處士鍾岱。'"《蓋勳傳》注引《續漢書》曰："勳表用處士扶風孫瑞、桂陽魏傑、京兆杜楷、宏農楊儒、長陵第五雋。"《黃瓊傳》上疏曰："伏見處士巴郡黃錯、漢陽任棠。"《趙岐傳》注引《三輔決錄志》云："馬融過問趙處士所在。"《禰衡傳》孔融上疏曰："竊見處士平原禰衡。"《法真傳》田羽薦真曰："處士法真。"此"處士"之僅見於漢史者也。王氏嚴①《白田集·答李梅隱書》曰："來諭令親棺前題'處士之柩'，諸人云然，而尊意獨不可，以其人爲市肆人也。發論如此，甚服古道。古者銘旌墓志，有官者稱官，無官者不例稱處士。古之抱道而不仕，則稱處士，謂才德可出而終處也。求其人足稱此名者，必如戰國之魯仲連，秦漢之

---

① 乾隆《江南通志》卷一六六《人物志》："王嚴，字築夫，揚州諸生，以古文擅名。著《白田集》《異香集》。"又閔爾昌《碑傳集補》卷三六劉寶楠《王嚴傳》："王嚴，字築夫，原名天佑，字平格，縣學生。國變後，棄諸生。……既絕意仕進，專肆力古文辭。"

園、綺、黃、角，①東漢之嚴子陵、黃叔度、徐孺子、郭林宗、申屠蟠，漢末之管幼安、王彥方，晉之陶元亮，宋之謝皐羽、鄭所南、金仁山、許白云，乃足當之。世道極衰，僭妄無等，販脂賣脯之徒，苟具一棺，無不處士，不知何者為處士之實而加此名也。"案，王氏之言是也。漢碑中如園叔則、嚴發二人，雖不足比於仲連諸人，然亦謹飭自修之士，可稱為處士。其碑陰書出錢姓名稱處士者，《魯相韓勅造孔廟禮器碑》有"蘇漢明"等三人，案，蘇漢明在孔廟禮器碑稱處士，在孔廟後碑稱徵士，實一人。《仙人唐公房碑》有"祝龜"等六人，《繁陽令楊君碑》有"壬休申繆"等十二人，《吉成侯州輔碑》有"趙訢"等五人，并見《隸釋》。《韓勅孔廟後碑》有"孔徵"一人，《帝堯殘碑》有"陳國"等四人，《鄭季宣碑》有"德源"等十人。并見《隸續》。此雖不見史傳，然特書以示異，或亦鄉黨自好之士，故尊之曰處士。若《酸棗令劉熊碑》"宋□許宗"等五十五人，《元儒先生妻壽碑》"夏仲高"等二十九人，皆稱處士，見《隸釋》。有才德者，不應如此之多，然則濫稱處士，自漢末已然矣。

碑文稱官例

《從事武梁碑》："□故從事武掾，掾諱梁，字綏宗，掾體德忠孝"云云。《隸釋》。《金石錄》"故"上無闕字，"體"上無"掾"字，節錄文不備。

廟碑亦得稱官。《蔡中郎集·郡掾史張元祠堂碑》孫翻立。是也。不更見。

碑文稱字例

《袁滿來墓碑》："茂德休行，曰袁滿來。"《蔡中郎集》。下同。碑文不明言名字，然漢末類皆一字名，知滿來是字。

---

① 《漢書》卷七二《王貢兩龔鮑傳》："漢興有園公、綺里季、夏黃公、角里先生，此四人者，當秦之世，避而入商雒深山，以待天下之定也。自高祖聞而召之，不至。其後呂后用留侯計，使皇太子卑辭束帛致禮，安車迎而致之。四人既至，從太子見，高祖客而敬焉，太子得以為重，遂用自安。"

《童幼胡根碑》:"於惟仲原,應氣淑靈。"碑文云:"根字仲原。"

《童子逢盛碑》:"嘉慈伯彌,天授其姿。"《隸釋》。下同。碑文云:"盛字伯彌。"

《督郵斑碑》:"昂昂子翁,如圭如璋。"碑文云:"斑字子翁。"

《戚伯著碑》:"伯著勃海君玄孫。"碑文稱伯著,亦稱著,文多不全,其稱著者,蓋脱伯字,或省文。

《相府小史夏堪碑》:"嗟叔德,含淑勳。"碑文云:"堪字叔德。"

案,袁滿來年十五,胡根年七歲,逢盛年十二,并見碑文。《督郵斑碑》云:"司吾君少子,尚書之小弟。"又曰:"□□□賈顔氏遇諸嗟鍼,吉士與此爲疇。"《戚伯著碑》云:"二七府召,禮性仁知。"又云:"大歲丁亥,娉妻朱氏,旬期著横遇邪度,不蒙禱卜,奄遂賈殁。"《夏堪碑》云:"春華萌,遭電霜,壽不究,魄蜚揚。"此三人亦當是早夭者。六人之中,胡根年七歲最少,已有字。古者二十冠而字,漢代已不如古,今人髫齔有字,有別字,其來久矣。漢人臨文,幼賤稱字,非幼賤者類稱君。《蔡中郎·元文先生李子材碑》云:"元文先生名休。"又云:"休少以好學,游心典謨。"又云:"休盡剖判,剥散幽暗。"碑首稱私諡,稱先生,前半敘事,獨用史傳體稱名,不得比於幼賤稱字,且一篇之中,尊之則稱先生,卑之則稱名,古今無此文例也,豈後人點竄,非其原本與?

碑文載私諡例

《陳太邱碑》:"大將軍弔祠,錫以嘉諡,諡曰文範先生。"《蔡中郎集》。

《范史云碑》:"太尉張公、充州劉君、陳留太守淳于君、外黄令劉君,使諸儒參按典禮,作誄著諡,曰貞節先生。"同上。

《李子林碑》:"時令戴君,臨喪命諡。"又云:"按典考諡,諡以元文。"同上。

《魯峻碑》:"於是門生汝南幹缺。沛國丁直、魏郡馬萌、勃海吕圖、任城吴盛、陳留誠屯、東郡夏侯宏等三百廿人,……昭告神明,諡君曰忠惠父。"《隸釋》。

《梁休碑》:"太守安平趙府君,嘉厥高貌。……守節曰貞,博聞曰文,請謚休爲貞文子。"《隸續》。

載私謚,必載作謚之人,此定例也。《中郎集·朱公叔墳前石碑》"忠文公益州太守朱君"云云,不言作謚人,然《中郎》別有《朱公叔謚議》,載其門人陳季珪等議謚,故墓碑略而不言。《隸釋·玄儒先生妻壽碑》云:"國人乃相與論悪虚謚,刊石作銘。"雖不載議謚人,而渾舉國人以示公議,亦無害於例也。魯峻稱父、梁休稱子者,《蔡中郎·朱公叔謚議》曰:"古之以子配謚者,皆諸侯之臣。"又曰:"周有仲山甫、伯陽嘉父,宋有正考父,魯有尼父,父雖非爵號,天子諸侯咸用優賢禮同。"案,梁休爲司徒掾,比於古諸侯之臣,是以稱子;魯峻以門生議謚,賢而尊之,是以稱父。《隸釋》曰:"群下私謚,非古也。末流之弊,更相標榜,三君八顧之目紛然,而奇禍作。"①案,洪氏所言,自是正論。然作碑文者據事直書,其得失亦自見也。後漢楊厚私謚文父,張霸私謚憲文,陳寔私謚文范,夏恭私謚宣明,子牙私謚文德,范冉私謚貞節,法真私謚元德,并載《後漢書》本傳。又朱頡私謚貞宣,子穆私謚文忠,見《朱暉傳》;蔡邕父棱,私謚貞定,見《邕傳》;荀靖私謚元行,見《荀淑傳》。作史者大書以明輿論之公,補國典之缺,不必以私謚概從刪削也。趙氏翼《陔餘叢考》曰:"私謚非禮,故荀爽嘗著論正之,見《後漢書》爽本傳。又《宋史》:'張載卒,門人欲謚爲明誠夫子。司馬光曰:《禮記》言古者生無爵,死無謚。《檀弓》書禮所由失,謂士之有誄,自縣賁父始。曾子曰:賤不誄貴,幼不誄長,惟天子則稱天以誄之。諸侯相誄猶爲非禮,況弟子而誄其師乎?孔子歿,哀公誄之,不聞弟子復爲之謚也。'是溫公亦以私謚爲非禮,與爽同。"②江氏藩《私謚非禮辨》曰:"漢張璠、荀爽以私謚爲非古。然柳下謚惠,黔婁謚康,私謚始於春秋時,不可謂不古也。蓋周人卒哭而諱。《左傳》申繻曰:

---

① 見《隸釋》卷九《玄儒先生妻壽碑》。
② 見《陔餘叢考》卷一六"兩漢六朝謚法"條。

'周人以諱事神。名，終將諱之。'名者，死者之名也，故於將葬之時，爲謚以易其名。……易其名者，以謚易死者之名而諱之也。諱之者，非特子孫不敢斥言，且欲使後人亦不敢斥言。……若無爵無謚，則柳下、黔婁之賢，乃百世之師，豈可使後人斥言其名哉！此私謚之所以不得不舉也。蓋有爵者行事著於朝廷，其謚賜之於上；無爵者行事見於閭里，其謚定於下。展禽，下大夫；黔婁，庶人，皆不得請謚於朝，故門人曾子議私謚焉。曾子問：'賤不誄貴，幼不誄長。'爲諸侯相誄而發，非私謚也。張璠、荀爽不達斯義，輒生駁難，以譏刺當世，謂爲非禮。……若從張璠、荀爽之言，則曾子爲不知禮矣！"①

碑額書姓碑文不復書姓但書名字郡邑例

《太尉橋公碑》："公諱元，字公祖，梁國睢陽人也。"《蔡中郎集》。

《陳太邱碑》："先生諱寔，字仲弓，潁川許昌人也。"同上。

此定例不備錄。間有不書國名郡名而邑名無與同者，如《司隸從事郭究碑》碑云："君諱究，字長全，汲人也。"於例亦無失也。其或但書名字不書郡邑者，《集古錄·太尉陳球》《竹邑侯相張壽》《金石錄·丹陽太守郭旻》《安平相孫根》諸碑是也。或名字郡邑俱不書者，《蔡中郎集·司空房楨》《司空袁逢》《荊州刺史庚侯》《翟先生》諸碑是也。《金石錄·平與令薛者碑》《隸釋·郟令景君闕銘》，亦無名字郡邑。其有但載姓邑無名字者，《隸釋·謁者景君墓表》碑云："任城景君卒。"《北海相景君銘》碑云："任城景府君卒。"但載姓字無邑名人名者，《隸釋·故民吳仲山碑》碑云："吳公仲山。"是也。夫名字郡邑，不見於碑，其説有二：或其人德業文章，表著天壤，不待考碑而知者；或一人立數碑，已見他碑，不妨從略者。然非例之正也。至於人不甚著，而乃靳此名字郡邑十餘字，使其後世泯滅無聞，撰文者獨何心哉？

碑文先書諱，次書字，次書郡邑，常例也。《古文苑》載《張平子

---

① 見《江藩集·隸經文》卷二"私謚非禮辨"條。

碑》云："河間相張君，南陽西鄂人，諱衡，字平子。"與常例異，不錄。

碑額書姓碑文復書姓例

《河間相張平子碑》"河間相張君"云云。見前注。下同。

《故民吳公碑》"吳公仲山"云云。

漢碑無額者，碑文書姓。《隸續·嚴訢碑》無額，其文云："伊欺嚴君訢是也。"碑有額而復書姓者，所見惟此二碑，例之變也。然自唐宋以來，相沿已久，文之工拙，本不係此，故錄之。《吳公碑》乃其子立，尊之故字而不名，以《樊安碑》書名較之，此爲變例。

又案，改姓者碑額雖書所改之姓，碑文必叙其本姓及改姓之由，與史傳體同，不得執碑額書姓碑文不復書姓之説。《水經注·阪水篇》："虞縣故城東，有《漢司徒盛允墓碑》。允，字伯世，梁國虞人也。其先奭氏，至漢中葉，避孝元皇帝諱，改姓曰盛。"[①]鄭氏所云，似是碑文，然無明文，不能立例，附錄於此。

墓在故里碑文但書名字不書郡邑例

《梁相費君碑》："梁相諱汎，字仲慮，此邦之人也。"《金石錄》。

此省文法，然於例無失，廟碑亦有此例。《隸釋·楚相孫叔敖碑》云："楚相孫君，諱饒，字叔敖，本是縣人也。"是也。下不更見。《水經注·清水篇》："獲嘉縣故城西，有漢桂陽太守趙越墓，冢北有碑，越字彥善，縣人也。"案，"縣人"二字，當即碑文，今無文以證之，附錄俟考。

【校勘記】

［１］景：原作"映"，據連筠簃本改。
［２］《宋文鑑》卷一二五孫何《碑解》於"何始寓家於潁"後有"以涉道猶淺"。
［３］連筠簃本"騰"作"勝"。《水經注·陰溝水篇》載此碑全稱《漢故中常侍長樂太僕特進

---

① 見《水經注》卷二三"獲水"，古代"獲水"是"汳水"的下游。

費亭侯曹君之碑》,當指曹騰。連筠簃本誤。

［4］王弘撰:原作"王巨集撰",據《金石文字記》改。王弘撰(1622—1702),華陰人,字文修,一字無異,號太華山史。著《易象圖述》《山志》《砥齋集》等。

［5］《隸釋》作"有漢泰山都尉孔君之銘",前有一"有"字。

［6］《隸釋》卷二四《從事武梁碑》"故"字上不闕字,卷六《從事武梁碑》"故"字上闕字。

［7］倉頭:原作"倉頡",據《日知錄》改。

漢石例卷二

墓碑例

碑文渾書先世高曾祖父不名例

《童子逢盛碑》："薄令之玄孫，遂成君之曾孫，安平君之孫，五官掾之長子也。"《金石録》。《豫州從事尹宙碑》："東平相之元、會稽太守之曾。"省"孫"字，不可爲法。

此渾書四世也。其有渾書三世者，《太尉喬公碑》碑云："大鴻臚之曾孫，廣川相之孫，東萊太守之元子也。"《蔡中郎集》。《元儒先生婁壽碑》碑云："曾祖父攸，春秋以大夫侍講至五官中郎將，祖父太常博士，徵朱爵司馬，親父安貧守賤，不可榮以禄。"《隸釋》。渾書二世者，《司空文烈侯楊公碑》碑云："公惟司徒之孫，太尉公之胤子。"《太守胡公碑》碑云："交阯都尉之孫，太傅安樂侯之子也。"《汝南周巨勝碑》碑云："陳留太守之孫，光禄勳之子也。"《袁滿來碑》碑云："太尉公之孫，司徒公之子。"并見《蔡中郎集》。《隸釋·幽州刺史朱龜碑》①《隸續·郎中王政碑》同。渾書二世，一爲遠祖，一爲近代者，《孔德讓碣》碑云："宣尼公二十世孫，都尉君之子也。"《集古録》。《博陵太守孔彪碑》碑云："孔子十九世之孫，潁川君之元子也。"《隸釋》。渾書二世及世父叔父者，《議郎元賓碑》碑云："魯相之孫成德【下缺】東安平令北海相【下缺】守之弟子，中牟令兄子也。"《隸釋》。渾書二世及兄弟者，《淳于長夏承碑》碑云："東萊府君之孫，太尉掾之中子，右中郎將弟也。"《金石録》。渾書一世者，《太傅文恭侯胡公碑》碑云："交阯都尉之元子也。"《蔡中郎集》。《金城太守殷君碑》碑云："大匠君之子也。"《古文苑》。《太尉陳球碑》碑云："廣漢太守之元子也。"《集

---

① 《隸釋》卷一〇《幽州刺史朱龜碑》："廣陵太守之孫，昆陽令之元子也。"

古録》。《隸釋·郎中鄭固》《孝廉柳敏》《車騎將軍馮緄》《沛相楊統》諸碑同①。渾書一世但書遠祖者,《泰山都尉孔宙碑》碑云:"孔子十九世之孫也。"《集古録》。渾書一世及兄弟者,《費鳳別碑》碑云:"梁相之元子,九江太守之長兄也。"《督郵斑碑》碑云:"司吾君少子,尚書之小弟。"并見《隸釋》。然古人臨文不諱,豈以不稱其先世名爲敬哉?使其先世無所表見,而子孫金石之文,又不載其名字,豈孝子慈孫顯揚褒大之意哉?撰文者權其先世顯晦,或名或不名可也。《金石録》曰:"漢時碑碣載其家世,皆止書官爵,蓋爲子孫作銘,不欲名其祖、父,最爲得體。然非當代顯人,遂莫知其爲何人也。"②《容齋三筆》:"碑志之作,本孝子慈孫,欲以稱揚其父祖之功德,播之當時,而垂之後世,當直存其名字,無所避隱。然東漢諸銘,載其先代,多只書官,如《淳于長夏承碑》云:'東萊府君之孫,太尉掾之中子,右中郎將之弟。'《李翊碑》云:'牂柯太守曾孫,謁者孫,從事君元子'之類是也。"③

先敘述遠祖後敘近代俱不名例

《漢太尉楊公碑》:"姬姓之國有楊侯者,公其后也。其在漢室,赤泉侯佐高、丞相翼宣,咸以盛德,光于前朝。祖司徒,考太尉,繼迹宰司,咸有勛烈。"《蔡中郎集》。

先敘遠祖後敘近代遠祖名近代不名例

《太尉楊公碑》:"其先蓋周武王之穆,晋唐叔之後也。末葉以支子食邑於楊,因氏焉。周室既微,裔胄無緒。暨漢興,烈祖楊喜,佐命征伐,封赤泉侯。嗣子業,紱冕相繼,公之丕考,以忠蹇亮弼,輔孝安,登司徒太尉。"《蔡中郎集》。下同。

《太尉汝南李公碑》:"蓋秦將李信之後,孝武大將軍廣之胄也。枝流葉布,家于兹土,文武繼踵,世爲著姓。曾祖父江夏太守,伯父東郡太守。"此近代兼及伯父,不別爲例。

---

① 《鄭固碑》:"著君元子也。"《柳敏碑》:"其先蓋五行星仲廿八舍柳宿之精也。"《馮緄碑》:"幽州君之元子也。"《楊統碑》:"富波君之闕子也。"
② 見《金石録》卷第一七跋尾七"漢安平相孫根碑"。
③ 見《容齋三筆》卷一一"碑志不書名"條。

《彭城姜伯淮碑》：“其先出自帝胤，在皇唐蓋與四岳共葉，能禮於神，舜命秩宗，爰封於呂，其裔呂望。佐周克殷，俾侯齊國，姓有姜氏，即其後也。高祖、祖父，皆豫章太守，潁陰令。”

右例《竹邑侯相張壽》①《司隸校尉魯峻》②等碑略同。并見《隸釋》。又有同是近代，高祖名祖父不名者，《太尉橋公廟碑》碑云：“橋氏之先，出自黃帝，帝葬於橋山，子孫之紹基立姓者，咸以爲氏。漢興世以禮樂爲業，高祖諱仁，位至大鴻臚，列名於儒林，祖侍中廣川相，考東萊太守。”《蔡中郎集》。高祖及父皆不名，高祖稱官父稱字者，《戚伯著碑》碑云：“勃海君玄孫，季景長子也。”《隸釋》。又有遠祖字近代名者，《元文先生李子材碑》碑云：“其先李伯陽，周柱下史，觀衰世而遁焉。其後雄俊豪傑，往往崛出，自戰國及漢，名臣繼踵，支胄散逸，其遷於宛尚矣。王莽竊位，漢祚中移，考翼，佐世祖匡復郊廟，錫封茅土，卿相牧守，於時相逐。”《蔡中郎集》。不書遠祖近代，但書祖字而不名者，《司隸校尉楊淮碑》碑云：“大司隸孟文之玄孫也。”《隸釋》。書遠祖不書近代，但書兄，遠祖名兄不名者，《金鄉長侯成碑》碑云：“其先出自幽岐周文之後，封於鄭，鄭共仲賜氏曰侯。厥胤宣多，曰功佐國，要盟齊魯，嘉會自郲，因呂爲家焉。漢之興也，侯公納策，濟太上皇於鴻溝之阨，諡曰安國君，曾孫酺封明統侯。光武中興，玄孫霸爲臨淮太守，擁兵從光武平定天下，轉拜執法右刺姦五威司命大司徒公，封於陵侯，枝葉繁茂，或家河涓，或邑山濟，君則上黨太守之弟。”同上。世有遠近，名有顯晦，故或書，或不書，附錄於此，不別爲例。

先叙近代後叙遠祖俱不名例

《陳留太守胡公碑》：“交阯都尉之孫，太傅安鄉侯少子也。其先與楚同姓，別封於胡，以國爲氏，臻乎漢奕世載德，不替舊勳。”《蔡中郎集》。

《北軍中侯郭仲奇碑》：“元城君之第四子，其先蓋周之胄緒，虞郭建國，享土受胙，政衰道失，晉克其邦，遭嬴項之際，高祖初起，運天苻

---

① 《隸釋》卷七《竹邑侯相張壽碑》：“其先蓋晉大夫張老，盛德之裔，世載缺勳，遵帥紀律，不忝厥緒，爲冠帶理義之宗。”似只叙遠祖，不叙近代遠祖名。

② 《隸釋》卷九《司隸校尉魯峻碑》：“其先周文公之碩胄，闕二字伯禽之懿緒，以載于祖考之銘也。君則監營謁者之孫，修武令之子。”

命,殲秦摘楚,遂定漢基,枝葉雲布,列於國郡。"《隸釋》。

《隸釋·郎中馬江碑》①《廣漢屬國侯李翊碑》②,略同。

先叙近代後叙遠祖近代不名遠祖名例

《鴻臚陳君碑》:"君太丘君之元子也。始祖有虞,受禪陶唐,亦以命禹,其後嬀滿,當周武王時,祚土於陳,君其世也。"《古文苑》。

《太尉陳球後碑》:"君③廣漢太守之元子也。蓋周存六代,嬀滿繼虞,建國於陳,遜完祖齊,實爲陳氏,公下缺。父自營州來宅海淮,世躭典籍,兼通勤誨,振裘褐,即徵聘,荅宰司,荷顯貢者,繼世而傳焉。"《隸釋》。

先叙近代旁及伯叔兄弟子姓俱不名後叙遠祖名例

《安平相孫根碑》:"司空公之伯子,樂安太守之兄子,漢陽太守侍御史之兄,乘氏令之考。厥先出自有殷,元商之系,子湯之苗,聖武定周,封比干之墓,胤裔分析,避地匿軌,姓曰孫焉。"《金石錄》。

《金石錄》曰:"《姓苑》《姓纂》皆云:'孫氏衛武公子爾,爲衛上卿,因氏焉。'此碑云"比干之後",蓋古人或因賜姓命氏,或以官,或以封,或以居,或以王父字爲氏,故姓氏雖同,而源流或異。"④

碑文有先叙近代,旁及兄弟,不及伯叔子姓,俱不名,後叙遠祖名者,《小黃門譙敏碑》。碑云:"鄨君之中子,章君之弟,郎中君之昆也。其先故國師譙贛,深明典隩,識錄圖緯,能精微天意,傳道與京君明,君承厥後,不悉其美。"《隸釋》。又有先世書字,兄弟書名者,《斥彰長碑》。碑云:"祖字興先,爲執金吾,弟颯漁陽太守。"《金石錄》。附錄於此,不別爲例。

---

① 《隸釋》卷八《郎中馬江碑》:"君諱江,字元海者,濟陰乘氏人。缺三字之長孫,湯官丞之元子。其先帝顓頊翳嬴之後,世在趙國,以功封趙,賜號馬服,因遂氏焉。"

② 《隸釋》卷九《廣漢屬國侯李翊碑》:"君諱翊,字輔國,牂牁太守曾孫,謁者孫,從事君元子。其先出自箕子之苗,奕世載德,迄君之身。"

③ 此處略去"諱球字伯真"五字。

④ 見《金石錄》卷第一七跋尾七《漢安平相孫根碑》。

叙遠祖不叙近代遠祖名例

《文範先生陳仲弓碑》："其先出自有虞氏，中葉當周之盛德，有嬀滿者，武王配以太姬，而封諸太昊之墟，是爲陳胡公，春秋之末，失其爵土，遂以國氏焉。世督懿德，令聞丕顯。"《蔡中郎集》。下同。

《貞節先生范史云碑》："先生陶唐氏之後也，其在周室，有士會者，爲晉大夫，以受范邑，遂以爲氏。漢文景之際，爰自南陽來，家於成安，生惠。延熹二年，官至司徒廷尉，君則其後也。"

《琅琊王傅蔡公碑》："蓋倉頡之精胤，姬稷之末胄也。昔叔度文王之昭，建侯于蔡，以國氏焉。迄于平襄，周祚微缺，王室遂卑，齊晉交争，强楚侵陵，昭侯徙于州來，公族分遷，氏家于圉，奕葉載德，常歷官尹，以逮于兹。"

《太尉楊震碑》①《金石録》。《山陽太守祝睦碑》②《荆州刺史度尚碑》③《隸釋》。略同。廟碑亦有用此例者，《郡掾史張玄祠堂碑》④《蔡中郎集》。是也。《金石録》又載《巴郡太守樊敏碑》，叙周太王、文王、武王，皆書名，妄甚，不可爲法。⑤

叙遠祖不叙近代遠祖不名例

《先生郭輔碑》："其先出自有周王季之中子，爲文王卿士，食菜《隸釋》作"采食"。於虢，至於武王，錫而封之，後世謂之郭。春秋之時，爲晉所并，歷《隸釋》"歷"作"遭"。戰國秦漢，子孫派分，《隸釋》作"流分"。來居荆土，氏國立姓焉。"《集古録》。

---

① 《金石録》卷二"撰目録二"有《漢太尉楊震碑》目，但未見碑文。
② 《隸釋》卷七《山陽太守祝睦碑》："其先蓋高辛氏之火正，以正能淳曜天地曰祝融，遂獲豐阜之祚，輝裔昌遠，大乃侯伯，分仕諸夏。鄭有祝聃者，君其胤也。"
③ 《隸釋》卷七《山陽太守祝睦碑》："其先出自顓頊，與楚同姓，熊嚴之後。爾亦世掌位統國法度。"
④ 《蔡中郎集》卷六《郡掾史張玄祠堂碑銘》："其先張仲者，實以孝友爲名，左右周室。"
⑤ 《金石録》卷一八《漢巴郡太守樊君碑》："肇祖宓戲，遺苗後稷，爲堯種樹，舍潛於岐，天顧亶甫，乃萌昌發。"

詳敘先世功德書名例

《國三老袁良碑》：“厥先舜苗，世爲封君，周之興，虞闕父典陶正，嗣滿爲陳侯，至玄孫濤塗，初氏父字，立姓曰袁。魯僖公四年爲大夫，哀十一年頗作司徒，其末或適齊楚，而袁生□獨留陳，當秦之亂，隱居河洛。高祖破項，實從其册，天下既定，還宅扶樂。孝武征和三年，生曾孫榦，斬賊公先勇，拜黄門郎，封關內侯，食遺鄉六百户，後錫金紫，僊修城之邑。榦薨，子經嗣，經薨，子山嗣，傳國三世，至王莽而斷。君即山之曾孫。”《隸釋》。

《隸釋·綏民校尉熊君碑》[1]略同。按，敘述先世，稱美不稱惡，此定例也。《校官碑》敘其先世，獨及弑君之潘崇，[2]此固古人直筆，然華耦無故揚其先人華督之惡，[3]左氏譏之，則《校官碑》固不可爲訓。

詳敘先世功德不書名例

《槀長蔡湛頌》：“其先缺。周封叔缺。案，“叔”下當是“度”字，似宜入“遠祖書名例”，然下文詳敘先世功德，不書名，因別爲此例。葉文王采食蔡缺。則其氏麻

---

[1] 《隸釋》卷一一《綏民校尉熊君碑》：“其先蓋帝顓頊高陽氏之苗裔。周有天下，成王建國，熊繹封楚慶祚□□□於缺二字，亦世載德卅餘代。君高祖父籌，自汝南吳缺五字子靈王玄孫，大漢龍興，缺舉鄉缺拜議郎，南巡郡國，封龍平缺三字。祖父旻舉，缺三字大司馬郊隧缺。曾祖父範督甜守長州辟元缺六字，君缺四字應上計缺。祖父師缺二字，上計掾君缺高字，漢舉更督甜主薄五官缺二字，三奏辟頎志晤首衣宵應就君立跡唯仁興缺十字。祖父缺二字治歐羊《尚書》。”

[2] 《隸釋》卷五《溧陽長潘乾校官碑》：“蓋楚大傅潘崇之末緒也。”《春秋左氏傳·文西元年》：初，楚子將以商臣爲大子，訪諸令尹子上。子上曰：“君之齒未也。而又多愛，黜乃亂也。楚國之舉，恒在少者。且是人也，蜂目而豺聲，忍人也，不可立也。”弗聽。既又欲立王子職而黜大子商臣。商臣聞之而未察，告其師潘崇：“若之何而察之？”潘崇：“享江羋而勿敬也。”從之。江羋怒曰：“呼，役矣！宜君王之欲殺女而立職也。”告潘崇曰：“信矣。”潘崇曰：“能事諸乎？”曰：“不能。”“能行乎？”曰：“不能。”“能行大事乎？”曰：“能。”冬十月，以宫甲圍成王。王請食熊蹯而死。弗聽。丁未，王縊。謚之曰：“靈”，不瞑；曰：“成”，乃瞑。穆王立，以其爲大子之室與潘崇，使爲大師，且掌環列之尹。

[3] 《左傳·文公十五年》：“辭曰：君之先臣督得罪於宋殤公，名在諸侯之策。臣承其祀，其敢辱君？請承命於亞旅。”華督乃華耦之曾祖，桓公二年殺其君殤公。耦自以罪人子孫，故不敢屈辱魯君對共宴會。

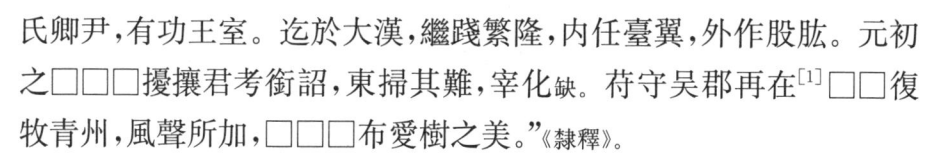

氏卿尹,有功王室。迄於大漢,繼踐繁隆,內任臺翼,外作股肱。元初之□□□擾攘君考銜詔,東掃其難,宰化缺。苻守吳郡再在[1]□□復牧青州,風聲所加,□□□布愛樹之美。"《隸釋》。

《隸釋·巴郡太守張納》①《敦煌長史武斑》②《梁相費汎》③《浚儀令衡立》④,諸碑略同。

詳書先世功德旁及伯叔兄弟功德例

《漢成陽令唐扶頌》:"其先出自慶都,感赤龍生堯,王有天下,大號為唐,治致雍熙,尊天重民,禪位虞□,光受茅土,通天三統,苗胄枝分,相土脈居,因氏唐焉。累世含祚,受天之祐,胤嗣彌光,為漢臺輔,君父孝廉郎中早卒,季父蜀郡,從弟會稽,會稽從弟南陽君,從兄東萊太守,南陽弟司空公,在朝逶隨,正色竭忠,為國討暴,六侯俱封,受土襲爵,金緺十三。"《隸釋》。

《北軍中侯郭仲奇碑》"其先蓋周之胄緒,虞郭建國,享土受祚,政衰道失,晉克其邦,遭嬴項之際,高祖初起,運天苻命,殱秦摘楚,遂定漢基,枝葉雲布,列於國郡,或潁川、馮翊,公卿校尉,將相州郡,令問休貴。自東郡衛國家於河內汲,《隸釋》"於"誤"乎","汲"誤"彼",據《集古錄》改正。奕世載德,以臻於君,君惠兄竹邑侯相,次尚書侍郎,次濟北相,順弟臨沂長,次徐州刺史,次中山相,次雒陽令,咸以孝廉公府茂選。貞亮瞰白,翼翼瑛彥,配周之八,為國楨幹。"同上。《平都相蔣君碑》旁及從父,文多缺。⑤

---

① 《隸釋》卷五《巴郡太守張納碑》:"其先□□之胄,立姓定氏,應天文像。炎漢龍興,留侯維幹,枝裔滋布,并極爵秩。君之曾祖,暨其先考,軌跡相繼,俱□□□州追佇昔人,不顯其光,鐘美積德,實乃毓君。"

② 《隸釋》卷六《敦煌長史武斑碑》:"昔殷王武丁久伐鬼方,元功章炳,勳臧王府。官族分析,因以為氏焉,武氏蓋其後也。商周假貌,歷世壙遠,不隕其美。漢興以來,爵位相踵,□朝忠臣。"

③ 《隸釋》卷一一《梁相費汎碑》:"其先季文為魯大夫,有功封費,因氏為姓。秦項兵起,避墜於此,遂留家焉。世業稼穡,好學禮樂。"

④ 《隸釋》卷一二《浚儀令衡立碑》:"其先出自伊尹阿衡官,有□□□為氏,君其胄也。曾祖父以儒林清節建缺於□□,官至左馮下缺出缺固□□。"

⑤ 見《隸釋》卷六《平都相蔣君碑》,缺文較多,不贅錄。

書天潢先世例

《酸棗令劉熊碑》:"厥祖天皇大帝,垂精接感,篤生聖明,□仍其則,子孫亨之,分源而流,枝葉扶疏,出王別胤,受爵列土,封侯載德,相繼丕顯。光武皇帝之元,廣陵王之孫,俞鄉侯之季子也。"《隸釋》。

《隸釋·太尉劉寬》①《光禄勳劉曜碑》②,略同。

書國戚先世例

《中常侍樊安碑》:"厥祖曰仲山父,翼佐周宣,出納王命,爲之喉舌,昌致中興,食采於樊,子孫氏焉。奕世載德,守業不怠,在漢中葉,篤生哲媛,作合南頓,實産世祖,征討叛逆,復漢郊廟,而樊氏以帝元舅,顯受茅土,封寵五國,壽張侯相曰公德加位特進,其次,竝以高聲處鄉校,侍中尚書據州典郡,不可勝載,爲天下著姓。"《古文苑》。

一人立二碑皆書名字邑里世系例

《太尉劉寬碑》:"公諱寬,字文饒,宏農華陰人也。其先□□聖漢王侯繼次,有國有號,列存家序,公之考乃作司徒,輔毗安順,勳載二葉。"故吏李謙等立。《劉寬後碑》:"□□□□文饒,宏農華陰人也,厥祖出自□□□臣王侯相繼,遭漢中微,失其爵土,世祖復阼,仍有顯位,光輔王室,公之考作司徒於安□□□勳績昭乎前朝。"門生殷苞等立。《隸釋》。

一人立二碑一叙名字近代及遠祖一叙名字近代不及遠祖例

《陳留太守胡公碑》:"君諱碩,字季叡,交阯都尉之孫,太傅安鄉侯少子也。其先與楚同姓,別封於胡,以國爲氏。臻乎漢,奕世載德,

---

① 《隸釋》卷一一《太尉劉寬碑》:"其先□□,聖漢王侯,繼次有國有號,列存家序。公之考乃作司徒,輔毗安、順,勳載二葉。"

② 《隸釋》卷一一《光禄勳劉曜碑》:"蓋孝文枝胄,梁孝河東之裔孫也,祖考山陽令,顯考柏人令。"

不替舊勳。"縉紳及門人立。《太守胡公碑》："君諱碩,字季叡,交阯都尉之孫,太傅安樂侯之子也。"主簿高吉等立。《蔡中郎集》。

《左氏·襄三十一年傳》："立胡女敬歸之子子野。"杜預注："胡,歸姓之國。"又《春秋·昭十一年五月》："夫人歸氏薨。"杜注："胡女,歸姓。"《九月》："葬我小君齊歸。"何休《公羊》注："歸氏,胡女。"《史記集解》引服虔曰："胡,歸姓之國也。"是胡非楚同姓。

一人立二碑皆書遠祖不書近代一載名字里一不載名字里例

《山陽太守祝睦碑》："君諱睦,字元德,濟陰太守巳氏人也。其先蓋高辛氏之火正,以能淳曜天地曰祝融,遂獲豐阜之胙,輝裔昌遠,大乃侯伯,分仕諸夏,鄭有祝聃者,君其胤也。"未載立碑姓名。《祝睦後碑》："伊余祝君,兆自蓺辛,祝融苗胄,承獲禎慶,光裔熾藐,分仕六國,張雄諸夏,鄭有祝聃者,君其胤也。昔祖仕湯,湯治於梁,洮顈自朔,家於濟陰。"故吏王堂等立。《隸釋》。

一人立二碑皆書名字及遠祖近代一書近代名一不書近代名例

《太尉陳球碑》："君諱球,字伯真,有虞氏之裔也。當周盛德,有虞遏父為陶下闕。公生公子完,適齊,為桓公公正,其後強大,遂有齊土。楚漢之下闕。官生毛有令名,廣漢太守。"故吏立。《陳球後碑》："君諱球,字伯真,廣漢太守之元子也。蓋周存六代,嬀滿繼虞,建國於陳,遷完徂齊,實為陳氏,公下闕。父自營州,來宅海淮。"未載立碑姓名。《隸釋》。

《隸釋》曰："《水經注》:'陳球墓前有三碑,是弟子管寧、華歆等造。'此碑所見,皆故吏故民,而無管華姓名,豈與《劉寬碑》相類?其一則弟子所立乎?[①]陳公兩碑,皆在淮陽,[②]《水經》謂墓前有三碑,似

[①] 此處略去下文:"又《姓苑》載炅氏兄弟各分一姓,曰炅、昋、桂、炔,字皆九畫一音,引漢太尉陳球碑陰有'城陽炅橫',此碑亦不見之。若非石損,則恐是彼一碑也。"

[②] 此處略去下文:"莫適為先後,趙氏但有一碑陰而。"

指碑陰爲一也。①"②

一人立二碑一叙先世一不叙先世例

《陳太邱碑》"先生"云云。河南尹立。《文範先生陳仲弓碑》："其先出自有虞氏，中葉當周之盛德，有嬀滿者，武王配以太姬，而封諸太昊之墟，是爲陳胡公，春秋之末，失其爵土，遂以國氏焉。世督懿德，令問丕顯。"子紀立。《蔡中郎集》。

《堂邑令費鳳碑》"君體履柔和"云云。妻弟卜胤立。《費鳳別碑》："君諱鳳，字伯簫，梁相之元子，九江太守之長兄也。世德襲爵，銀艾相亞。"舅家中孫石勛立。《隸釋》。

《隸釋·廣漢屬國都尉丁魴碑》不叙先世，其有別碑與否，無文以明之。

一人立三碑兩碑叙名字先世一碑不叙名字先世例

《太傅文恭侯胡公碑》："公諱廣，字伯始，交阯都尉之元子也。"故吏池喜立。《太傅胡公碑》"維漢二十有一世"云云。掾王允等立。《胡公碑》："公諱廣，字伯始，南郡華容人也，其先自嬀姓建國南土曰胡子，《春秋》書焉，列於諸侯，公其後也。考以德行純懿，官至交阯都尉。"故吏許翊等立。《蔡中郎集》。

嬀姓乃歸姓之誤，見前。《左氏·昭四年》"胡子"始見於經。③ 杜注："胡國，汝陰縣西北有胡城，胡在汝南，故云建國南土。"

一人立三碑一略叙先世不載名字一詳叙名字邑里及先世一僅載名字例

《司空文烈侯楊公碑》："曰漢有國師司空文烈侯楊公，公惟司徒

---

① 此處略去下文："此碑有兩裂文與前一碑同，故附之其後。"
② 見《隸釋》卷一〇《陳球碑陰》。
③ 《春秋左傳·昭公四年》："四年春王正月，大雨雹。夏，楚子、蔡侯、陳侯、鄭伯、許男、徐子、滕子、頓子、胡子、沈子、小邾子、宋世子佐、淮夷會于申。"

之孫,太尉公之胤子。"子彪立。《漢太尉楊公碑》:"公諱賜,字伯獻,宏農華陰人,姬姓之國有楊侯者,公其後也。其在漢室,赤泉侯佐高、丞相翼宣,咸以聖德,光於前朝,祖司徒,考太尉,繼迹宰司,咸有勳烈。"屬吏立。《文烈侯楊公碑》"公諱賜,字伯獻"云云。門人立。《蔡中郎集》。

《水經注》載橋玄三碑,秦頡二碑,《金石錄》載郭禧二碑,文不全載,無以知其體例。

書薨例

《太尉橋公碑頌》:"光和七年五月甲寅,薨。"《蔡中郎集》。

書卒例

《文範先生陳仲弓銘》:"中平三年八月丙子,卒。"同上。

書不禄例

《元儒婁先生碑》:"熹平三年二月甲子,不禄。"《集古錄》。案,《隸釋》作"正月",至所載《集古錄》,仍作"二月",疑"正"字誤。

《孔德讓碣》:"永興二年七月,遭疾不禄。"同上。案,謝本《集古錄》作"一年",據《隸釋》及所載《集古錄》,并作"二年",今從之。

《曲禮》:"天子死曰崩,諸侯曰薨,大夫曰卒,士曰不禄。"此常稱也,錄其一二以見例,不備錄。鄭氏注《曲禮》曰:"自上顛壞曰崩。薨,顛壞之聲。卒,終也。不禄,不終其禄。"正義:"崩者,墜壞之名,譬若天形墜壓然。薨者,崩之餘聲也。諸侯卑,死不得效崩之形,但如崩後之餘聲。卒,畢竟也。大夫是有德之位,仕能至此,亦是畢了平生,故曰卒。士禄以代耕,而今遂死,是不終其禄。"[1]《曲禮》又曰:"壽考曰卒,短折曰不禄。"鄭注:"謂有德行,任爲大夫士而不爲者,老而死,從大夫之稱,少而死,從士之稱。"[2]案,下不得兼上,故崩、薨之

---

[1] 見《禮記正義》卷第七《曲禮下第二》。
[2] 見《禮記正義》卷第七《曲禮下第二》。

稱,大夫以下不敢稱也。上得兼下,故《春秋》書他國君薨皆曰卒,又《左氏·成十三年傳》呂相絶秦曰:"無禄,獻公即世。""無禄,文公即世。"諸侯亦稱不禄。《昭七年傳》子產爲豐施歸州田於韓宣子曰:"日君以夫公孫段爲能任其事,而賜之州田,今無禄早世。"大夫亦稱不禄。然則卒與不禄,又諸侯以下之通稱也。

書終例

《陳太邱碑》:"中平三年八月丙子,遭疾而終。"《蔡中郎集》。

《隸續·封邱令王元賓碑》"遭命而終"《冀州從事郭君碑》"晻智而終"同。案,《檀弓》:"君子曰終,小人曰死。"注:"死之言澌也。事卒爲終,消盡爲澌。"正義:"'君子之死,謂之爲終。'言但身終,功名尚在。'若小人之死,但謂之爲死。'無功名可錄,但形骸澌盡也。"①按,終、死對文則别,散文則通。

書不瘳例

《廷尉仲定碑》:"熹平元年孟秋上旬,君遘疾不瘳。"《金石録》。

《隸釋·竹邑侯相張壽碑》"遘疾無瘳"同。

書丁憂例

《太尉汝南李公碑》:"徵河南尹,母憂乞行,服闋奔命。"《蔡中郎集》。

《貞節先生范史雲銘》:"除郎中萊蕪長,未出京師,喪母行服。"同上。

右明書丁憂,《水經注·清水篇·桂陽太守趙越碑》碑云:"遭憂服闋。"《沘水篇·日南太守胡著碑》碑云:"遭母憂。"《隸釋·博陵太守孔彪碑》碑云:"遭大君憂,服竟還署。"《廣漢屬國侯李翊碑》碑云:"遭從事君憂去官。"《太尉陳球後碑》碑云:"遭繼母憂,禮紀向闋,群公争招。"《安平相孫根碑》碑云:

---

① 見《禮記正義》卷第七《檀弓上第三》。

"遭公夫人憂,服闋徵拜議郎。"案,碑云"司空公之伯子",故根之母稱公夫人。《凉州刺史魏元丕碑》碑云:"遭泰夫人憂,服闋還臺。"《巴郡太守樊敏碑》碑云:"遭離母憂,五五斷仁。"洪氏曰:"五五與《費鳳碑》菲五五同義,謂二十五月也。"《隸續·封邱令王元賓碑》碑云:"以母憂去官,服祥辟司空府。"并書"憂"與李公碑略同。《隸釋·冀州刺史王純碑》碑云:"喪父服除復拜郎。"《衛尉衡方碑》碑云:"會喪大夫人,寢暗苦出,仍□上言,倍榮向哀,禮服,祥除,徵拜議郎。"《司隸校尉魯峻碑》碑云:"喪父如禮。"《太尉陳球碑》碑云:"喪母去官,服除辟司徒府。"《光禄勳劉曜碑》碑云:"喪母服闋,復爲郎中。"并書"喪",與《范史云銘》略同。陳君立①曰:"《公羊傳》:'臣有大喪,君三年不呼其門。'此丁憂所自昉歟?"

《成皋令任伯嗣碑》:"除江州令,以服去官。"《金石録》。

右渾書丁憂。

《丹陽太守郭旻碑》:"昌父憂去官,還拜郎中侍御史,遭母喪服除,復拜郎中治書侍御史。"《隸續》。

右連書丁憂。

案,漢代近古,《日知録》所載韋義、楊仁、譙元、戴封、馬融、陳寔、賈逵、范滂、劉衡、圉令、趙君、曹全、度尚、楊著、陳重、王純諸人,并以期功之喪,丁憂去官。② 其未載者,《蔡中郎集·陳留太守胡公碑》:"遭叔父憂,以疾自免。"《隸釋·繁陽令楊君碑》:"會叔父太尉公薨,委榮輕舉,投紱如遺。"《隸續·司隸校尉楊淮碑》:"弟弼,西鄂長,伯

---

① 陳立(1809—1869),字卓人,又字默齋,江蘇句容人。清代經學家。道光進士,官至雲南曲靖知府。撰有《公羊義疏》《白虎通疏證》《説文諧聲孳生述》《爾雅舊注》《句讀雜著》等。

② 《日知録》卷一五"期功喪去官"條:"古人於期功之喪,皆棄官持服。《通典》:'安帝初,長吏多避事棄官。乃令:自非父母喪,不得去職。'考之於《書》,如韋彪以兄順喪去官,楊仁以兄喪去官,譙玄以弟服去官,戴封以伯父喪去官,馬融遭兄子喪自劾歸,陳寔以期喪去官,賈逵以祖父喪去官。又《風俗通》云:'范滂父字叔矩,博士徵,以兄憂不行。《劉衡碑》云:'爲勃海王郎中令,以兄琅邪相憂,即日輕舉。'《圉令趙君碑》云:'司徒楊公辟,以兄憂,不至。'則兄喪亦謂之憂也。《曹全碑》云:'遷右扶風槐里令,遭同産弟憂,棄官。'則弟喪亦謂之憂也。《度尚碑》云:'除上虞長,以從父憂,去官。'《楊著碑》云:'遷高陽令,遭從兄沛相憂,篤義忘寵,飄然輕舉。'則從父、從兄喪亦謂之憂也。《陳重傳》云:'舉尤異,當遷爲會稽太守,遭姊憂去官。'則姊喪亦謂之憂也。《王純碑》云:'拜郎,失妹寧歸,遂釋印紱。'"

母憂去官。"是也。今人有能行者，是宜特書，以示旌異，然不數見，故不立例。又漢代尊舉主，持服去官，《隸釋》太尉劉寬二碑，并云"喪舊君去官"是也。持服之事，雖始於管仲，見《禮記·雜記》。① 然非禮也，故不錄。

書告病例

《太尉橋公碑頌》："遷河南尹，遂陟司徒，託疴遜位，起家拜尚書令，以疾篤稱，拜光禄大夫，後拜太尉，久病自替。"《蔡中郎集》。下同。

《太傅文恭侯胡公碑》："封安樂鄉侯，錄尚書事，稱疾屢辭，策賜就第，復拜司空，功成身退，俾位特進，又拜太尉，復以特進致命休神，又拜太尉，遜位歸爵，旋於舊土，徵拜司徒，疾病就第。"

《汝南周巨勝碑》："初以父任拜郎中，疾去官，察孝廉，是時郡守梁氏，外戚貴寵，非其好也，遂以病辭。"

三碑皆屢稱引疾，疾輕而病重，包氏注《論語》曰："疾甚曰病也。"鄭氏注曰："病，謂疾益困也。"② 許氏《說文》曰："疾，病也。病疾加也。"是也。故文先疾而後病，若僅一引疾，則但稱疾，《中郎集·司空楊公碑》："見邁奸黨，用嬰疾廢。"《太尉汝南李公碑》："功遂身退，以疾自遜。"《陳留太守胡公碑》："遭叔父憂，以疾自免。"皆單稱疾，此類甚多，不復備舉。

《隸釋·泰山都尉孔宙碑》："會遭篤病，告困致仕。"《梁相費汎碑》："延究眉耇，被病孫位。"此則遘病而歸，旋即殞歿，故書病。《吉成侯州輔碑》："遷臧府令，後以病孫位。"此則真病去官，故亦書病。《巴郡太守樊敏碑》："投核長驅，畢志枕邱，國復重察，辭病不就"云云，"秋老乞身，以助義都尉，養疾閭里"云云，此蓋先以真病辭官，後以微疾遜位，各書其實，與例不相妨也。

---

① 《禮記正義》卷四三《雜記下第二十一》："管仲死，桓公使爲之服。宦于大夫者之爲之服也，自管仲始也，有君命焉爾也。"

② 漢包咸撰《論語包注》一卷，見《玉函山房輯佚書續編三種》"論語孟子類"。

書歷年及卒年月日例

《太尉橋公碑》:"春秋七十五,光和七年五月甲寅,薨。"《蔡中郎集》。
《郭有道林宗碑》:"享年四十有三,以建寧二年正月乙亥,卒。"同上。朱學勤曰:"郭林宗年,《後漢書》作'四十二',碑文出重刻,疑誤。"
《衛尉衛方碑》:"年六十有三,建寧元年二月五日癸丑,卒。"《集古錄》。
《吳郡丞武開明碑》:"壽五十七,建和二年十一月十六日,遭疾卒。"《金石錄》。
《國三老袁良碑》:"載八十五,永建六年二月戊辰,卒。"見卷一。

書春秋、書享年、書年、書壽、書載,各錄其一以見例。其有書歷年不書卒年月日者,《梁相費汎碑》;碑云:"春秋八十卒。"《隸釋》。書歷年及卒年不書月日者,《太尉汝南李公碑》;碑云:"七十有六,熹平四年薨。"《蔡中郎集》。《廣漢屬國侯李翊碑》;碑云:"年五十四,以熹平二年卒。"《隸釋》。書歷年及卒年時不書月日者,《琅琊王傅蔡公碑》;碑云:"年五十八,永興六年夏卒。"《蔡中郎集》。書歷年及卒年月不書日者,《議郎元賓碑》;碑云:"年四十八,延熹二年二月卒。"《金石錄》。《圉令趙君碑》;碑云:"年六十有八,以中平五年冬十一月卒。"同上。書歷年及卒年日不書月者,《胡公碑》。碑云:"年八十有二,建寧五年春壬戌,薨於位。"《蔡中郎集》。案,胡公有三碑,其二碑有卒月,故此碑略之。文有詳略,無義例也。

書卒年月日及歷年間以事迹例

《陳留太守胡公碑》"建寧元年,召拜議郎"云云,"其年七月,被尚書召"云云,"其明二十一日,遣吏"云云,"是日疾大漸,刻漏未分,奄忽而卒,時年四十一"。《蔡中郎集》。

書歷年及卒葬年月日例

《太傅文恭侯胡公碑》:"春秋八十二,建寧五年三月壬戌,薨於位,四月丁酉,葬於雒陽塋。"《蔡中郎集》。又一碑云:"維漢二十有一世,建寧五年春三月既生魄,八日壬戌,太傅安樂鄉侯胡公薨,越若來,四月辛酉,葬我君文恭侯。"見卷一。

《趙相劉衡碑》:"年五十有三,以中平四年二月戊午,卒。其四月巳酉葬。"《金石錄》。

此常例不備錄。其有書歷年不書卒年月日,書葬年月不書日者,《司隸從事郭究碑》;碑云:"春秋二十八而卒,中平元年,歲在甲子,三月而葬。"《集古錄》。書卒年月日書葬年月不書日者,《冀州從事郭君碑》。碑云:"君年卅一,以光和二年大荒駱䡄月戊申晻智而終,三年十月葬。"《隸釋》。文有詳略,無義例也。

渾書歷年例

《丹陽太守郭旻碑》:"年過耳順,寢疾瘨頹。"《金石錄》。

渾書卒年例

《巴郡太守樊敏碑》:"歲在汁洽,紀驗期臻,奄忽臧形。"《隸釋》。

《李翊夫人碑》:"歲在大淵獻,精魂奄昏,飛神天庭,收刑元都。"同上。

渾書卒例

《武氏石闕銘》:"被病云歿,苗秀不遂。"《金石錄》。下同。

《祝長嚴訢碑》:"顛實徂落,壽不寬宏,經設三命,君獲其央。"

《從事武梁碑》:"遭疾隕靈。"

《逢童碑》:"噓噏不反,夭隕精晃。"

《郎中鄭固碑》:"遭命隕身。"《隸釋》。

書在官病卒例

《淳于長夏承碑》:"建寧三年六月癸巳,淹疾卒官。"《金石錄》。

《太傅文恭侯胡公碑》:"建寧五年三月壬戌,薨於位。"見前。

《金城太守殷君碑》:"以光和元年九月乙酉,卒官。"《古文苑》。

《綏民校尉熊君碑》:"以廿一年三月廿七日丙寅,卒官。"《隸釋》。

下同。

《熊君碑》上文有"興平元年",故不載年號。

《益州太守高頤碑》:"建安十四年八月,於官卒。"

書致仕病卒例

《北海相景君銘》:"去官未旬,病乃困危,珪璧之質,臨卒不回。"《隸釋》下及注同。病卒當書年月,此不書者,已見碑首。

《慎令劉修碑》:"素苦風痹,到官期月,見臣吏,勑兒子,人命呼吸,不欲煩擾吏民,欲生見舊土,歸終於家,百姓追逐,扣馬攀輪,遂不復還,建寧四年五月甲戌,卒。"

右致仕旋即病卒。

《泰山都尉孔宙碑》:"會遭篤病,告困致仕,得從所好,延熹六年正月乙未,□。"案,缺處當是"卒"字。

《司隸校尉魯峻碑》:"以病遜位,閉門靜居,琴書自娛,熹平元年□月癸酉,卒。"

《安平相孫根碑》:"以疾去官,闔門守家,不競時榮,養育孤穉,以保壽年,上乾弗祐,獲疾固□□□以光和四年十二月乙巳卒。"

右致仕久始病卒。

《國三老袁良碑》:"以病致仕,永建六年二月戊辰,卒。"《圉令趙君碑》:"被疾去官,以中平五年冬十一月壬寅,卒。"《梁相費汎碑》:"被病遜位,春秋八十,卒。"凡致仕旋即病卒,與久死病卒者,皆得通用。

書歸葬例

《劉鎮南碑》:"時道路艱險,留殯州土,子授,徵拜五官中郎將,乃疏上請歸本縣葬,見聽許,太和二年,葬於先塋。"《蔡中郎集》。

《朱公叔墳前石碑》:"延熹六年夏四月丁巳,卒於京師,其五月丙申,葬於宛邑北萬歲亭之陽舊兆域之南。"同上。

案,《朱公叔碑》卒、葬皆書地。《劉鎮南碑》卒不書地,葬書地。文有詳略,不別爲例。

書不歸葬例

《文範先生陳仲弓銘》:"昔者先生,甚樂兹土,築室講誨,精靈所寧,紀順奉雅意,遂定兆域。"又一碑云:"臨没顧命留葬所卒。"《蔡中郎集》。

《後漢書·張霸傳》遺敕諸子曰:"昔延州使齊,子死嬴博,因坎路側,遂以葬焉。今蜀道阻遠,不宜歸塋,可止此葬,足藏髮齒而已。"《崔駰傳》瑗臨終顧命子寔曰:"夫人禀天地之氣以生,及其終也,歸精於天,還骨於地,何地不可藏形骸,勿歸鄉里。"寔奉遺令,遂留葬雒陽。《梁鴻傳》:"疾且困,告主人曰:'昔延陵季子葬子於嬴博之間,不歸鄉里,慎勿令我子持喪歸去。'及卒,伯通等爲求葬地於吳要離冢傍。"此皆不歸葬之證。

書合葬例

《議郎胡公夫人哀贊》:"中平四年,薨於京師,顥追惟考君存時之命,迎棺舊土,同穴此城。"《蔡中郎集》。

《隸釋·相府小史夏堪碑》:"娉會謝氏,并靈合柩,古命有之,仲泥何侘?"此周禮嫁殤也,不録。

《陔餘叢考》曰:"合葬墓志,近代如《王遵巖》《王弇州集》中皆書曰:'某君暨配某氏合葬墓志。'識者非之,以爲古人合葬,題不書婦,今日'暨配某者',空同以後不典之詞也。考唐、宋書法,并無合葬二字,但云'某君墓志'而已,其妻之祔,則於志中見之。"①陳君立曰:"《叢考》謂始於空同,非也。唐太和時,《徐府君墓志》其額題'徐府君劉夫人合祔銘',蓋始於唐。"案,《叢考》謂書合葬非古,陳君謂始於唐,皆是也。《夏堪碑》不曰"暨配謝氏",下文《馬江》《侯成碑》同,此

---

① 見《陔餘叢考》卷三二"碑表、志銘之别"條。

漢碑定例也。胡公先葬，已有墓銘，夫人後葬，別爲哀贊，故與同時合葬者不同。

書不合葬例

《交阯都尉胡夫人黄氏神誥》："自郡尉仕於京師，及廣兄弟，式叙漢朝，夫人居京師，六十有餘載，欲留此焉。康寧之時，亟以爲言。建寧二年薨，公銜哀悼，祇慎其屬，遵奉遺意，不敢失墜，乃俾玄孫顯咨度群儒，以考其衷。僉曰：昔帝舜殁於蒼梧，殯於虞郊；二妃薨於江湘，不即兆於九疑；延陵季子，實惟吴人，長子道終，蒿葬嬴博。夫遭時而制，不遠遷徙，魂氣所之，不繫邱壟。於是公乃爲辭，昭告先考，然後卜定宅兆，十月既望，粵翌日己酉，葬我夫人黄氏於此高原雒陽東界關亭之阿。"《蔡中郎集》。

碑中兼叙妻德及卒年例

《郎中馬江碑》："夫人宛句曹氏，終溫淑貞，咸曰女師，年五十五，建寧三年十二月，卒。"《隸釋》。

不日者略之，非定例。

碑末附載妻卒年月日例

《金鄉長侯成碑》末："夫人昌延熹七年歲在甲辰十一月三日庚午，遭疾終。"《隸釋》。

碑稱侯成以建寧二年四月二日卒，碑末大書一行夫人云云，當是夫人卒後合葬，書於碑末，與《馬君碑》同時葬同書於碑不同。

婦人墓碑書氏書字例

《太傅胡公夫人靈表》："夫人編縣舊族章氏之長[2]女也。字曰顯章。"《蔡中郎集》。《胡夫人黄氏神誥》《議郎胡夫人哀贊》并同。

自周以前，姓氏各别，秦漢以後，姓氏不分，諸碑書氏不書姓，書姓不書氏，常例也。《隸續·司農劉夫人碑》云："姓劉氏"。書姓又書氏，蓋本《史記·五帝紀》"姓姒氏、姓子氏、姓姬氏"之文，古人文字重復，往往如此，然不可爲例。

《説文》："氏，巴蜀名山，岸脅之自旁箸欲落墮者曰氏，氏崩聲聞數百里，象形，乁聲。《揚雄賦》：響若氏隤。"段氏注曰："古經傳'氏'與'是'多通用。《大戴禮》'昆吾者衛氏也'以下六'氏'字皆'是'之假借，而《漢書》、漢碑假'氏'爲'是'不可枚數。故知姓'氏'字當作'是'，假借姓'氏'字爲之。'是'者分別之詞也。"又《説文·女部》："姚，虞舜居姚虛，因以爲姓。""嬀，虞帝居嬀汭，因以爲氏。"《段注》欲於"氏"下增"姓"字，云："尋姓氏之禮，姓統於上，氏別於下。鄭《駁五經異義》曰：'天子賜姓命氏，諸侯命族。族者，氏之別名也。姓者，所以統繫百世不別也。氏者，所以別子孫之所出。'故世本之篇，言姓則在上，言氏則在下也，此由姓而氏之説也。既別爲氏，則謂之氏姓，故《風俗通》《潛夫論》皆以氏姓名篇。諸書多言氏姓，氏姓之見於經者，《春秋·隱九年》：'天王使南季來聘。'《穀梁傳》曰：'南，氏姓也。'南爲逗，'氏姓也'三字爲句。此氏姓之明文也。《史記·陳杞世家》：'舜爲庶人時，堯妻之二女，居於嬀汭，其後因爲氏姓，姓嬀氏。'《五帝本紀》曰：'自黄帝至舜禹皆同姓，帝禹爲夏后而別氏姓，姓姒氏，契爲商，姓子氏，棄爲周，姓姬氏。'此皆氏姓之明文也。《左傳》曰：'陳胡公不淫，故周賜之姓，使祀虞帝。'賜之姓者，賜姓曰嬀也，叚令嬀不爲姓，何以不賜姓姚而賜姓嬀乎？凡言賜姓者，先儒以爲有德者則復賜之祖姓，使紹其後，故后稷賜姓曰姬，四岳堯賜姓曰姜，董父舜賜姓曰董，秦大費賜姓曰嬴，皆予以祖姓也。其有賜姓而本非其祖姓者，如鄭氏《駁異義》云：'炎帝姓姜，大暤之所賜也。黄帝姓姬，炎帝之所賜也。是炎帝、黄帝之先，固自有姓，而炎帝、黄帝之姜姬，實爲氏姓之創始。'夏之姓姒、商之姓子亦同。然則單言姓者，未嘗不爲氏姓，單

----

① 見《説文解字注》一二篇下"氏"字條。

言氏者，其後以爲姓，古則然矣。至於周則以三代以上之姓及氏姓爲婚姻不通之姓，而近本諸氏於官、氏於事、氏於王父字者，爲氏不爲姓，古今之不同也。"①案，《説文》以姚爲舜姓，嬀爲舜氏，《左氏·隱八年傳》："天子建德，因生以賜姓，胙之土而命之氏。"杜注："若舜生嬀汭，賜姓曰嬀，封舜之後於陳，以所封之土命爲氏，舜後姓嬀而氏曰陳。"據此是嬀爲舜姓，與《説文》異，《説文》是也。據《説文》姓氏各別，不得於氏下增姓字，《喪服小記》："復與書銘，婦人書姓與伯仲，如不知姓則書氏。"孔疏云："若妾有不知姓者，當稱氏矣。"是姓氏不同之證。《穀梁傳》云："南，氏姓也。"《傳》意以南爲或氏或姓，不敢遽定，故云氏姓。范寧謂氏以爲姓，非也。《陳杞世家》曰："其後因爲氏姓。"此誤襲《穀梁》之文，段氏從之，非也。《風俗通》無氏姓篇，《潛夫論》所志氏姓，其首略叙曰："凡厥姓氏，皆出屬而不可勝紀也。然則氏姓猶言姓氏，倒文耳，豈得以證《穀梁》哉？"今本《史記·五帝本紀》："帝禹爲夏后而別氏姓姒氏。""別氏"下不重"姓"字，段氏作"別氏姓姓姒氏"，不知所據何本，恐臆説也。總之姓氏對文則異，散文則通。《日知録》曰："《春秋》有姜氏、子氏，姜、子皆姓，而云氏是也。"《史記》所云姓姒氏、姓子氏、姓姬氏，此古人文字重複處，不及《説文》分別姓氏，最爲明晰。段氏反據《史記》以增改《説文》，非也。顧氏棟高《春秋大事表》引元史伯璿曰："三代以後，無所謂姓，只有氏而已，故後世但曰姓某氏，而不敢曰某姓某氏。蓋姓不可考，故但虛其姓於氏之上，而實其氏於下，亮哉言乎。"②案，如史氏之言，當於姓上空一字，既不空字，則非虛其姓於氏之上，顧氏以爲然，非也。

書繼室例

《漢交阯都尉胡夫人黄氏神誥》："初都尉君娶於故豫州刺史即黄

---

① 見《説文解字注》一二篇下"嬀"字條。
② 見《春秋大事表》卷一一。

君之姊，生太傅安樂侯，及卷令康而卒，繼室以夫人，生童紀，未齔而夭，夫人撫育遺孤，導以義方。"《蔡中郎集》。

陳君立曰："《左傳》妻稱繼室，皆非敵體，如'聲子繼室'也。而春秋家謂隱母爲賤，晉少姜卒，《傳》稱妾寵之喪，而齊侯請繼室於晉，即繼少姜也，其非嫡夫人可知。繼室稱夫人，其昉於漢代乎？"

有官職者妻得統稱夫人例

《漢交阯都尉胡夫人黄氏神誥》"夫人江陵黄氏之季女"云云。《蔡中郎集》。下同。

《太傅安樂侯胡公夫人靈表》"夫人編縣舊族章氏之季女也"云云。

《司徒袁公夫人馬氏靈表》"維光和七年司徒袁公夫人馬氏薨"云云。

《議郎胡公夫人哀贊》"議郎夫人趙氏字曰永姜"云云。

周制，天子有三夫人，諸侯之妻稱夫人，秦漢時三公稱公，其妻稱夫人，常例也。然子孫尊其先世，後進尊其鄉先生，不必三公亦稱公，不必夫人亦稱夫人。胡袁二公其妻稱夫人，此三公之妻稱夫人也；都尉、議郎之妻亦稱夫人，此非三公之妻，亦得統稱夫人也。近世諸生之妻，及世族之婦，雖無官職，統稱孺人，蓋與此同。

敘婦人家世例

《漢交阯都尉胡夫人黄氏神誥》："夫人江陵黄氏之季女，其先出自伯翳，別封於黄，以國氏焉。高祖父汝南太守，曾祖父延城大尹，祖父番禺令，父以主簿嘗證太守事，奉明君以立臣節，漢南之士，以爲美談。"《蔡中郎集》。下同。

《司徒袁公夫人馬氏靈表》："夫人右扶風平陵人也。曾祖中水侯，祖將作大匠，考南郡太守中水侯，弟伏波將軍，女在淑媛，作合孝明，誕生孝章，婚姻帝室。"

婦人墓碑叙先世，常例也。袁夫人靈表，伏波將軍之女，於夫人爲祖姑，而亦叙之者，以其爲太后，故大書以示重。又此表不叙子孫，《隸釋·李翊夫人碑》亦不叙子孫，蓋婦人立碑有二，或婦人先卒，其夫尚在，其子孫之數，不可豫定，故不書；或夫已卒而婦人別葬，其子孫已載其夫墓碑，故亦不書。上文《胡夫人神誥》，書其所生子者，將叙其撫育前室子，故書。下文"子立母碑例"《袁夫人碑銘》，書其所生子者，碑爲其子立，故書。"女立母碑例"《胡夫人靈表》，書其所生子者，將叙其諸子早卒，女爲立碑故書。

書子孫官爵例

《國三老袁良碑》"時元子光，博平令；中子騰，尚書郎；少子璋，謁者，詔書壁□□可父事，群司以君父子俱列三臺"云云。"於是厥孫衛尉滂，司徒掾宏，缺。乃刊石作銘"云云。《隸釋》。

《太尉楊震碑》："長子牧，富波侯相；次讓，趙常山相；次秉，實能纘修，復登上司，陪陵京師；次奉，黃門侍郎。牧子統，金城太守，沛相；讓子著，高陽令。"同上。

書弟及子官爵事迹例

《綏民校尉熊君碑》："君同産弟望季公，名望，字季公。質性忼慨，史魚之直，吏功曹列掾督郵都梁長，早終。君長子禹孝存，名禹，字孝存。姿操敦良，耽志好學，博覽雅藝，□□曹列□三奏辟召於州終。"《隸釋》。

《後漢書·蔡邕傳》注引邕祖攜碑云："長子稜，字伯直，處俗孤黨，不協於時，垂翼華髮，人爵不升，年五十三卒。諡法曰：清白守節曰貞，純行不差曰定。"此子先父卒，於其父碑中詳載其子事迹者，但未及兄弟耳，附録於此。

書孤嗣例

《文範先生陳仲弓銘》"孤嗣紀"云云。《蔡中郎集》。

《隸釋·司隸從事郭究碑》《外黃令高彪碑》并稱"孤嗣"。按，"孤嗣"猶"孤子"也，變"子"言"嗣"者，"子"兼男女之稱，"嗣"則專指男也。其實漢人亦稱"孤子"，《漢書·嚴助傳》："孤子誠號是也。"《曲禮》："孤子當室，冠衣不純采。"鄭注："謂年未三十者，三十壯有室，有代親之端，不為孤也。"《深衣注》亦云："三十以下無父稱孤。"案，鄭義本諸孟子王制，然漢人撰文，長幼俱得稱孤，今世亦然。《陔餘叢考》曰："今人父亡稱孤子，母亡稱哀子，按古禮，父母喪，皆稱哀子，……不特為母亡也。《孟子》：'幼而無父曰孤。'故父喪亦稱孤子，如嵇康《與山巨源絕交書》：'少加孤露。'又趙彥深見母，自陳幼小孤露，此皆以無父言。然《雜記》諸侯之禮，他國吊含襚，皆對曰：'孤某須矣。'《曲禮》：'諸侯在喪曰適子孤。'《左傳》：'列國有凶稱孤。'在喪也，有凶也，皆通乎父母之喪言之，非專係乎父也。《宋書·巴陵王休若傳》：'謝沈居母喪，……自稱孤子。'《袁粲傳》粲丁母憂，……謂諸將曰：'孤子受先帝顧托，本以死報，今日當與諸護軍同死社稷。'是母喪亦稱孤子矣。六朝人每言偏孤，《梁書》：'韋睿父早卒，睿少而偏孤，事母以孝聞。'此父先亡者。《梁書》：'裴子野生而偏孤，為祖母所養。'《魏書》：'裴延儁少偏孤，事後母以孝聞。'……此母先亡者。《謝貞傳》：'貞以母憂毀瘠，將歿，謂姚察曰：孤子蔓禍所集，將隨灰壤。'時貞父已先亡，此則父母俱亡者。可見孤字之義，本無定屬。……今世以孤屬父，以哀屬母，本於司馬溫公《書儀》。按《開元禮》'四品以下卜宅兆，泣卜者命曰：孤子某'云云，注曰：'今儀父及祖稱孤子、孤孫，母及祖母稱哀子、哀孫'，則孤哀之分稱，實始於唐，不自溫公始。……宋《政和禮》：'虞祭至大小祥祭祝文，父曰孤子，母曰哀子。'亦不獨載之溫公《書儀》也。"①

碑文有稱"孝嗣"者，《安平相孫根碑》；有稱"孝孤"者，《北軍中侯郭仲奇碑》；有稱"孝子"者，《北海相景君銘》《從事武梁碑》；《士虞禮》"孝子某"，《特牲》《少牢禮》"孝孫某"。鄭注：《士虞禮》曰：'喪祭稱哀，稱孝者吉祭。'"案，《雜記》："祭稱孝子孝孫，喪稱哀子哀孫。"正義："祭，吉祭也。謂自卒哭以後之祭也。吉則申孝之心，故祝辭云孝也。喪凶祭，謂自虞以前祭也。喪則痛慕未申，故稱哀也。"審是則凡稱孝者，皆已葬之詞。有稱"遺孤"者，《博陵太守孔彪碑》《故民吳仲山碑》；有稱"咳孤"者，《淳于長夏承碑》；"咳孤"即"孩孤"，《說文》："咳，小兒笑也。"孩古文咳，從子，內則，父執子之右手，咳而名之。《釋文》本作孩，云"孩本又作咳"。《孝經·聖治章》疏："引內則作孩，與《釋文》合。"阮太傅《禮記校勘記》曰："惠孝宋本咳作孩，《通典》六十八引亦作孩，然則咳孩一也。"《史記·扁鵲傳》："不能若是而欲生之，曾不可以告咳嬰之兒終

---

① 見《陔餘叢考》卷三七"孤哀子"條。

日。"亦作咳字。有稱"孤生"者,《慎令劉修碑》;以上諸碑,并見《隸釋》。又有單稱"孤"者,《司空文烈侯楊公碑》《朱公叔墳前石碑》《議郎胡公夫人哀贊》;又有稱"孤"而繫以數者,《太尉橋公廟碑》;碑稱三孤。以上諸碑,并見《蔡中郎集》。又有單稱"息"者,《司隸校尉魯峻碑》。《隸釋》。"息"即"子"也,《趙策》:"老臣賤息舒祺。"《後漢書·光武十王列傳》:"東海恭王彊,臨命上疏謝曰:'息政小人也是也。'"許君宗寅曰:"息兼男女之稱。"《東觀漢記》:"此蓋我子息也。"是以子爲息。《前漢·高紀》:"臣有息女,原爲箕帚妾。"是以女爲息。恭冕曰:"梁武帝《長安有狹邪行》:'大息組綱縕,中息佩陸離,小息尚清綺,總轡游南皮。'此亦女稱息者。"

書哀子例

《司徒袁公夫人馬氏碑銘》"哀子懿達仁達"云云。《蔡中郎集》。

《儀禮·士喪禮》:"筮者命曰:'哀子某,爲其父某甫筮宅。'涖卜命曰:'哀子某,來日卜葬其父某甫。'"①《士虞禮》:"始虞用柔日。曰:'哀子某,哀顯相,夙興夜處不寧。'再虞、三虞如初。將旦而祔,則薦。卒辭曰:'哀子某,來日某,隮祔爾於爾皇祖某甫。尚饗!'女子,曰:'皇祖妣某氏。'饗辭曰:'哀子某,圭爲哀薦之饗。'"鄭注:"喪祭稱哀。"②案,此則哀者未祔以前之稱,考妣同之,故漢人據以入碑文,今世母殁稱哀,母存不得稱哀,乃唐開元以後之制,詳見前注。

書無子例

《元文先生李子材銘》:"初娶配出,後配未字,年既五十,苗胤不嗣。"《蔡中郎集》。

公卿大夫爲卑官處士立碑例

《陳太邱碑》:"河南尹种府君,追歎功德,述錄高行,重部大掾,以成斯銘。"《蔡中郎集》。

---

① 見《儀禮注疏》卷三七"士喪禮第十二"。
② 見《儀禮注疏》卷四三"士虞禮第十四"。

《貞節先生范史云碑》："太尉張公、兖州陳君、陳留太守淳于君、外黄令劉君,謀於耆舊,刊石樹銘。"同上。

二碑於立碑人書姓不書名,尊之也。陳君以下,以張太尉故,同不書名,其實郡邑之長書名也。

邑長爲邑人立碑例

《孝廉柳敏碑》："建寧元年,縣長同歲,楗爲屬國趙臺公,憤然念素帛之義,其二年十月甲子,爲君立碑。"《隸釋》。

《隸釋》曰："柳君以本初元年死,後二十三年,縣令趙臺念其墓無碑識,故爲立石。"

父母爲子立碑例

《冀州從事郭君碑》："哀哀考妣,追惟賫靈,卜商號咷,喪子失明。"《金石録》。

生稱考妣,今所不用,已見"叙"。

《戚伯著碑》："父哀母悲,傷其□絕。"《隸釋》。

僚友立碑例

《敦煌長史武斑碑》"於是金鄉長河間高陽、史恢等,追惟昔日,同歲郎署,故□石銘碑",碑末"尚書丞沛國蕭曹芝"云云。《隸釋》。

《隸釋》曰："漢碑多門生故吏所立,至於同舍爲之者,唯《武斑》及《柳敏》兩碑。"《日知録》曰："今人以同舉爲同年,……漢人已有之。《後漢書·李固傳》云:'有同歲生,得罪於冀。'《風俗通》云:'南陽五世公爲廣漢太守,與司徒長史段遼叔同歲。'又云:'與東萊太守蔡伯起同歲。'又云:'蕭令吴斌與司徒韓演同歲。'《三國志·魏武帝紀》云:'公與韓遂父同歲孝廉。'……同歲即今之同年。"[1]

---

[1] 見《日知録》卷一七"同年"條。

姻戚立碑例

《堂邑令費鳳碑》"夫人元弟故□□□守卜胤追而誄之"云云。<small>《隸釋》。《金石錄》刪節，無"故"字以下五字。</small>

《費鳳別碑》<small>《金石錄》作"費君碑陰"。</small>"君舅家中孫甘陵石勛，字子才，載馳載驅，來奔於喪，庭，不堪哀且思，叙詩之一篇"云云。<small>同上。《金石錄》刪節作"君舅家中孫甘陵石勛字子才"所述。</small>

子立父碑例

《司空文烈侯楊公碑》"其孤彪，敢儀古式，昭銘景烈，銘曰：天鑒有漢"云云，"乃及伊公"云云。<small>《蔡中郎集》。</small>

序文稱公，銘辭稱伊公，碑雖其子所立，而辭則撰人之稱。

《文範先生陳仲弓碑》"孤嗣紀，銜恤在疚，遂宅兆域，宜有銘勒表墳墓，銘曰：於熙文考"云云。<small>同上。</small>

序文稱君，稱先生，銘辭稱文考，又稱君，序文則撰人之稱，銘則代其子稱之也。

"文考"二字，今人宜避，見"叙"，下"烈考"同。

《中常侍樊安碑》："嗣子遷，實以幼弱，夙叙王爵，而喪所天，禮備復位，以延熹三年冬十有一月，自上烝祭，乃尋惟烈考恭修之懿，勒之碑石，俾不失墜。"<small>《古文苑》。</small>

《鴻臚陳君碑》："有子曰羣，追惟蓼莪罔極之思，乃與邦彥碩老，咨所以計功稱伐銘贊之義，遂樹斯石，用監於後。"<small>同上。</small>

《丹陽太守郭旻碑》："諸子曷仰，三載禮闋，乃羣相與刻石勒銘。"<small>《金石錄》。</small>

《司隸校尉魯峻碑》："息叙不才，弱冠而孤，承堂弗構，版薪弗荷，悲蓼義<small>同裁</small>。之不報，痛昊天之靡嘉，頰企有紀，能不嘘蒼，刊石叙哀。"<small>《隸釋》。</small>

《司隸從事郭究碑》："孤嗣叫號，涕零如雨，敢慕衛悝贊先之義，乃伐石興碑,以旌厥魂。"同上。

以上五碑,皆子稱其父之詞。

子立母碑例

《司徒袁公夫人馬氏碑銘》:"維光和七年,司徒袁公夫人馬氏薨,其十一月葬,哀子懿達、仁達,銜恤哀痛,靡所寫懷,乃撰錄母氏之德履,示公之門人,覩文感義,采石於南山,諮之群儒,假貞石以書焉。"《蔡中郎集》。

孫立祖碑例

《國三老袁良碑》"於是厥孫衛尉滂、司徒掾宏,闕。乃刊石作銘,其辭曰:飛清邈紛,其屬"云云。《隸釋》。下同。

《淳于長夏承碑》"咳孤憤泣,忉怛傷摧,勒銘金石,惟以告哀,其辭曰:於穆皇祖,天挺應期"云云。

《梁相費汎碑》"適孫均,感奚斯之義,刊銘元石,旌勒厥美,俾闕。覽焉,其辭曰:穆穆顯祖,厥德懿鑠"云云。

《袁良碑》,撰文者之詞;《夏承》《費汎碑》,即其孫之詞。"皇祖"二字宜避見叙。《祭法》"顯考廟"注:"顯,明也。"正義:"顯考廟者,高祖也。顯,明高祖居四廟最上,故以高祖目之。"[①]案,《費汎碑》稱顯祖者,自高祖至考皆得以顯明尊稱之,今世猶然。

女立父碑例

《先生郭輔碑》:"其季女明文,潁川之夫人也。感惟考妣克昌之德,登山采石,致於墓道,邑人縉紳,刻石作歌。"《隸釋》。

《水經注》曰:"碑無年號,不知何代人。"[②]《集古錄》曰:"碑以如爲,而及用鄉鄐字,與《妻壽碑》同。蓋漢人如此。"《隸釋》曰:"碑有兩

[①] 見《禮記正義》卷四六"祭法第二十三"。
[②] 《水經注》卷二八"沔水中":"其女爲立碑於此,并無年號,皆不知何代人也。"

'昭'字,晋人所諱,疑是魏刻。"案,碑有"昭"字,無以定其爲魏刻,今從歐陽氏。

《水經注·淯水篇》云:"(淯)水南道側有二石樓,……題言:蜀郡太守,姓王,字子雅,南陽西鄂人,有三女無男,而家累千金。父殁當葬,女自相謂曰:'先君生我姊妹,無男兄弟,今當安神玄宅,翳靈后土,冥冥絶後,何以彰吾君之德?'各出錢五百萬,一女築墓,二女建樓,以表孝思。"案,子立父碑,常例也。若無子,女亦得立碑,王子雅女築石樓費至千萬,侈已極矣,其文當即刊於石樓柱壁,是亦碑類,因附錄之。又《泗水篇·上》云:"漷水又東經七女冢,……元嘉六年,大水,……墳崩,得一塼刻云:'項氏伯無子,七女造櫬。'世人疑是項伯冢。"案,此冢無以定其爲封射陽項伯之冢,且其文太略,不可爲例。

女立母碑例

《太傅胡公夫人靈表》:"夫人生五男,長曰整,伯齊;次曰千億,叔韡;次曰寧,穉威;次曰碩,季叡,皆早即世。元女金盈,追慕永思,遂立斯表,鐫著堅珉。"《蔡中郎集》。

子立母碑,常例也。女立母碑,必夫人無子,或有子已故,故碑文特表出之。碑文五男,而故者四人,其存者蓋幼。

弟立兄碑例

《郎中鄭固碑》:"琦瑶延目爲至惡不紀,則鐘鼎冥銘,昔姬□□武,弟述其兄,綜闕。行,於蔑陋,獨曷敢忘,乃刊石以旌遺芳。"《隸釋》。

王氏懷祖《讀書雜志》載此碑文云:"昔姬公□武,句。弟述其兄,句。綜□□,句。□□行,句。於蔑陋,句。獨曷敢忘,句。乃刊石,句。以旌遺芳。句。於蔑陋者,於音烏,嘆詞也。蔑陋,謂鄙小也。鄭注君奭云:'蔑,小也。'高注《淮南·修務篇》云:'陋,鄙小也。'《漢書·韋元成傳》云:'於蔑小子。'與此'於蔑陋'同義,兄、行、忘、芳爲韻,兄讀若荒,行讀若杭,《隸辨》以'行於蔑陋'四字爲句,則既失其義,而又失其韻矣。"

弟及子同立碑例

《慎令劉修碑》："二弟龍純,攣哀孔懷,孤生儁協邵,長號思慕,立此碑銘。"《隸釋》。

子吏門人同立碑例

《太尉橋公廟碑》"三孤故臣門人相與述公言行"云云,"銘曰:光光烈考"云云。《蔡中郎集》。

廟碑入墓碑例者,其例從同,又以類相附,後不更見。子吏門人同立碑,而銘詞稱烈考,從其親者言也,然今時宜避。

門生爲師之祖父立碑例

《太尉楊震碑》："長子牧,牧子統,統之門人汝南陳熾等,緣在三義一,頌有清廟,故敢慕奚斯之追述,樹元石於墳道。"《隸釋》。

門生爲師之子弟立碑例

《童子逢盛碑》："年十有二,沒而不存,於是門生東武孫理,下密王升等,感懣三成,一列同義,故共刊石,叙述才美。"碑陰"五官掾崔孟祖"云云,右"縣中士大夫高密徐承興祖"云云,右家門生。《隸釋》。

《隸釋》曰:"縣中士大夫,其父黨也。故不名是也。"案,盛乃童子,必無門生,碑稱門生,碑陰稱家門生,必是其父門生,漢人門生之稱,凡對其師家人言之皆然。

父子同塋立碑例

《郎中鄭固碑》："先是君大男孟子,有楊烏之才,年七歲而夭,故建□共墳,配食斯壇,昌慰考妣之心。"《隸釋》。

錢氏《金石文跋尾》曰:"《喪服傳》,不滿八載以下爲無服之殤,鄭君長男孟子，七歲而夭，乃建墳與固配食，此禮之過而失其中者。"①案，錢氏所言是也，然可爲父子同塋立碑之例。

兄弟同塋立碑例

《郎中馬江碑》："君中弟字文緒，位主簿督郵，志行。闕。期落落自有大節，年卅二，早世短折，故塋迫窀，同窆。兆告斯土。"《隸釋》。

《隸釋》曰："馬君元嘉三年卒，建寧三年夫人曹氏卒碑文見前。相去十七年。"又載其弟文緒，"年三十二早世。"當是因夫人卜兆，以馬君共塋，又同時改厝其季，故作碑并言之。石有斷缺，不能詳叙，其云"東看祖禰，西睹舊廬"，可見其瘞以昭穆也。

《隸續·司隸校尉楊淮碑》云："故司隸校尉楊君，厥諱淮，字伯邳，舉孝廉，尚書侍郎，上蔡雒陽令，將軍長史，任城、金城、河東、山陽太守，御史中丞，□爲尚書尚書令、司隸校尉，將作大匠，河南尹。伯邳從弟諱弼，字穎伯，舉孝廉，西鄂長，伯母憂去官，復舉孝廉，尚書侍郎，遷注丞，冀州刺史，大醫令，下邳相。元弟功德牟盛，當究三事，不幸早隕，國喪名臣，州里去覆，二君清頌，約身自守，俱大司隸孟文之玄孫也。黃門同郡卞玉，字子珪，以熹平二年二月廿一日，謁歸過此，追述勒銘，故財表紀。"碑文全錄。案，碑題楊淮，而兼叙其從弟弼，又稱弼功德牟盛，而不及淮，爲淮立碑，而詳略互異，此例之變也。當是淮、弼二人共葬一塋，因共立一碑，而淮爲弼兄，遂題爲淮，其實因弼立也。"雜例"中有兩人共立一碑，非以表墓，故此碑附錄於此。

婦祔姑墓例

《太傅安樂侯胡公夫人靈表》："建寧三年薨，夫人之存也，契闊中饋，婉孌供養，依生奉仁，紹述雅意，其閏月附於太夫人窀穸於茲地。"《蔡中郎集》。

---

① 見《潛研堂金石文跋尾》卷一《郎中鄭固碑》。

孫祔祖墓例

《交阯都尉胡夫人黃氏神誥》："建寧二年,薨於太傅府,是月辛酉,公之季子陳留太守碩,卒於雒陽左池里舍。十月既望,粵翌日己酉,葬我夫人黃氏,及陳留太守碩,於此高原雒陽東界關亭之阿。"同上。

公謂胡廣,夫人乃廣母,碩乃廣子,夫人之孫,此孫祔祖母墓也。其孫祔祖父,書法亦同,故特著爲例,碩稱名者,以其祔祖母,又對其父稱之,禮所云父前子名也。

碑叙首總叙立碑人例

《山陽太守祝睦後碑》故吏王堂等"竊聞下有述上之功,臣有叙君之德"云云,《集古錄》。"乃相與刊勒金石"。《隸釋》。

碑中叙立碑人爵里姓名例

《太尉橋公碑》："於是故吏司徒博陵崔烈,廷尉河南吳整等,乃共勒嘉石,永昭芳烈。"《蔡中郎集》。下同。

《太傅胡公碑》："掾太原王允、雁門畢整、扶風曾宙、潁川殷歷等相與累次德行,撰舉功勳,刊之於碑。"又一碑云:"故吏濟陽池喜,感公之義乃樹石作頌。"又一碑云:"故吏司徒許詡等,論集行迹,銘諸琬琰。"

《太尉汝南李公碑》："故吏潁川太守張溫等,刊石立碑,德載不泯。"

《太守胡公碑》："於時陳留主簿高吉、蔡軫等,咸以郡選,充備官屬,遂樹碑作銘,以表令德。"

《彭城姜伯淮碑》："弟子陳留、申屠蟠等,乃建碑於墓。"

此例甚多,《中郎集》外,不復詳引。其有渾叙立碑人,不書姓名者,太尉楊公二碑,《楊秉碑》云:"於是門人學徒,相與刊石樹碑。"《楊賜碑》云:"惟我下流,二三小臣,紀公勳績,刊石立銘。"《蔡中郎集》。下同。《陳留太胡公碑》,碑云:"於是遐邇縉紳,爰暨門人,相與歎述君德,追痛不實,嗟我明哲,如何勿銘。"《郭有道林宗碑》,碑云:"凡我四方同好之人,永懷哀悼,於是建碑表墓,昭銘景行。"《翟先生碑》,

碑云：“於是鄉党乃相與登山伐石而勒銘。”《汝南周巨勝碑》。碑云：“迴遍歎悼，痛心失圖，乃相與建碑勒銘，以旌休美。”《金石錄·廷尉仲定碑》《平興令薛君碑》，《隸釋·郟令景君闕銘》《議郎元賓》《荆州刺史度尚》《金鄉長侯成》《小黄門譙敏》《浚儀令衡立》，諸碑略同。附錄於此，不別爲例。

碑中渾叙立碑人碑陰詳載姓名例

《泰山都尉孔宙碑》“於是故吏門人，乃共陟名山，采嘉石”，碑陰“門生鉅鹿癭陶張云字子平”云云。《隸釋》。下同。

《繁陽令楊君碑》“故吏臣隸，乃共追録厥勳，鑴石示後”，碑陰“故功曹史闕。故功曹史成功豫伯舉”云云。

《高陽令楊著碑》“門徒小子，喪兹師范，故樹斯石，以昭厥勳”，碑陰“□□孫甫□鉅鹿時稚明”云云。

《吉成侯州輔碑》“於是鄉人姻族，乃相與刊石樹碑”，碑陰“漢陽太守闕。故京兆尹延篤叔堅”云云。

凡碑陰書立碑人爵里姓名字，五者皆備。《隸釋·沛相楊統碑陰》“懷陵圉令相蔣禧，字武仲”，《博陵太守孔彪碑陰》“司徒掾博陵安平崔烈，字威考”是也。《孔宙》諸碑，五者不備，文有詳略，無義例也。其有先書姓，次書爵，次書名，《都鄉孝子嚴舉碑陰》“向主吏諱旻”云云，“楊督郵諱鎮”云云，“楊侯同侯。諱龐”云云，“趙掾諱護”云云是也。《隸續》曰：“鼎其姓於吏職之上，而以諱挈其名，漢碑他無此式。”

碑中渾叙立碑人碑末夾注姓名例

《衛尉衛方碑》：“於是海内門生故吏□□□□采嘉石，樹靈碑。”碑末夾注“門生平原樂陵朱登字仲”。《隸釋》。

碑中叙首立碑人碑陰叙同立碑人復書首立碑人例

《沛相楊統碑》“故吏戴條等，乃鑴石立碑”，碑陰“故□□□郎中令□戴□字叔□，故吏懷陵圉令相蔣禧字武仲”云云。《隸釋》。

《博陵太守孔彪碑》"□吏崔□□□王沛等,乃刊斯石",碑陰"故吏司徒掾博陵安平崔烈字威考,故吏齊□博陵安平崔恢字行孫,故吏乘氏令博陵安平王沛字公豫,故吏司空掾博陵安國劉悳字伯桓"云云。同上。

碑陰載立碑人姓名同郡不書郡同縣不書縣例

《元儒先生婁壽碑陰》"故五官掾婁□伯,故守長史掾夏光淵"云云。《隸釋》。

《吉成侯州輔碑陰》"漢陽太守下闕。故京兆尹延篤叔堅,故東平相温貢顯宗"云云。同上。

《司隸校尉魯峻斷碑陰》"闕。延上闕。文臺郪仲軍彭城徐文達汝南袁彥和翟公勝仲孝安"云云。《隸續》。

《婁壽碑》云"南陽隆人",《魯峻碑》云"山陽昌邑人",《州輔碑》"其郡邑刓闕。"《隸釋》曰:"《婁壽碑陰》可見者五十四人,漫滅者四人,其稱南郡汝南者二人,餘蓋南陽人。""《州輔碑陰》自漢陽太守而下,四十有九人,其八人稱邑,曰冠軍、曰宛、曰章陵、曰新野、曰比陽、曰魯陽,皆南陽之邑,餘人唯延篤有傳,乃南陽犨人,則不稱邑者犨之人也。碑云:鄉人姻族相與刊石,則又知輔爲犨人也。"《魯峻斷碑陰》九十有一人,書姓字而不名,惟徐袁二人有郡。《婁壽碑陰》不出郡者,皆同郡人也。《州輔碑陰》不出縣,皆同縣人也,此殘碑貫彭城、汝南者各一人,則其餘皆山陽人也。

碑陰人名後各總標郡縣名例

《太尉郭禧碑陰》於立碑人姓名後云"右河南、右河內郡、右宏農郡、右扶風郡"。《金石錄》。

《太尉劉寬碑陰》門生名後云"右河南郡,右河內郡,右河東郡,右京兆,右扶風郡,右馮翊郡,右南陽□,右□川郡,右□國,右陳留郡"。《隸釋》。

右總標郡名。

《劉寬碑陰》王曜以下有爵秩者，皆特書爵郡縣姓名字。碑云"故華陰令相國別部司馬漢陽河陽王曜孝起"云云。左宮以下無爵秩者，各書縣姓名字碑云"河南左宮叔舉"云云。而總標郡名，有爵詳，無爵略，又常例中之變例。

《故吏應酬殘題名》"故吏應酬"云云，又一行"右郫故吏舒苗"云云，又一行"右江原"。《隸釋》。

右總標縣名。

《隸釋》曰："郫、江原皆隸屬郡，此蓋蜀郡太守碑陰。"

【校勘記】

［１］在：連筠簃本作"蒞"。《隸釋》字形爲"茬"。
［２］長：此同《蔡中郎集》卷六《太傅安樂侯胡公夫人靈表》，連筠簃本作"季"。

漢石例卷三

墓碑例

書故吏故民例

《泰山都尉孔宙碑陰》"故吏北海都昌逢祈字伯熹"云云，"故民泰山費淳於黨字季□"云云。《隸釋》。

案，統言則曰故吏，析言則有掾、有史、有令史，分以列曹。戶曹、"掾"見《濟陰太守孟郁修堯廟碑》《華山亭碑》《溧陽長潘乾校官碑》《郃陽令曹全碑》；"史"見《孟郁修堯廟碑》《孔廟置守廟百石孔龢碑》《華山亭碑》《樊毅修華嶽廟碑》《淮源廟碑》《潘乾碑》《巴郡太守張納碑》《堂邑令費鳳碑》《學師宋恩題名》《祀三公山碑》《馮煥殘碑》《少室石闕銘》《開母廟石闕銘》《陳德碑》《竹葉碑》；"令史"見《開母碑》《張納碑》。奏曹、"掾"見《倉頡廟碑》；"史"見《張納碑》《竹葉碑》；"令史"未見。辭曹、"掾"未見；"史"見《張納碑》《宋恩題名》《竹葉碑》。法曹、"掾"見《張納碑》；"史"見《張納碑》《宋恩題名》《曹全碑》。尉曹、"掾"見《張納碑》《都鄉正衛彈碑》；"史"見《武都丞呂國題名》。賊曹、"掾"見《中部碑》；"史"見《張納碑》《宋恩題名》《曹全碑》《中部碑》《竹葉碑》；"令史"見《馮煥碑》。案，《武氏石室題字》單稱"賊曹"，未分"掾""史"。《宛令李孟初神祠碑》有"賊捕掾"，即"賊曹掾"。《蜀郡造橋碑》有"荷賊曹原"，《隸釋》於"荷"字未詳。《韓勑造孔廟禮器碑》有"相中賊史"，謂相府中賊曹史。決曹、"掾"未見；"史"見《張納碑》《竹葉碑》。兵曹、"掾"見《張納碑》；"史"見《張納碑》《宋恩題名》《馮煥碑》；"令史"見《馮煥碑》。金曹、"掾"見《張納碑》《中部碑》；"史"見《張納碑》《宋恩題名》《曹全碑》《中部碑》。倉曹。"掾"見《倉頡廟碑》；"史"見《張納碑》《倉頡廟碑》《中部碑》。案，《後漢書·百官志》："公府掾十二曹。"其十已見碑文，惟西曹、東曹罕見耳。公府者，太尉、司徒、司空三公之府，總稱府掾，《元儒先生妻壽碑》《吉成侯州輔碑》。析稱太尉掾、《靈臺碑》《魯相韓勑造孔廟禮器碑》《華嶽廟殘碑》。司徒掾、《靈臺碑》《仙人唐公房碑》。司空掾。《華嶽廟殘碑》。此十曹外，又有祠曹，"掾"見《孔龢碑》；"史"未見。議曹、"掾"見《潘乾碑》《張納碑》《呂國題名》；"史"見《倉頡廟碑》。漕曹、"掾""史"并見《張納碑》。集曹、"掾"見《張納碑》《倉頡廟碑》；"史"見《張納碑》《宋恩題名》《曹全碑》；"令史"見《馮煥碑》。供曹、"掾""史"并見《華山亭碑》。比曹、"掾"見《張納碑》；"史"見《張納碑》《宋恩題名》。獻曹、"掾"未見；"史"見《張納碑》。塞曹、"掾"未見；"史"見《曹全碑》。穀曹、"掾"未見；"史"見《宋恩題名》。水曹、"掾"未見；"史"見《宋恩題名》《廣漢太守江堰碑》。客曹"掾"未見；"史"見《馮煥碑》。士曹，《司空孔扶碑》單言"士曹"，未分"掾""史"，"令史"見《馮煥碑》。不見於《志》。案《志》，户曹主民户祠祀農桑，祠曹即户曹；奏曹主奏議事，議曹即奏曹；尉曹主卒徒轉運事，漕曹即尉曹；倉曹主倉穀事，穀曹即倉曹。《志》又云："將軍其職吏部集各一人，總知營事。"集曹即部集。又云："客曹尚書主外國夷狄事。"則客曹掾史，即尚書屬吏，繫以所屬之官也。《酸棗令劉熊碑》"郡曹史郡列掾"、《韓勑造禮器碑》"相史"、《倉頡廟碑》"少府史"、《唐公房碑》"太守史"、《劉熊碑》《曹全碑》"郡曹史"、《曹全碑》"將軍令史"、《郭究碑額》"司隸從事"，并繫以官。《志》又云："公府掾比古元士三命。"或曰："漢初掾史辟，皆上言之，故有秩比命士，其所不言，則爲百石屬。"是士曹乃諸曹中之聞於朝比命士者，別於不命，故曰士曹。惟供曹、比曹、獻曹、塞曹、水曹，無文以明之。《志》又云："署諸曹事掾史屬二十四人。"以十二曹計之，每曹掾史各一人。而漢碑"掾"則有右金曹、右賊曹；《中部碑》。"史"則有左户曹、右户曹、左賊曹、《竹葉碑》。右賊曹、《中部碑》《竹葉碑》。左決曹、右決曹、《竹葉碑》。左金曹、《張納碑》。右金曹、《張納碑》《中部碑》。左倉曹、右倉曹、《張納碑》。中倉曹、《中部碑》。左漕曹、右漕曹、右集曹、右兵曹、《張納碑》。外兵曹，《馮煥碑》。是每曹掾史各四人，有中、外、左、右之殊，十二曹當有九十六人，與《志》文不合，疑漢末不能如制。碑文又有祠祀掾、《無極山碑》《白石神君碑》。鑒廟掾，《少室石闕銘》《開母廟石闕銘》"鑒掾"同。當即户曹；門下議掾史，"掾"見《曹全碑》；"史"見《北海相景君碑》。《靈臺碑》"門下議生"同。當即奏曹；又有郵書掾，《曹全碑》。案《志》，法曹主郵驛科程事，則郵書即法曹。《志》又於"司隸校尉"云："從事史十二人。"考諸漢碑，司隸中都官從事，《北軍中侯郭仲奇碑》《志》云"都官從事"，此云中都官從事，豈亦如督郵五部歟？與《志》同，河隄從事，《吉成侯州輔碑》。與《志》異。又兗州從事、《韓勅碑》《冀州刺史王純碑》。豫州從事、《韓勅碑》。益州從事、《唐公房碑》《張納碑》《淳于長夏承碑》。荊州從事、《桂陽太守周憬功勳銘》《州輔碑》。《范鎮碑額》同。冀州從事，《張表碑額》。即《志》所云郡國從事。《志》又云："假佐二十五人。"考漢碑有功曹書佐，《倉頡廟碑》。與《志》同。又有決曹書佐，《沛相楊統碑》。案《志》於"太尉"下云："決曹主罪法事。"於"司隸校尉"下云："都官從事主察舉百官犯法者。"則決曹書佐，當即都官書佐。又有單稱從事，《靈臺碑》《鄭季宣碑》。《樊毅修華嶽碑》《周憬功勳銘》并有"行事"，當即從事而異名。單稱書佐，《北海相景君碑》《西嶽華山廟碑》。文不備也。別有治中從事，《王純碑》《樊敏碑》。《志》云："州刺史功曹從事爲治中從事是也。"

其郡縣掾史，《志》云："凡郡國歲盡，遣吏上計。"又云："有功曹史、五官掾、五部督郵曹掾、門亭長、主記室史，諸曹各有書佐，幹①。"《注》引《漢官·員吏》中有"案獄仁恕，監津渠漕水掾，文學守助掾，循行幹小史。"考漢碑有上計掾史、"掾"見《張納碑》《夏承碑》；"掾""史"并見《南陽太守秦頡碑》。功曹史、《淮源廟碑》《張納碑》《繁陽令楊君碑》《宋恩題名》《李孟初神祠碑》《倉頡廟碑》《陳德碑》《竹葉碑》《曹全碑》。案《樊毅修華嶽廟碑》《劉熊碑》《華山廟殘碑》《倉頡廟碑》《武氏石室題字》《曹全碑》，亦單稱"功曹"，《楊君碑》又兼稱"處士功曹"，疑皆指"功曹史"。五官掾、《靈臺碑》《淮源廟碑》《博陵太守孔彪碑》《呂國題名》《祀三公山碑》《少室石闕銘》《開母廟石闕銘》《倉頡廟碑》《武氏石室題字》。《劉熊碑》"五百掾"，蓋五官之偽。東部督郵、《唐公房碑》。南部督郵、《周憬銘》《張納碑》《竹葉碑》。中部督郵、《張納碑》《北海相景君碑》《竹葉碑》。北部督郵、《竹葉碑》。《靈臺碑》《都鄉孝子嚴舉碑》《武氏石室題字》《曹全碑》，單稱督郵，文不備。亭長、《魯王墓前石人刻字》。案，公府以下正門俱有亭長，此亭長屬郡國，故列於此。又案，《志》"亭有亭長"，此鄉亭之長，與門長別。主記史、《淮源廟碑》《潘乾碑》《費鳳碑》《中部碑》。《倉頡廟碑》記"史"，《鄭季宣碑》記"室

---

① 連筠簃本引作"幹，主文書"，《後漢書》志第二八"百官五"作"幹，主文書"，寧大本未引全。

史",《費鳳碑》"主史",疑并同。又《靈臺碑陰》有"主吏",未知即"主史"否？主記書佐，《鄭季宣碑》，皆與《志》合。又有直事干、《鄭季宣碑》。諸曹干，《司馬整碑》。干即幹。漢人借干爲幹，王氏昶《金石萃編》曰："《廣雅》'甲乙爲幹'，《史記·曆書》作'干'，古蓋省爲干是也。《後漢書·樂巴傳》：'雖幹吏卑末，皆課令習讀。'注：'幹，府吏之類也。晉令諸郡國不滿五千以下置幹吏二人，郡縣皆有幹。幹，猶主也。'"《北海相景君銘》"幹"作"午"，《隸釋》曰："《百官志》載郡縣吏屬，自曹掾之下，有書佐，有循行，有幹，有小史，此碑故午六人，在循行小史之間，隸文幹字其旁從上從干，或從上從午，午是幹字省文。"中部案獄《張納碑》。即案獄仁恕。《志》注引《漢官》"河南尹員吏，案獄仁恕三人。"此云中部，似當如督郵五部五人，疑漢末不如制。都水掾《西嶽華山廟碑》。即監津渠漕水掾。都水，西漢時官名，東漢省。《志》於"少府"下云："都水屬郡國。"知都水即此職。文學主事掾《張納碑》，即文學守助掾。修行《北海相景君碑》。即循行。《金石錄》曰："《後漢書·百官志》注：'河南尹官屬，有循行一百三十人。'而《晉書·職官志》州縣吏皆有循行，此碑作修行，……豈循修字書相類，遂致訛謬邪？"①《隸釋》曰："循、修隸法只爭一畫，書碑者好奇，從省借用。"②都氏穆《金薤琳琅》曰："碑刻於漢，而《後漢書》舊皆傳錄，以修爲循，傳錄之誤。趙氏不信碑本，而信《漢書》，且復引《晉書》爲證，不知《晉書》修於唐，其亦曰循行，蓋仍《漢書》之誤。"③案，趙氏、洪氏從《後漢書》以"循行"爲正，都氏從碑文以"修行"爲正，未知孰是，姑從趙、洪。小史《繁陽令楊君碑》《北海相景君碑》。《夏堪碑》額"相府小史"，與此小史同，但繫以官耳。即幹小史，與《志》亦合。然《志》但有主記室史，而碑文復有主記掾《張納碑》《倉頡廟碑》；又《張納碑》既有主記掾，復有錄事掾。《曹全碑》亦有"錄事掾"，然不與"主記掾"并列。《倉頡廟碑》復有"錄事史"。既有文學主事掾，復有文學史、文學主事史；《鄭季宣碑》既有主事書佐，復有門下書佐，《楊統碑》《北海相景君碑》亦有"門下書佐"，然不與主記記室錄事諸書佐并列。繁陽令楊君碑"門下佐"，即"門下書佐"。記室書佐、錄事書佐；既有直事小史，復有門下小史，豈《志》不詳歟？抑漢末不能如制歟？《志》又云："凡縣諸曹略如郡員，五官爲廷掾，鄉置有秩、三老、游徼。"考漢

---

① 見《金石錄》卷一四《漢北海相景君碑陰》。
② 《隸釋》卷六《北海相景君銘》："漢隸循、脩二字頗相近，恐是借用爾。"
③ 見《金薤琳琅》卷四《北海相景君碑陰》。都穆（1458—1525），明代金石學家，字玄敬，一作元敬，郡人稱南濠先生，吳縣相城（今蘇州市相城區）人，官至禮部郎中，主要著作有《使西日記》《金薤琳琅》《南濠詩話》。

碑有廷掾,《祀三公山碑》《少室開母廟石闕銘》,有有秩《都鄉正衛彈碑》。《呂國題名》有"衡官有秩",蓋"有秩"兼爲衡官。有三老,《武氏石室題字》。《楊信碑額》作"縣三老",以別於"國三老"也。有游徼,同上。"游徼"亦名"督盜賊",《倉頡廟碑》有"督盜賊",《志》云:"游徼掌徼循,禁司奸盜。"是"督盜賊"即"游徼"。《張納碑》又有"府後督盜賊",豈此職亦有前後左右耶?與志文合。然《武氏題字》有游徼,又有門下游徼,其爲同異,未可知也。又郡縣吏有將作掾史、"掾"見《華山亭碑》《祀三公山碑》《少室石闕銘》;"史"見《帝堯碑》"守堯掾將作吏"即"將作掾"。道橋掾、《漢安長陳君閣道碑》。《蜀郡造橋碑》有"南部道橋掾",似當以四境分職。鑒市掾、《張納碑》。《武氏題字》《曹全碑》"市掾"同,又《靈臺碑》"都市掾官","都"即"都水掾","市"即"鑒市掾"。教化史,《倉頡廟碑》。皆不見於《志》。又有行義掾、《韓勑碑》。《北海相景君碑》"行義"同。仁德掾、《無極山碑》。孝義掾,《宋恩題名》。未知所掌之職,抑褒美之稱,今并無文明之。又學官屬吏,有業掾、易掾、尚書掾、詩掾、春秋掾、議掾、文學掾、文學孝掾,《學師宋恩題名》。并不見於《志》,此則《志》文闕也。又諸吏皆得稱門下,門下掾、《華山亭碑》《呂國題名》《曹全碑》。門下史、《潘乾碑》《繁陽令楊君碑》《鄭季宣碑》《費鳳碑》《陳德碑》《曹全碑》。門下議掾史、門下書佐、門下小史,見前。門下祭酒、《曹全碑》。"祭酒"非職名,蓋一曹之長、門下賊曹、《費鳳碑》《倉頡廟碑》《武氏題字》《曹全碑》。門下功曹、門下游徼、《費鳳碑》《倉頡廟碑》《武氏題字》。門下督盜賊,《北海相景君碑》。此則諸吏統稱,非別有職掌也。"掾""史"之副名"屬",亦名"副",亦名"佐"。《樊毅復華下民租田口算碑》"掾臣"係"屬臣淮",是名屬也;《史晨鄉孔廟後碑》有"副掾",是名副也;《少室石闕銘》有"廟佐",即"廟掾之佐",《開母廟石闕銘》有"將作掾佐",是名佐也。《後漢書·志》云:"東西曹掾,比四百石,餘掾比三百石,屬比二百石。"注引《漢書音義》:"正曰掾副曰屬是也。"注又引《漢官·員吏》中有"佐",與此別。未即真者名守。《孔龢碑》"守文學掾",《婁壽碑》"守長史掾",《張納碑》"守屬"是也。其待次未授職者名從,《潘乾碑》《張納碑》《倉頡廟碑》"從掾位",《呂國題名》"從史位",《益州太守無名碑》"從史",《漢書·兒寬傳》顏師古注:"從史者,但只隨官僚不主文書是也。"《蜀郡造橋碑》有"從吏",爲掾爲史,未可知也。其稱從則同,亦稱待事,《張納碑》"待事掾"是也,《倉頡廟碑》有"持事",即待事之偶。其一人而居二職者名兼,《郭子真宅舍殘碑》"兼掾史"是也。歐、趙、洪三家,於諸員吏未嘗考訂,因爲辨析,附錄於此。其有遺漏,俟他日補綴焉。其故民析言之,亦有義民、《靈臺碑》《槀長蔡湛碑》。《隸釋》曰:"占籍者曰故民,素非所涖曰義民。"①按,此説非也,《堂邑令費鳳碑》有"義民堂邑咸忠",忠爲所涖而稱義民,蓋謂其爲行義之民。《帝堯殘碑》有"行義民",即義民也,但素非所涖者,亦得統稱義民耳。復民、《韓敕碑》。漢時凡除田租徭役皆曰復,故謂其民曰復民,《前漢·文帝紀》:"復晉陽中都民三歲租。"《後漢·光武帝紀》:"建武十九年,復南頓田租。"此復田租也。"建武五年詔復濟陽二年徭役。六年,改舂陵鄉爲章陵縣,世世復徭役。"此復徭役也。若田租徭役俱除,則但曰復,《前漢·高祖紀·十一年》:"令豐人徙關中者,皆復終身。令士卒從入蜀關中者,皆復終身。十二年吏入蜀漢定三秦者,皆世世復。"《音義》曰:"復,謂除其賦役也。"②是也。又除口筭亦曰復,《樊毅復華下民租田口筭碑》是也。賤民、議民。《蔡湛碑》。《金石録》曰:"議民、賤民,莫詳其義。"③又民之無字者,以"阿"挈其名爲字,與有字者相配,仲東阿東、《靈臺碑》。碑又云"仲阿東仲阿先仲阿"同。劉奉阿奉、劉興阿興《殽阮君神祠碑》。《隸釋》曰:"字其名而繫以阿書石者,……欲其整齊而强加之,猶今閭巷之婦,以阿挈其姓也。"④是也,并附録。

書門生門童弟子不同例

《泰山都尉孔宙碑陰》"門生鉅鹿瘿陶張云字子平"云云,"門童安平下博張忠字公直"云云,"弟子北海劇陸遲字孟輔"云云。《隸釋》。

《集古録》曰:"親受業者爲弟子,轉相傳授者爲門生。"⑤《隸釋》曰:"以久次相傳授曰門生,未冠曰門童,總而稱之亦曰門生。"⑥《日知録》曰:"《後漢書·賈逵傳》:'皆拜逵所選[1]弟子及門生爲千乘王國郎。'是弟子與門生爲二。……漢人以受學者爲弟子,其依附名勢者爲門生,《郅壽傳》:'時大將軍竇憲,以外戚之寵,威傾天下,憲常使門生齎書詣壽,有所請托。'《楊彪傳》:'黄門令王甫,使門生於京兆界,辜榷官財物七千餘萬。'憲,外戚;甫,奄人也,安得有傳授之門生乎?"

---

① 見《隸釋》卷七《泰山都尉孔宙碑(并陰)》。
② 《後漢書·光武記》:"五年,詔復濟陽二年徭役。"注《前書音義》曰:"復,謂除其賦役也。"
③ 見《金石録》卷一七《漢蔡湛碑陰》。
④ 見《隸釋》卷二《殽阮碑陰》。
⑤ 見《集古録》卷二《後漢孔宙碑陰題名》。
⑥ 見《隸釋》卷七《泰山都尉孔宙碑(并陰)》。

又曰："《南史》所稱之門生，今之門下人也。《宋書·徐湛之傳》：'門生千餘人，皆三吳富人之子，資質端妍，衣服鮮麗，每出入行游，塗巷盈滿。'《謝靈運傳》：'奴僮既衆，義故門生數百。'《南齊書·劉懷珍傳》：'懷珍北州舊姓，門附殷積，啓上門生千人充宿衛，孝武大驚。'其人所執者，奔走僕隸之役。《晋書·劉隗傳》：'周嵩嫁女，門生斷道，斫傷二人，建康左尉赴變，又被斫。'《南史·齊東昏侯紀》：'丹陽尹王志，被驅急，狼狽步走，惟將二門生自隨。'《后妃傳》：'門生王清，與墓工始下插。'《劉瓛傳》：'游詣故人，惟一門生持胡床隨後是也，其初至皆入錢爲之。'《宋書·顔竣傳》：'多假資禮，鮮爲門生，充朝滿野，殆將千計。'《梁書·顧協傳》：'有門生始來事協，知其廉潔，不敢厚餉，止送錢二千，協怒，杖之二十。'《南史·姚察傳》：'有門生送南布一端，花練一疋，察屬聲驅出是也。'故《南齊書·謝超宗傳》云'白從王永先'，又云'門生王永先'，謂之白從，以其異於在官之人。《陳書·沈洙傳》：'建康令沈孝軌，門生陳三兒，牒稱主人翁。'《顔氏家訓》亦以門生、僮僕并稱，而《宋書·顧琛傳》：'尚書寺門有制，八座以下，門生隨入者各有差，不得雜以人士。'其冗賤可知矣。《梁》傳昭[2]不私蓄門生，蓋所以矯時人之弊。"①《陔餘叢考》曰："漢時門生，本非弟子之稱。……《後漢書·楊厚傳》：'門生上名録者三千餘人。'曰上名録，則不必親受業，但習其學即是也。……《鄭康成傳》：'康成没，門生相與撰其問答諸弟子之詞，依《論語》爲《鄭志》。'以弟子問答之詞，而門生撰述之，蓋如《論語》所謂門人受業於弟子者也。《李固傳》：'固下獄，門生王調貫械，上書證其枉，及固死，陳尸於路，固弟子郭亮負鈇鑕，乞收固尸。'曰門生，曰弟子，又可見門生之非弟子也。惟其不必親受業，但爲其學者，皆可稱門生，於是依勢趣利者，并不必以學問相師，而亦稱門生，蓋即後世拜門生之陋習也。"又曰："唐以後始有座主、門生之稱。六朝時所謂門生，則非門弟子也，其時仕宦者，許各

———
① 見《日知録》卷二四"門生"條。

募部曲,謂之義從,其在門下親侍者,則謂之門生,如今門子之類。《宋書》:'王微嘗將門生兩三人入山采藥。'《南史》:'庾子輿之官巴陵,病篤不肯入廨,因勒門生不許輒入城市。''何敬容罷官後,起爲侍中,其舊時賓客門生,喧譁如舊,冀其復用,臧嚴爲武寧郡守,以數門生單車入境。'《北史》:'崔或精於醫,廣教門生,令多救療。'此數者,以之移作門弟子,尚可通。至如'沈慶之佐孝武起兵,元凶劭使慶之門生錢無忌,齎書使之解甲,慶之執以見孝武','薛安都降魏,大見禮重,至於門生,無不收叙',慶之、安都皆武人,目不知書,若如後世受業弟子,安得有此?又'謝靈運因祖父之業,奴僮既衆,義故門生數百,鑿山浚湖,功役無已,則并用之功役矣','王僧達爲吳郡守,西臺寺多富沙門,僧達遣主簿顧曠,率門義劫寺,得數百萬',門,門生,義,義從也,則并用之劫掠矣。劉義宗坐門生杜德靈,放橫打人免官。德靈以姿色故,義宗寵之,則又取其姿媚矣。宋孝武責沈勃周旋門生,競受賄賂,少者至萬,多者千金,則并大收其賄賂矣。又徐湛之謀逆,謂范蔚宗曰:'已報臧質,悉携門生義故前來,故應得健兒數百。'則并用之叛逆矣。合此數事以觀,則門生不過如僮僕之類,非受業弟子也,其與僮僕稍異,僮僕則在私家,此蓋在官人役,與胥史同。《顧琛傳》:'琛以宗人顧碩寄尚書張茂度門名,而私與碩同席而坐,乃坐譴。'益可知門生者正如胥史之類也。然富人子弟多有爲之者,蓋其時仕宦皆世族,而寒人則進身之路,惟此可以年資得官,故不惜身爲賤役,且有出財賄以爲之者。陸慧曉爲吏部尚書,王晏典選內外要職,多用門生義故,慧曉不甚措意。王琨爲吏部,自公卿下至士大夫,例用兩門生,江夏王義恭,屬用二人,後復用有所屬,琨不許。此可以見當日規制也。顧亭林既謂六朝門生與傔僕同,而謂其非在官之人,則未知門生有可入仕之路,不得謂非在官人也。"①許君宗寅曰:"《後漢書·桓榮傳》:'顯宗幸太常府,令榮坐東南,設几杖,會榮門生數百

---

① 見《陔餘叢考》卷三六"門生"條。

人。'又云：'每大射養老禮畢，輒引榮及弟子升堂執經。'一曰門生，一曰弟子，是門生與弟子無別也。又《牟長》《樓望》各傳，所言門生，實即弟子，顧氏、趙氏皆不引，蓋亦難於置辨也。"案，門生、弟子，對文則別，散文則通，史傳所載甚多，不備録。

書處士與德行好學不同例

《酸棗令劉熊碑陰》"處士宋□仲博"云云，"好學尹闕"云云，"德行蘇倉子盈"云云。《隸釋》。

"處士"義見卷一。碑陰書處士有二例，《韓勑造孔廟禮器碑》"河南成皋蘇漢明二百其人處士"，此以處士繫於姓名之下；又云"處士魯劉静子著"，此以處士加於姓名之上；又有稱處士友者，見《元儒先生妻壽碑》"蓋壽之友也"。

《隸釋》曰："處士之後，有好學四十餘人，必泮宫之後進，以處士爲丈人行者，其間有德行一人，必是嘗貢孝察廉者。"①案，《後漢書·和帝紀》注引《漢官儀》曰："建初八年，詔書辟士四科，一曰德行高妙，志節清白。"是德行一人，乃儲以應辟者，非嘗貢孝察廉也。《國語·齊語》管子曰："正月之朝，鄉長復事，君親問焉，曰：於子之鄉，有居處好學，慈孝於父母，聰惠質仁，發聞於鄉里者，有則以告。"是好學乃人材之目，非後進也。

書清白士與聘士不同例

《高眹石室題名》"清白之士"云云，"娉土"云云。《隸續》："土即士字。"

書清白士，與書德行一也。《後漢》："辟士四科，一曰德行高妙、志節清白。"見前。《左雄傳》："鄉部親民之吏，皆用儒生清白任從政者。"《傳論》："漢初詔舉賢良方正，州郡察孝廉秀才。中興以後，復增敦樸、有道、賢能、直言、獨行、高節、質直、清白、敦厚之屬是也。"其以

---

① 見《隸釋》卷五《劉熊碑陰》。

清白待辟見於史者，《馮緄傳》："弟允清白。"《蔡邕傳》："父棱有清白行。"《吕布傳》："高順爲人清白。"《周澤傳》："孫堪清白貞正。"《樓望傳》："操節清白。"《李郃傳》："弟子歷清白有節。"是也。漢以清白課士，亦以清白課吏，《安帝紀》："元初六年，詔選孝廉郎寬博有謀清白行高者五十人"，"延光元年，詔舉刺史二千石令長相清白愛利有益於人者"是也。其居官清白見於史者，《度尚傳》："交阯刺史張磐，以清白稱。"《朱暉傳》："遷泰山太守，因上便宜，詔報曰：補公家之闕，不累清白之素，斯善美之士也。"《楊震傳》："轉涿郡太守，性公廉不受私謁，子孫常蔬食步行。曰：使後世稱爲清白吏子孫。"《謝該傳》："少府孔融，上書薦之曰：'竊見故公車司馬令謝該，清白異行。'"此以清白課吏之驗。"聘士"即"徵士"，義見"卷一"。此"聘士"當是曾經徵辟而未就者。

義士及弟子統名諸生服義例

《謁者景君碑陰》"諸生服義者，義士北海劇張敏字公輔，弟子濟北茌平甯尊字伯尊"云云。《隸釋》。

《金石録》曰："漢時墓碑，多門生故吏所立，往往各紀姓名於碑陰，或載所出錢數，其非門生故吏而出錢者，謂之義士。"[1]《隸釋》曰："掾屬曰故吏，占籍曰故民，非吏非民曰處士，素非所涖曰義士。"[2]《金石文字記》曰："處士者，德行可尊之人。義士，則但出財之人而已。今人出財布施，皆曰信士。宋太宗朝避御名，凡'義'字皆改爲'信'，今之信士即漢碑所稱之義士也。"[3]案，今之"信士"，賤民亦得稱之，此"義士"在"弟子"上，又統名諸生，當是好義之士，與今之濫稱"信士"有別。又"義士"與"義民"同，"義民"見前注。但一稱"士"一稱"民"耳，所涖之民，得稱"義民"，見前注。"義士"亦然。洪氏謂"素非所涖曰義士"，非也。"義士"爲尊稱，故諸碑書法與諸生別，此統云諸生服義，蓋雖未受業，必是弟子行也。

---

[1] 見《金石録》卷一五《漢王純碑陰》。
[2] 見《隸釋》卷七《泰山都尉孔宙碑》。
[3] 見《金石文字記》卷一《郃陽令曹全碑并陰》。

書分子例

《義井碑陰》"分子"云云。《隸釋》。

此非墓碑,以類相從,故錄於此。《隸釋》曰:"碑陰稱五大夫者三十一人,稱分子者六十人。……漢承秦制,爵二十級,其九爵曰五大夫。……漢末以貲受爵,比屋皆然。此碑五大夫所以若是之衆也,惟分子未詳。《穀梁》曰:'燕,周之分子也。'注云:'燕,召康公之後,分子,謂周之別子孫也。'陸德明《音義》:"分本或作介。"①姚氏鼐云:"分子當是別子。古別字作𠒇,故傳本或作分,或作介,皆以古字形近而誤。范甯時傳本未誤,故注云:'謂周別子孫也。'唐以後其文竝失,故疏解失之。"②按,"分子"即"別子",不必改從作𠒇,范注明云"分子",無從知范本爲"別子",漢時諸碑皆作"分子",豈皆形近之誤耶?姚説非。《景北海碑》:'鴟梟不鳴,分子還養。'蓋用'家富子壯則出分'之語,謂惡逆之鳥,鉗喙無聲,外爨之息,歸奉三牲也。《耿勳碑》:'修治狹道,分子效力。'謂正丁巳供差徭,分子亦來助役。此碑'分子'似指土豪出分之子,三碑皆與《穀梁》合。"

按,《史記·楚世家》:"共王有寵子五人,無嫡立,乃望祭群神,召五分子齋而入。"是亦"分子"即"別子"之證。

分書奔喪持服例

《王元賞碑陰》載門生姓名,云"右奔喪右斬杖三年"。《金石錄》。

奔喪,禮也。持服,非禮也。此因書奔喪而類及之,非以持服著爲例也。《金石錄》曰:"聖人制禮爲可繼也。《禮》曰:'事師無犯無隱,服勤至死,心喪三年。'孔子之喪,門人疑所服,子貢曰:'昔者夫子之喪顏淵,若喪子而無服,喪子路亦然。請喪夫子,若喪父而無服,漢

---

① 見《經典釋文》卷二二《春秋穀梁音義》。
② 姚鼐(1732—1815),字姬傳,又字夢穀,號惜抱先生,安慶府桐城人。清代著名散文家。著有《惜抱軒文集》十六卷、《文後集》十二卷、《惜抱軒詩集》十卷、《筆記》十卷、《尺牘》十卷、《九經説》十九卷、《三傳補注》三卷、《五七言今體詩鈔》十八卷,輯成《古文辭類纂》七十五卷。

人爲王君,乃爲斬衰之服,於禮無乃過乎。'"①

《隸續·景北海碑陰》:"行三年服者,凡八十七人。"《陔餘叢考》曰:"荀爽爲司空袁逢所辟有道,不應,及逢卒,爽制服三年;桓鸞爲太守向苗所舉孝廉,除膠東令,始到官而苗卒,鸞即去官奔喪終三年,此爲舉主持服者。王吉被誅,屬吏桓典,收斂歸葬,服喪三年;劉瓆以冤死,王允爲瓆吏,送喪還其家,終三年乃歸,此爲長吏持服者。《後魏書》:'公孫邃爲青州刺史卒,佐吏疑所服,詔曰:主簿近代相承服斬,過葬便除,可如故事。自餘無服,殊覺寥寥,可齊衰三月。則感恩知己、私自制服之例,且上達朝聽,至發詔爲定令矣。'"②由《叢考》之言推之,漢末門生故吏持服,必是時王之制,故景北海之歿,持服至八十七人之多,然非周孔所許也。又案,《漢書·龔勝傳》:"門人衰絰治喪者百數。"《後漢書·荀淑傳》:"淑卒,李膺時爲尚書,自表師喪。"《陳寔傳》:"年八十四卒,海內赴者三萬餘人,制衰麻者以百數。"《延篤傳》:"以師喪棄官奔赴。"《孔昱傳》:"以師喪去官。"《李郃傳》:"門人馮冑,制服心喪三年。"此弟子爲師也。《樂恢傳》:"仕本郡吏,太守坐法誅,恢奔喪行服,恢死,弟子縗絰輓者數百人。"《傅燮傳》:"聞所舉郡將喪,乃棄官行服。"《童恢傳》:"聞舉將喪,棄官歸。"此士大夫爲舉主也,皆《叢考》所遺。

分書某代門生例

《高陽令楊著碑陰》題名云:"右後公門生,右沛君門生。"《集古録》。

《隸釋》曰:"沛君,沛相統也。後公門生者,太尉秉也。楊震拜於前,故以秉爲後,沛君者著之從兄,後公者著之季父。"

碑文自標撰文人姓名例

《處士圀叔則碑》臨没顧命曰:"知我者其蔡邕,乃爲銘載書休

---

① 見《金石録》卷一五《漢王元賞碑陰》。
② 見《陔餘叢考》卷一六"郡國守相得自置吏"條。

美。"《蔡中郎集》。

"顧命"二字,今人宜避見"叙"。

《水經注·睢水篇·漢廣野君廟碑》:"延熹六年十二月,雍邱令董生,……命縣人莨照爲文,用章不朽之德。"此亦碑文自標撰文人姓名,附錄於此,廟碑例不更見。

碑文首書撰文人姓名碑末書立碑人姓名
又繫以詩詩後又列同立碑人姓名例

《堂邑令費鳳碑》"於是夫人元弟故□□□守卜胤追而誄之,其辭"云云,碑末"故吏故郭施業字世堅,義民堂邑戚忠,忠年十有一,慈考早隕喪"云云,"門生功曹徐侃字元節"云云。《隸釋》。

碑文渾書撰文人碑陰詳列立碑人
末作四言詩叙故吏持服行喪之事例

《北海相景君銘》"於是故吏諸生乃作誄"云云,《隸釋》。碑陰"故中部督郵都昌羽忠字定公"云云,碑陰末"豎建□□,惟故臣吏,慎終追遠,諒闇沈思"云云。《隸續》。

"諒闇"二字,今人宜避,見"叙"。

碑文中叙詔册例

《國三老袁良碑》"帝御九龍殿,引君對觀,與酒飯,賜飲宴,册曰"云云。《隸釋》。

《吉成侯州輔碑》"君愍立聖主,有安社稷之勳,建和二年七月己巳詔册"云云。同上。

碑文中叙贈卹例

《太尉劉寬碑》:"天子閔悼惻怛,内發手筆爲策,□涕咨嗟,使右中郎將張良持節臨吊,贈車騎將軍印綬,位特進,賜琀贈襚,有加典禮,復使五官中郎將何夔持節,謚曰昭烈侯。"《隸釋》。

碑文中叙哀誄例

《陳太邱碑》"大將軍吊祠,錫以嘉謚,曰徵士陳君,秉嶽瀆之精,苞靈曜之純"云云,"太守南陽曹府君,命官作誄,曰赫矣陳君,命世是生"云云。《蔡中郎集》。

碑文但録詔册不復撰文例

《漢安帝賜豫州刺史馮焕詔》"告豫州刺史馮焕"云云,末一行"元初六年十二月"。《隸釋》。

碑文載詔書,常例也。此無上下文,但録詔書,與袁良諸人碑異,此石當亦是立於墓前,今人墓石,全刊誥贈之文,此其權輿。

碑末或陰附録詔册例

《中常侍樊安碑末》"制詔中常侍樊安"云云,末書"延熹元年八月二十四日丁酉下"。《古文苑》。

詔書在元年,立碑在三年,詔書當入碑文,而繫於末,例之變。

《費亭侯曹騰碑陰》"惟建和元年七月廿二日己巳,皇太后曰"云云,"制曰"云云。《隸釋》。

《隸釋》曰:"前一篇①就國策書,乃梁太后臨朝時。後一篇乃褒贈制書。"

碑末補書先世例

《執金吾丞武榮碑》文末:"君即吳郡府卿之中子,敦煌長史之次弟也。"《隸釋》。

碑末附載他人例

《綏民校尉熊君碑》末:"故長沙茶陵長文春,字季秋,質操貞良,

---

① 此處略去下文:"建和元年七月己巳。"

慈仁氾愛，治天官日度風角列宿，明知聖術，在官修德，民歌遺風，春秋七十，以道殞遷，宗胤不紀，故爲宣昭。故桂陽陰山豫章□長重安侯相杜暉，字慈明，體質宏亮，敦仁好道，治易梁邱春秋公羊氏，綜覽百家，無所不甄，典歷三城，居官清惠，遺愛在民，春秋六十終，族後闕。術，故因顯德，以示來胤。"《隸釋》。

《隸釋》曰："碑後載文、杜二人官壽行事，各數十言。似是同郡盛德之士，作文者惜其無所記錄，故附之左方。"

有志無銘例

《袁滿來墓碑》："茂德休行，曰袁滿來，太尉公之孫，司徒公之子，起。乃假碑旌於墓表，嗟其傷矣，惟以告哀。止。"《蔡中郎集》。

《車騎將軍馮緄碑》："君諱緄，字皇卿，幽州君之元子也。起。故刊石表績，以愍來世。止。"《隸釋》。後有數語，敘孝桓得諡之由，據《隸續》，碑式與碑文不相連，蓋碑末附錄。

有銘無志例

《王史威長銘》"明明哲士，知存知亡，崇隴厚壟，非寧非康"云云。《博物志》。

《京兆尹樊德云銘》"於顯哲尹，誕德孔彰，膺帝休命，謂篤不忘"云云。《蔡中郎集》。

古人志銘，不必一人作，或作志，或作銘，故二者不備。

志文接入銘詞不標詞曰銘曰等字例

《太尉楊公碑》"於是門人學徒相與刊石樹碑，表勒鴻勳，贊懿德，傳億年。於戲！公惟嶽靈天挺，德翼至神"云云。《蔡中郎集》。

《太守胡公碑銘》"於時陳留主簿高吉、蔡軫等，咸以郡選，充備官屬，乃相與衰絰庭位，號咷靈柩，遂樹碑作銘，以表令德，於藐下國，瞻仰俊乂，欽見我君，爰綏我惠"云云。同上。

《中郎集》又載《琅琊王傅蔡公碑》《彭城姜伯淮碑》《貞節先生范史雲碑》《元文先生李子材碑》《議郎胡公夫人哀讚》，例并同，不備錄。

自作志銘例

杜鄴臨終，作文曰："魏郡杜鄴，立志忠款，犬馬未陳，奄先草露，骨肉歸於土，魂無所不之，何必故邱。然後即化，長安北郭，此焉宴息。"《西京雜記》。

趙岐久病，敕兄子立石刻曰："漢有逸人，姓趙名嘉，有志無時，命也奈何。"《後漢書》本傳。

生題石槨例

《延年益壽槨》題字"永初七年四月卅日造焉，是萬壽延年益壽槨。"《隸續》。

殁題石槨例

《景君石槨銘》："惟元初四年三月丙戌，景君卒，以五年二月□□□□。"《隸釋》。

《陔餘叢考》曰："《唐書·鄭欽說傳》：梁任昉於大同四年七月，在鐘山塘中得銘，曰：'龜言土，蓍言水，旬服黃鐘啓靈祉。瘞在三上庚，墮遇七中巳。六千三百浹辰交，二九重三四百圯。'當時莫有解者，戒子孫世世以此訪人。昉五世孫寫以問欽說，欽說方出使，得之於長樂驛，行三十里，至敷水驛，乃悟：此冢葬以漢建武四年三月十日，圯以梁大同四年七月十二日也。解在《欽說傳》內。則漢時銘墓又有此一種，蓋即《莊子》所謂石槨銘之類。"①

生壙碑末夾注年歲及其子名爵工師姓名例

《梁相孔耽神祠碑末》夾行注云："子得述父，臣得錄君，故紀焉。

---

① 見《陔餘叢考》卷三二"墓志銘"條。

時君年七十二，自所立作，君子颯，作內至即室字，漢人省筆。時，已更郡諸曹史督郵，承詔紀行，手自注石，治師同縣朱適、朱祖，并作畜郭。"《隸釋》。

《隸釋》曰："碑末有小字數十，叙孔君之年，及其子歷官，與石工姓名。碑文云：'定吉兆於天府，睹工匠之所營，心欣悅於所處。'又有子得述父之句，則是孔君自作壽藏，而厥子刊石也。"自營櫬墓，始見於《禮記·檀弓》所載宋桓魋事，壽藏之名，始見《後漢書·趙岐傳》，又稱壽冢，見宦者《侯覽傳》，李賢曰："稱壽者，取其久遠之意也。猶如壽宮壽器之類。"

墓碑中兼叙他石畫象及雕畫工人例

《從事武梁碑》："孝子仲章、季章、季立，孝孫子僑，選擇名石，南山之陽，擢取妙好，色無斑黃，前設壇墠，後建祠堂。良匠衛改，雕文刻畫，羅列成行，攄騁技巧，委虵有章。"《隸釋》。

《隸釋》曰："此碑長不半尋，廣纔尺許，既無雕畫技巧，亦非羅列成行，其辭決不爲碑設，似是指石室畫象。"

案，"壇"與"壇"同，"墠"與"墠"同，《左氏·襄十八年》正義云："尚書爲三壇同墠。"《王肅本》"墠"作"坦"是也。

祔葬穿中石柱題詞例

《張賓公妻穿中二柱文》一書"維兮本造此窀者張賓公妻，子偉伯，伯妻孫陵，在此右方曲內中"；一書"維兮張偉伯，字長仲，以建初二年六月十二日，與少子叔元俱下世，長子元益，爲之祖父穿中造內栖柱作崖棺葬父及弟叔元"。《隸釋》。[1]

《隸釋》曰："本張賓公之妻之穴，其子偉伯及偉伯妻與其孫陵，皆祔葬右方曲內中，故志之。其一則偉伯之孫元益，葬其父并弟叔元所

---

[1] 連筠簃本此處有"穆案，穿皆窀之偽"。"穆"當指連筠簃本作序者張穆。張穆(1805—1849)，清藏書家、學者。初名瀛暹，字誦風，一字石洲，號殷齋。山西平定州(今平定縣)人。曾爲楊尚文校刻《連筠簃叢書》。著有《漢石佚存表》《延昌地形志》《俄羅斯事補輯》《元裔表》《蒙古游牧記》等書。

志也。其云建初二年,亦埋銘之椎輪。"

石室題詞例

《孝堂山石室題字》:"泰山高令明,永康元年十月廿一日,敬來觀記之。""平原濕陰邵善君,以永建四年四月廿四日來過此堂,叩頭謝賢明。"《金石萃編》。

《高朕石室太守張景題字》"光和六年四月太守張景"云云,又《博士題字》"闕。議采夫闕。以詩書發闕。京師"云云,又《宏農太守張君題字》"故孝廉"云云,又《題名》"闕。土成都杜宣字管偉"云云。《隸續》。

石室詳下"廟碑例"注。案,後人謁前人墓,題名石室,因記年月,如《孝堂山石室題字》,常例也。若《高朕石室題字》,張景之追遠,博士及宏農太守之通經,并刻於朕石室中。《隸續》曰:"《張景題字》在高朕石室梁上,中有'追念先祖,早失覆口,孤煢自悲,紀刊先象'之句。相去尺許,有少子早卒之文,前有'治郡'二字,蓋張君追遠之詞。《博士題字》亦在石室中,中云'以詩書發□京師受業春秋,□□仲舒,智非胡母',末云'道爲國師,出典方州,忠著金石'。《張君題字》亦在石室中,其文有'著德義方,襲父經業,《春秋》《尚書》,海內歸高'之句,與前一人皆是以經學名家者。"當是門生故吏,恐其無聞,刊紀德業,此如《綏民校尉熊君碑》,附載文、杜二人也,在題辭中爲變例。

石人刊字例

《魯王墓石人胸前題字》,一"府門之卒",一"漢故樂安太守麃君亭長"。《金石萃編》。

牛氏運震《金石圖》曰:"魯王墓前東側,一石人介而執殳,高五尺,腰圍七尺,……刻曰'府門之□'。……一石人冕而拱手立,領下裂文如滴淚痕,高五尺五寸,腰圍七尺五寸,胸刻'漢故樂安太守麃君亭□'十字。兩石人并肩西向。"翁氏《兩漢金石記》曰:"予得拓本諦審之,'府門'之下是'卒'字,'亭'下是'長'字。"

案，廟中亦有石人，《水經注·穀水篇》："漢廣野君酈食其廟，……有兩石人對倚，北石人胸前銘云：門亭長。"附錄於此，後不更見。①

石獸刊字例

《吉成侯州輔冢石獸》，一刻"辟邪"，一刻"天祿"。《水經注》《金石錄》。《後漢書》注："載宗資墓石獸同。"見注。

《水經注·滱水篇》曰："州苞冢……有兩石獸，……人有掘出一獸，……左膊上刻作'辟邪'字。"《金石錄》曰：吉成侯州輔，見《後漢書·宦者傳》，酈道元以輔爲苞，誤。其一辟邪，道元所見。其一乃天祿字。按，《漢書·西域傳》："烏弋山離國有桃拔。"孟康曰："桃拔一名符拔，似鹿長尾。一角者或爲天祿者，案，此"者"字衍，當在下文"兩角"下。兩角或爲辟邪，此言桃拔之一角者，或名天鹿，桃拔之兩角者，或名辟邪也。"亦有無角者，《後漢書·章帝紀》："章和元年，月氏國遣使獻扶拔師子。"李賢注："扶拔似麟無角。"《和帝紀》："章和二年，安息國遣使獻師子扶拔。""扶拔"即"符拔"。《古玉圖譜》載辟邪形，有一角、二角、三角、無角者。蓋分言之，則無角者亦是符拔，不名辟邪。名辟邪者二角，名天鹿者一角，通言之，則一角、二角、無角，皆可名辟邪也。《圖譜》又載天鹿有兩角、三角之異，兩角即辟邪而名天鹿。《博古圖》載周辟邪鐘凡六，其第三鐘紐兩辟邪，左右像各露一角，第五背面像各有二角。又車輅托轅凡二，一左面，一右面，各露一角。漢辟邪鐘二，并露兩角，一角即天鹿而名辟邪，是天鹿辟邪，亦通稱也。《圖譜》所載，雖多後人僞作，然皆仿古鐘鼎文爲之，亦自有所本也。② 州輔冢列二石獸，而變"鹿"爲"祿"者，"鹿"與"祿"古字通，且取其吉也。《隸釋》載《魏大饗碑》云："白虎青鹿辟非辟邪之怪獸。"《隸續》載《李氏鏡銘》云："白虎辟邪主除道。"又曰："鏡有二獸，奮迅挐攫。"二獸即白

---

① 連筠簃本此處有"穆案，後魏鄭道昭《雲峰山中石人胸前題字》曰：石人名髳㬎"。
② 《古玉圖譜》，龍大淵著。中國最早的一部玉器專著，全書共一百卷，有圖七百幅，記載了南宋高宗時期（1127—1163）皇宫中所藏玉器。《四庫全書總目提要》認爲"此必後人假託也"。

虎、辟邪也。《詩·騶虞》毛傳云："騶虞白虎黑文。"此鏡刻一爲騶虞，一爲桃拔之兩角者也。《後漢書·靈帝紀》："修玉堂殿，鑄天祿蝦蟆。"李賢注："天祿蝦蟆，吐水於平門外，事具《宦者傳》。今鄧州南陽縣北有宗資碑，旁有兩石獸，鐫其髆，一曰天祿，一曰辟邪，據此即天祿、辟邪并獸名也。漢有天祿閣，亦因獸以立名。"案，李說是也，《水經注·沔水中》："蔡瑁冢前刻石爲大鹿，狀甚大，頭高九尺。"大鹿疑作天祿，一角二角，未有明文。又《汳水篇》："隧前有師子、天祿。"其制亦同。

《交阯刺史石羊刻字》："□阯刺史□君羊。"《隸續》。

《隸續》曰："士人謂之鄧君冢闕，蓋墓道石羊髆上所刻。"

《种氏石虎刻字》："光和七年四月五日己丑，孝子鍾覽元博所造。"同上。

案，漢人墓前祠廟碑闕石人石獸之制，史無明文。《水經注·清水篇》："漢桂陽太守趙越墓冢北有碑，……碑東又有一碑，碑北有石柱，石牛、羊、虎。"又《陰溝水篇》："（特進費亭侯曹嵩）冢北有碑，碑北有廟堂，……廟北有二石闕，高一丈六尺，……闕北有圭碑，……碑陰又刊詔策，二碑文同。夾碑東西，列對兩石馬，高八尺五寸。"案，此二墓祠廟碑柱石獸皆在冢北，其墓當是北向，趙越冢前有碑，碑前石柱石獸，曹嵩冢前有碑，碑前石廟，廟前石闕，闕前復有碑，又俠以二碑二石馬，此其異也。又《洧水篇》："漢宏農太守張伯雅墓塋域四周，壘石爲垣，隅阿相降，列於綏水之陰。庚門，表二石闕，夾對石獸於闕下。冢前有石廟，列植三碑，……碑側樹兩石人，有數石柱及諸石獸。舊引綏水南入塋域，而爲池沼，沼在丑地，皆蟾蜍吐水，石隍承溜。池之南又建石樓，石廟前廟當作樓。又翼列諸獸。"案，此墓西向，故冢前石廟，廟前碑，碑側石人石柱石獸，又前石闕，闕下又列石獸，其右爲石樓，樓前又列石獸，其水由南而北，縈帶墓域，歸墟於丑，洵佳城也。又《睢水篇》："漢太尉橋玄墓冢東有廟，……冢列數碑，……廟南列二石柱，柱東有二石羊，羊北有二石虎，廟前東北有二石駝，駝西北有二石馬。"又《瀙水篇》:"漢安邑長尹儉墓東,冢西有石廟,廟前有兩石闕,闕東有碑,闕南有二獅子相對,南有石碣二枚,石柱西南有兩石羊。"案,此二墓皆南向,橋玄冢前碑,冢東廟,廟前石柱,柱左迤北至廟左,皆列石獸;尹儉墓冢對文,墓者其葬處,冢者封土爲壇,詳後"墳壇石例"。廟在二者之間,廟南石闕,闕南獅子石碣,闕東有碑,即在冢前,乃壇碑也,西南石羊,即在墓前,此其異也。又案,《瓠子水篇》:"仲山甫冢西有石廟,羊虎傾低,破碎略盡。"豈此制已仿於周,而漢人增飾之與?

記冢地例

《真道冢地碑》"欲負冢土,勿取冢地中,法取東吉利,慎勿取西北土也"云云,"延熹五年七月中旬,真道,字直中,以錢八千,從有親真敖,字政直,直弟政升,升二從弟漢中,市冢地廣廿二丈"云云,"子孫但得宿山居留,不與争舍地"云云,"後冢東行廣五丈,北行不得作冢,可示後世冢前也。後世作冢,從此冢後,并墳北行門出西口地也。"《隸續》。

《爾雅·釋親》:"族晜弟之子相謂爲親同姓。"此云有親,親同姓也。併墳之"併"與"竝"同,顏師古《漢書·武帝紀》注:"竝讀曰傍,傍,依也。音步浪反。"《史記·秦始皇紀》"竝陰山""竝渤海""竝河",竝即傍。蕭君令裕[①]曰:"《紹興漢大吉碑》云:'兄弟六人,共買山地,建初元年,造此冢地,直三萬錢。'[②]此亦記冢地也,碑首書"大吉"二字。"附錄於此,不更爲例。

冢地書向例

《郎中馬江碑》:"故塋迫筶兆告斯士先君之庚地。"《隸釋》。士即土字。

---

① 蕭令裕(1791—?),字枚生,江蘇清河人。著《唐楚州使阮石柱題名記跋》《淮榷志遺》《寄生館集》等。

② 又名《昆弟六人買山地記》《跳山建初買山石刻》,刻在會稽跳山,俗稱《跳山摩崖》。

梁君玉繩《志銘廣例》云："堪輿家羅經之術,見於文中,漢以來有之矣。"

【校勘記】

［1］選：原作"造",據《日知錄》改。
［2］梁傅昭：原作"劉昭傳",據《梁書》卷二六《傅昭傳》改。《梁書·傅昭傳》載："昭所蒞官,常以清静爲政,不尚嚴肅。居朝廷,無所請謁,不畜私門生,不交私利。"

漢石例卷四

廟碑例
碑額稱廟例

《太尉橋公廟碑》。《蔡中郎集》。

《西嶽華山廟碑》。《隸釋》。

鄭氏《祭法》注："廟之言貌也。"劉熙《釋名》："廟，貌也。先祖形貌所在也。"

案，碑額稱廟，常例也。然《隸釋》載《堯廟碑》篆額作"帝堯碑"，《老子廟碑》篆額作"老子銘"，廟碑亦稱銘。并非正例，因附錄焉。

碑額稱神祠例

《漢故行梁相事碭孔君之神祠》。《金石錄》。

《殽阮君神祠之碑名》。《隸釋》。

《周禮·大宗伯》："以祠春享先王。"《司尊彝》亦曰"春祠"。《爾雅》："春祭曰祠。"《詩·天保》毛傳本之，正義引孫炎《爾雅注》云："祠之言食。"《說文》："祠，品物少多文辭也。仲春之月，祠不用犧牲，用圭璧及皮幣。"《呂覽》《禮記》作"祀不用犧牲"，《淮南》作"祭不用犧牲"，是祠本祭祀之名，後人即以所祠之廟名祠。《史記·封禪書》："自禹興而修社祀，后稷稼穡故有稷祠。"案，祀稷以壇不以廟，則稷祠據漢時言，非三代時有稷祠也。《封禪書》又曰："自古以雍州積高神明之隩，故立畤郊上帝，諸神祠皆聚云。""神祠"二字，始見於此，則秦文公時也。《封禪書》又稱："文公作鄜畤，德公作伏祠。"單言"祠"始此。兩漢書多單言"祠"。《陔餘叢考》曰："《漢書》：'朱邑先爲桐鄉令，臨死遺令葬之於桐。桐人果爲立祠。'《後漢書》：'周嘉爲零陵守，卒，吏民爲立祠。王渙爲洛陽令，卒，民立祠於安陽亭西。祭肜在遼東，既歿，吏民爲立祠。'此皆死後立祠者也。《史記》：'石慶爲齊相，齊人爲立石相祠。'《後漢》：'任延爲九真太守，吏民爲立祠。'此生而立祠者。"[1]案，《叢考》所引證外，《後漢書·鄧禹傳》："家家爲立訓祠。"《侯霸傳》："臨淮吏人共爲立祠。"《荀淑傳》："二縣皆爲立祠。"《許荆傳》："桂陽人爲立廟樹碑。"《方術·許楊傳》："太守鄧晨爲楊起廟。"《高獲傳》："石城人共爲立祠。"《王喬傳》："百姓乃爲立廟，號葉君祠。"《西南邛都夷列傳》："越巂太守張翕，得夷人和，詔立祠堂。"此皆死後立祠者。《李憲傳》："潕山人共生爲陳衆立祠。"《韋彪傳》："廣都爲義生立廟。"《王堂傳》："吏民生爲立祠。"《張奐傳》："百姓生爲立祠。"此皆生而立祠者。亦或單言"神"，《隸釋·張公神碑》是也，然不可爲例。

碑額稱祠堂例

《郡掾史張元祠堂碑》。《蔡中郎集》。

《陔餘叢考》曰："今世士大夫家廟，皆曰祠堂。按，三代無祠堂之名。東坡《逍遙臺》詩自注云：'莊子祠堂在開元，此或後人因其葬處爲之，非漆園時制。'然王逸序《天問》云：'屈原見楚先王之廟及公卿祠堂，畫天地山川神靈奇詭之狀，因書壁而呵問之。'則戰國末已有祠堂矣。《漢書》張安世及霍光傳：將作穿復土起冢爲祠堂。其時祠堂多在墓地，故司馬溫公謂漢世公卿貴人，多建祠堂於墓所，在都邑則鮮，如成都立諸葛祠堂，蓋一二而已。《光武紀》：'建武十七年冬，幸章陵，悉爲舂陵宗室起祠堂。'因謁陵而起祠堂，則亦或在墓也。《後漢書》：'越巂太守張翕，在郡十七年，得夷人和，既卒，夷人愛慕，送其喪歸。詔書嘉美，爲立祠堂。又清河王慶欲爲母宋貴人作祠堂，不敢上言，常以爲沒齒之恨。'《魏略》：'明帝東征，過賈逵祠，詔掃除祠堂，有穿漏者補治之。'《北史·崔士謙傳》：'士謙爲荆州刺史，及卒，闔境痛惜之，立祠堂，四時祭亭。'《周書》：'司馬裔卒，家室卑陋，喪庭無所，乃詔爲起祠堂。'此則不在墓所，尚沿祠堂之名。唐以後，士大夫

---

[1] 見《陔餘叢考》卷三二"生祠"條。

各立家廟，祠堂名遂廢。近世祠堂之稱起於元。《元史》：仁宗建阿术祠堂，英宗建木華黎祠堂。朝廷所建，亦以爲名，則士大夫私廟可知矣。"[1]錢氏大昕《錢氏祠堂記》："祠本宗廟之祭，秦漢以降，神祇群祀通稱焉。故祠於壇謂之祠壇，祠於城謂之祠城，祠於堂謂之祠堂，典祠之官曰祠官。太常有祠曹，其儀式則曰祠令。祠者祭之名，而非祭之所。《漢志》所稱某縣有某祠者，謂祠其神於此地，非指其室而言。洪氏《隸釋》載殷阮君神祠碑、孔君神祠兩碑，亦是此例。後人習焉不察，直以祠爲祀神之所矣。"[2]案，漢人祠堂本在墓上，《武梁碑》前設礓砠後建祠堂是也。《叢考》所引證外，《漢書·龔勝傳》："勿隨俗動吾冢種柏作祠堂。"《後漢書·馬援傳》："援夫人卒，乃更修封樹，起祠堂。"《桓榮傳》："負土成墳，爲立祠堂。"《張酺傳》："顯節陵埽地露祭，欲率天下以儉，其無起祠堂。"《王符傳》載《潛夫論·浮侈篇》曰："今京師貴戚郡縣豪家，生不極養，死乃崇喪，造起大冢，廣種松柏，廬舍祠堂，務崇華侈。"此皆祠堂在墓上之證也。亦稱堂祠，《隸續·司徒掾梁休碑》"立堂祠"是也；亦稱祠廟，《後漢書·宗室四王傳》"安城孝侯賜帝爲營冢堂起祠廟"是也；亦稱祠室，《漢書·張禹傳》"自治冢塋起祠室"，《後漢書·清河孝王傳》謂宋衍曰："猶當應有祠室"是也；亦單稱祠，《漢書·朱邑傳》"起冢立祠"是也。案，此則"祠堂"與"神祠"有別，故別著爲例。其實不必墓次，凡祠亦得稱祠堂，《叢考》所引證外，《漢書·文翁傳》"吏民爲立祠堂"是也。

漢人墓有廟，又有石室，石室與廟別，當是廟中之寢，在廟北。廟一名祠堂，一名石廟；石室一名祠，一名石祠。《水經注·河水四》："司馬子長墓前有廟。……永嘉四年，漢陽太守殷濟，……大其功德，遂建石室。"又《沘水篇》："漢日南太守胡著廟北有石室[1]。"是石室與廟別也。又《濟水二》："漢荆州刺史李剛墓，……有祠堂石室。"祠堂與石室對文，是廟名祠堂也。又引戴延之《西征記》："漢司隸校尉魯恭，……冢前有石祠、石廟。"又"漢扶溝侯朱鮪，墓北有石廟。"又《阪水篇》："漢司徒盛允，……墓中有石廟。"《濉水篇》："漢安邑長尹儉，

---

[1] 見《陔餘叢考》卷三二"祠堂"條。
[2] 見《潛研堂文集》卷二一《錢氏祠堂記》。

墓有石廟。"是石室名石祠，廟名石廟也。又《汳水篇》："睢陽……城東有石室，刊云：漢鴻臚橋仁祠。"是石室名祠也。據此知漢人祠廟，多在墓上。然非墓上而立祠廟，亦得名祠廟，故不入墓碑例中。特石廟、石室、石祠之名，則專指墓上祠廟言耳。

碑額載郡邑名字例

《故宛令益州刺史南郡襄陽李□字孟初神祠之碑》。《金石萃編》。

碑額書爵書姓，常例也。此并載郡邑名字，例之變也。碑額有單稱邑名者，"漢故行梁相事碭孔君之神祠"是也。見前。以此例之，文不備也。

嶽廟石闕題詞例

《嵩山太室神道石闕銘》"惟中□□，嵩高神君"云云，"元初五年四月，陽城□長左馮翊萬年呂常，始造作此石闕。"後列職官姓名字，多漫滅不可識。《金石文字記》。《記》又載《少室神道石闕銘》，文多闕[1]。

《古文苑》載《西嶽華山堂闕碑銘》云："於是鎮遠將軍，領北地太守，閻鄉亭侯。段君諱熲，字忠明，修飾享廟，禮廢而復興。又造祠堂，表以參闕。建神路之端首，觀壯麗乎孔徹。"文雖及建闕，其實則祀廟碑文，故不入例。

神廟石闕題詞例

《開母廟石闕銘》"□□□開母廟□□神道闕[2]。時太守□□朱寵，丞零陵泉陵薛政……"云云，以上題名。"□□□□，□□百川[3]"云云，"……，延光二年。"以上銘文。重曰："□□□□□□，德祥溢而溥

---

[1] 《金石文字記》曰：此闕有銘辭，而今僅存二行八字，其可辨者五字。又云"三月三日"而上無年，云"郡陽城縣"而上無郡名，亦亡其上石一層矣。
[2] 王昶《金石萃編》卷六《開母廟石闕銘》："□□□開母廟興□神道闕。"
[3] 王昶《金石萃編》卷六《開母廟石闕銘》："□□□□，□防百川。"

優①"云云。以上後銘文。《金石文字記》。

《金石文字記》曰："漢避景帝諱，改'啓'曰'開'。"《金石圖》曰："銘文四言，'重曰'以下六言，儷如賦語，又有四言銘，爲季度作，所謂季度銘也。"

廟門題額例

《膠東令王君廟門斷碑額》："漢故膠東令王君之廟門。"《隸續》。

廟門書先世官系及政績例

《膠東令王君廟門斷碑》二，其一"自王氏之先"云云，其一"□念鼎足爰建時雝"云云。《隸續》。

《隸續》曰："上段是敘事之文，下段是四字韻語，必是二石毀闕，好事者匼而一之。"

碑叙首書修廟年月日及修廟人爵里姓名字例

《禹廟碑》："光和二年十二月丙子朔，十九日甲午，皮氏長南陽章陵劉尋孝嗣，丞安定烏氏樊璋玄孫。"《金石録》。

《漢書·百官公卿表下》："宏農太守沛范方渠中翁爲執金吾。"師古曰："沛人姓范，名方渠，字中翁。"又"光禄大夫河東暴勝之公子爲御史大夫。"師古曰："公子亦勝之字，後皆類此。"案，此則紀載之文，先書爵里，次姓名字，定例也。如有興建，兼詳其年月日，《禹廟碑》是也。其有但書修廟年月日及修廟人爵里姓不詳書名字者，《桐柏廟碑》；碑云："延熹六年正月乙酉，南陽太守中山盧奴□君。"《集古録》引此碑云："奴下闕字，當是其姓。"但書年月日者，《樊毅修華嶽廟碑》碑云："惟光和元年，歲在戊午，名曰咸池，季冬己巳。"《魯相史晨祠》《孔廟奏銘》；碑云："建寧二年三月癸卯朔七日己酉。"以上并見《集古録》。但書年月者，《東海相桓君海廟碑》碑云："惟永壽元年

---

① 王昶《金石萃編》卷六《開母廟石闕銘》："□□□□作廦，惠祥溢而溥優。"

春正月。"《金石錄》。《益州太守高眹修周公禮殿記》碑云："漢初平五年倉龍甲戌旻天季月。"《隸釋》。《韓勑修孔廟後碑》。碑云："皇漢帝元永壽三年,青龍建酉孟秋之旬。"同上。文有詳略,無義例也。

碑叙首書謁廟人爵里姓名字及年月日例

《魯相晨謁孔子冢文》："魯相河南史君諱晨,字伯時,從越騎校尉拜,以建寧元年四月十一日戊子到官。"《金石錄》。《隸釋》作《史晨饗孔廟後碑》。

碑叙首書修廟祭廟人爵里姓名字碑末書助修廟人世系德業并繫以吉語例

《濟陰太守孟郁修堯廟碑》"濟陰太守河南匽師孟府君諱郁,字敬達,聞帝堯陵在成陽,遣户曹掾史具中牢祠,常以甲子日與西宮樂生俱詣大聖"云云,"知聖堯精靈,與天通神,修治□壁地,致璠瑚石闕二坐"云云,"時令河南河南呂君諱亮,字元山,丞河內州王君諱莀,字伯盛,左尉潁川潁陽□諱惜,字世高。因孟府君飭治大壁,自率掾史□□駐駕便坐,孟府君必受大聖嘉福,公侯傳子孫。呂君諸璧,干祿於天,令裕衍蔓,永流無窮。"碑末"惟序仲氏祖統所出,本繼於姬周之遺苗,天生仲山甫,翼佐中興,宣平功遂,受封於齊,周道衰微,失爵亡邦,後嗣乖散,因氏仲焉。子孫承緒,履仁好義,耽樂道術,誨人不倦,海內稱之曰濡術之宗。天鑒孔明,祚善應□,印紱相承,銀艾不絕,孟府君繕飭壁墙,立百石舍,仲氏宗家共作大壁前石磏階陛欄楯,仲氏宗家并受福賜。復刊碑勒諜,昭示來世,俵著孟府君美勳,於陽財紀祖禰所出,□□□□官位窑學,皆不可測,子子孫孫,必蒙大聖休烈之福,以勸後進,昌熾無極。"《隸釋》。

仲氏宗家爵名字,不見於碑,蓋多不勝載,《隸續》有碑陰,必是仲氏題名,惜存其目而闕其文。

案,廟碑繫以吉語,漢人文多如此。《史晨饗孔廟後碑》："於穆肅雍,上下蒙福,長享利貞,與天無極。"《西嶽華山廟碑》:"過攘凶札,犁斂吉祥,歲其有年,民說無疆。"《楚相孫叔敖碑》:"縣興士熾,孫氏蒙恩。"《三公山碑》:"長履景福,子子孫孫。"《白石神君碑》:"子子孫孫,永永番昌。"此類甚多,不能備錄。蓋岡陵山阜,耆艾壽康,雅頌所陳,義關頌禱,不必以諛辭斥之也。若《咸陽靈臺碑》末:"仲訢,伯海,從右中郎將遷鉅鹿太守;仲球,伯儀,從太尉掾遷呂長;仲選,孟高,辟司徒府。遷從不絕,皆興治大聖黃屋之力。"則詞義俱鄙。而《故民吴仲山碑》末:"焉焉矣矣,子孫萬歲。"子爲父墓立碑,而繫以吉語,文之不經,莫大於此,此漢人之謬也。

碑文詳書修廟人立廟碑人爵里姓名字例

《樊毅修華嶽廟碑》"有漢元舅,五侯之胄,謝陽之孫,曰樊府君,諱毅,字仲德,命守斯邦"云云,"特部行事荀斑,與縣令先讖,以漸補治,設中外館"云云,"於是功曹郭敏、主簿魏襲、戶曹史許禮等,遂刊元石,銘勒鴻勳"云云。《隸釋》。荀斑以下,不書字者略之,《古文苑》"斑"作"班"。

有詳書修廟人爵里姓名字,渾書立碑人者,《濟陰太守孟郁修堯廟碑》;見前。詳書修廟人爵里姓不及名字者,《益州太守高眹修周公禮殿記》。碑云"故府梓潼文君增造吏寺三百餘間"云云,"郡將陳留高君節符典境"云云。《隸釋》。案,文君謂建武中益州太守文參,高君即眹,其不書名字者,并以其近而尊之,亦以人所易曉也。不別爲例。

碑中書修廟人爵里姓不書名字碑末
補書名字及子弟名字同修人名字例

《韓勑修孔廟後碑》"魯相河南京韓君"云云,碑末"府君諱勑,字叔節;□郎□□字仲則;弟□字子臺;東海□敬謙,字季松,河東臨汾人;□□□□字子睢,漢中南鄭人;長史李亮,字威明,河南人;故少府卿任城樊府君諱豹,字伯尹"云云。《隸釋》。

《隸釋》曰:"樊豹書法獨與衆異,當是魯之前相也。"

碑中書立廟人爵姓名同立廟人爵里姓名碑末又詳載同立廟人爵里姓名字例

《成陽靈臺碑》："於是故廷尉仲定，圖立規塋，興業會工，前設大墅，俟神之堂"云云，"時濟陰太守魏郡審晃、成陽令博陵菅遵，各遣大掾輔助仲君，經之營之"云云，碑末"濟陰太守魏郡陰安審君，諱晃，字元讓，從公車令來；成陽令博陵蠡吾菅君，諱遵，字君臺，從東明門司馬來；丞潁川新汲尹茂，字伯舉，遷下邳尉；尉潁川襄城楊調，字君舉"云云。《隸釋》。

碑中書修廟立碑人爵里姓名字碑末書同修廟立碑人爵里姓名字例

《仙人唐公房碑》："漢中太守南陽郭君諱芝，字公載，繕廣斯廟，刻石昭音。"碑陰"故江陽守長成固楊晏，字平仲，東部督郵成固左介，字元術"云云。《隸釋》。

有碑中書修廟人爵里姓名字，碑末書同修人爵里姓名字，不及立碑人者，《西嶽華山亭碑》；碑云："弘農太守河南河南樊君諱毅，字仲德，與令巴郡朐忍先諱公，謀圖議繕。"碑末"府丞勃海劉固叔長、功曹史楊儒曼先"云云。《隸釋》。碑中書修廟人爵里姓，碑末書立碑人爵里姓名者，《祀三公山碑》；碑云"□初四年，常山相隴西馮君到官"云云，"起堂立壇，雙闕夾門，薦牲納醴，以寧其神"云云，碑末"長史魯國顏□、五官掾閻祐"云云，刊石紀焉。《金石萃編》。翁氏方綱[1]《兩漢金石記》曰："此與《隸釋》所載'光和四年三公山碑'不同，碑首'初'字之上，隱隱尚露其半，諦視是'元'字，乃安帝元初四年。"案，納"醴"碑文作"禮"，"顏"下是"浮"字，當據改補。碑中書立碑人爵姓名，碑末書同立碑人爵里姓字，碑中書立碑人爵里姓名字，碑末書同立碑人爵里姓名字，并不及修廟人者，《張公神碑》碑云："朝歌長鄭彬，暨

---

[1] 翁方綱(1733—1818)，清代書法家、文學家、金石學家。字正三，一字忠叙，號覃溪，晚號蘇齋，順天大興(今北京大興區)人。著有《兩漢金石記》《粵東金石略》《蘇米齋蘭亭考》《復初齋詩文集》《小石帆亭著錄》《漢石經殘字考》《焦山鼎銘考》《廟堂碑唐本存字》《石洲詩話》等。

碑廟堂之前"，碑末"監𥷚陽營謁者豫章南昌李朝伯"云云。《隸釋》。《三公山碑》。碑云："元氏上郡白土樊輿，字子儀，立銘勒石。"碑末"□長史甘陵甘陵夏方字伯陽"云云。同上。案，《張公神》《三公山》二碑，其書同立碑人，較詳於鄭彬、樊輿，蓋彬、輿自卑而尊人，故李朝伯不書名，而夏方并詳其職與字也。又碑文"元氏"下有"左尉"二字，"子儀"作"子義"，"長史"上是"時"字，當據改補。不別爲例。

碑中書立廟立碑人爵里姓名字碑末書立碑
年月日碑陰又詳書立碑人及年月日例

《楚相孫叔敖碑》"固始令段君，就其故祠，爲架廟屋，立石銘碑"云云，"段君諱光，字世賢，魏郡鄴人。"碑末"漢延熹三年五月廿八日立"，碑陰"延熹三年，歲在□□中夏之節，政在封表，期思長光，視事一紀"云云，"五月辛卯，宜以存廢，可立碑祀"云云，"時丞左馮翊姓如，諱武，尉京兆周陵，詳集共造，戶曹掾哀騰，令史許松。"《隸釋》。

段君於碑陰，將條列孫相後人昭穆爵里，因復叙年月爲發端，非與前文相複也。

碑中書立廟人碑末書祭廟人例

《桐柏廟碑》"南陽太守中山盧奴張君，立廟桐柏，春秋宗奉"云云，碑末"春侍祠官屬五官掾章陵劉訢"云云，"秋五官掾新野梁懿"云云。《古文苑》。《隸釋》奪"太守"二字，"屬"字；刓"張"字，"野"字。

侍祠官屬，猶言助祭人也，《漢書·孝景紀》丞相嘉等奏曰："諸侯王列侯使者，侍祠天子所獻祖宗之廟。"張晏曰："王及列侯歲時遣使詣京師，侍祠助祭。"師古曰："張説是也。"

碑中書立壇刊碑人年月爵里姓名碑末書前致祭人爵里姓名字
今監立碑致祭人年月爵里姓名及同監立碑人例

《帝堯碑》"熹平四年冬十二月，濟陽太守河南張寵、丞潁川李政、成陽令陳國鄭真"云云，"乃共立壇墠，刊碑紀石。"碑末"故濟陰太守劉郃，字季承，漁陽泉州人也，出奉□當是錢字。萬爲祠醊，遷中大夫。

後太守河南張寵,出錢二千,敬致禮祠,臨立壇碑,熹平四年十二月十日癸卯立,時將作吏胡能,守堯掾謂守堯廟。仇伯"云云。《隸釋》。

碑中書祀廟人姓名碑末又稱頌祀廟人碑陰載出錢立碑人姓名碑側又詳載立碑人例

《蒼頡廟碑》"闕。劉君諱□"云云,碑末"劉府君大漢枝族,應期作弼"云云,碑陰"闕。故督盜賊闕。"云云,碑右側"衙令朔方臨戎孫羡"云云,"延熹四年九月乙酉,詔書遷衙令,五年正月到官,奉見劉明府,立祠刊石,表章大聖之遺靈,以示來世之末生。謹出錢千百□者,下行自紀姓名。衙守丞臨晉張疇字元德"云云,碑左側"議曹史蓮勺楊□"云云。《金石萃編》。

吳氏玉搢[①]《金石存》曰:"此碑頌乃衙令孫羡,奉劉明府之令為之。而碑陰兩側,則備記孫令出仕始末,及其掾屬所出錢數。"翁氏方綱《兩漢金石記》曰:"孫羡奉教於劉明府而立此石,劉蓋治左馮翊也。"

碑中書制器人爵里姓碑末補書名字及出錢人爵里姓名字碑陰又廣載出錢人爵里姓名字例

《魯相韓勑造孔廟禮器碑》"魯相河南京韓君"云云。碑末"韓明府名勑,字叔節,潁川長社王元君真"云云。王元以下凡八人。碑陰"曲成侯王暠"云云。凡六十二人。《隸釋》。

王元不稱其職,而列碑末,曲成侯位尊而列碑陰,此蓋以出錢先後書之,不以貴賤也。

前官修廟後官立碑詳書修廟立碑年月及前後官爵里姓例

《東海廟碑》"惟永壽元年春正月,有漢東海相南陽恒君闕。"云云,

---

① 吳玉搢(1698—1773),清代古文字和考古學家。字籍五,號山夫,江蘇山陽人(今江蘇淮安人)。著有《說文引經考》《金石存》《別雅》等。

"乃部掾何俊、左榮，闕。殿作兩傳，起三樓，經構既立，事業畢成，俊等鐫石，欲闕。榮非仁也，故遂闕而不著"云云，"熹平元年夏四月，東海相山陽滿君□□□□初朐令闕。"云云，"惜勛績不著，後世無聞，遂作頌"云云。《隸釋》。

《隸釋》曰："永壽元年，南陽君崇飾殿宇，起三樓，作兩傳，其掾屬何俊、左榮，欲鐫石，而南陽君止之。厥後山陽滿君，踵其武，嘉歎勛績，爲作碑頌。"

前官立碑未成後官成之詳書立碑前後
年月日及前後官爵里姓名字例

《西嶽華山廟碑》"延熹四年七月甲子，宏農太守安國亭侯汝南袁逢，銘勒斯石"云云，碑末"袁府君肅恭明神，易碑飾闕，會遷京兆尹。孫府君到，欽若嘉業，遵而成之，延熹八年四月廿九日甲子就。袁府君諱逢，字周陽，汝南女陽人。孫府君諱璆，字山陵，安平信都人。時令朱頡，字宣得，甘陵鄃人。丞張昇，字少游，河南京人"云云。《隸釋》。

碑文全錄狀牒末用贊銘載立碑人爵里姓名字及立吏舍人例

《孔廟置守廟百石孔龢碑》"司徒臣雄、吳雄，字季高。司空臣戒趙戒，字意伯。稽首言"云云。此三公奏狀。"元嘉三年三月丙子朔，廿七日壬寅，司徒雄、司空戒，下魯相承書從事下當用者"云云。此朝廷牒郡國。"永興元年六月甲辰朔，十八日辛酉，魯相平，行長史事下守長檀，叩頭死罪，敢言之司徒司空府"云云。此郡國上狀於朝。"贊曰：巍巍大聖，赫赫靡章。贊僅二句。相謂魯相。乙瑛，字少卿，平原高唐人。令鮑疊，字文公，上黨屯留人"云云，"乙君察舉守宅除吏，孔子十九世孫麟廉，請置百石卒史一人，鮑君造作百石吏舍，功垂無窮"云云。《隸釋》。

守長檀，言試守邑長，其人名檀，未即真也。漢碑試用之官皆曰守，《仙人唐公房碑陰》"褒中守尉""江陽守長"，《桂陽太守周憬碑陰》"滇陽守長"，《酸棗令劉熊碑》"外黃守令""雍邱守令""守東昏長""外黄守尉",《元儒先生婁壽碑》"守長史掾""守葉令",《公乘伯喬題名》"曹守長",皆試用未即真者也,徵諸《史》《漢》,其證甚多,不可枚舉。

碑文全録狀牒末用贊銘載立碑人爵里姓名字及立碑年月日與工師姓名例

《無極山碑》"光和四年□月辛卯廿二日壬子,太常臣眈、丞敏,頓首上尚書"云云,末云"臣眈愚戇,頓首頓首上尚書,制曰可,大尚承書從事,闕。年十七日丁丑,尚書令忠,奏雒陽宫,光和四年八月辛酉朔,十七日丁丑,尚書令忠下,光和四年八月辛酉朔,十七日丁丑,太常眈、丞敏,下常山相,闕。从事下承闕。用者,如詔書,書到言昔在禮典"云云,"乃立碑銘德"云云,"常山相南陽冠軍馮巡,字季祖"云云,"光和四年十月十三日□□石師□□造。"《隸釋》。

《隸釋》曰:"男子蓋高、范遷,請於太常,乞官給珪璧,四時祠具,詔從之,吏民更造廟宇而立此碑。蔡質①《漢官典儀》曰:司隸城門校尉上尚書言'頓首上',下言'誠皇恐頓首上',謁者上尚書言[2]'頓首死罪上',下言'誠皇恐頓首死罪上'。今《史晨》《樊毅》兩碑,皆用謁者式,與蔡說合。此碑再稱頓首,太常稱臣而丞不稱,[3]莫詳其制。"

案,《隸釋》以此制爲莫詳,非也。《後漢書·胡廣傳》注引《漢雜事》曰:"凡群臣之書通於天子者四品,一曰章,二曰奏,三曰表,四曰駁議。章者需頭,稱稽首上以聞,謝恩陳事詣闕通者也;奏者亦需頭,其京師官但言稽首以聞,其中有所請,若罪法劾案,公府送御史臺,卿校送謁者臺也;表者不需頭,上言臣某言,下言誠惶誠恐頓首頓首死罪死罪,左方下附曰某官臣甲乙上。"案,此碑首言"頓首上",即章之稱"稽首上"也,末言"頓首頓首",即表之下言"頓首頓首"也,蓋兼用章表式。修建陂塘,亦録狀牒,《水經注·汝水篇》云:"側陂南有青陂廟,廟前有陂。漢靈帝建寧三年,新蔡長河南緱氏李言上請修復青陂,司徒臣訓、尚書臣襲,奏可雒陽宫,於青陂

---

① 蔡質,字子文,東漢陳留郡圉城(今河南杞縣)人。著有《漢官典儀》。

東塘南樹碑。"又案，上二例大同小異，若《魯相史晨祠》《孔廟奏銘》則全錄奏狀，末用銘詞，不載立碑姓名。碑云"魯相臣晨、長史臣謙，頓首死罪上尚書"云云，碑末"昔在仲尼，汁光之精"云云。《隸釋》載此碑曰："《孔龢碑》中吳雄奏章，則云：奏雒陽宫。此亦奏牘。乃云'上尚書'者，郡國異於朝廷，不敢直達帝所，因尚書以聞也。《樊毅復華下民租奏》，其式與此同。"《樊毅復華下民租田口算碑》則全錄奏狀，末不用銘詞，亦不載立碑姓名。碑云"光和二年十二月庚午朔，十三日壬午，宏農太守臣毅頓首死罪上尚書"云云，碑末"宏農太守上祠西嶽，乞縣賦發差，復華下十里以内民租田口算狀"。《隸釋》。撰文者各有詳略故也。

碑文叙子孫官爵及立廟立碑之由例

《郡掾史張元祠堂碑》："掾孫翻出宰相，邑遷太守，得大夫之禄，奉烝嘗之祀，乃於是立祠堂假碑勒銘。"《蔡中郎集》。

碑文末補書名字總書歷官及卒葬年月日例

《太尉橋公碑》："公諱元，字公祖，少辟孝廉，辟司徒大將軍府，爲侍御史，牧一州，典五郡，出將邊營，入掌機密。歷三卿同三司，享年七十五。光和七年夏五月甲寅，以太中大夫薨於京師，九月乙酉，葬於某所。"《蔡中郎集》。

碑陰詳列世次例

《楚相孫叔敖碑陰》"相君有三嗣，長子即封食邑固始，少子在江陵，中子居三□"云云，"相君卒後十有餘世，有渤海太守"云云。《金石錄》。案，全文載《隸釋》。

《金石錄》曰："《孫叔敖碑陰》叙子孫名字甚詳。"《隸釋》曰："段光以其雲來長幼之序，仕學生產之實，刻於碑陰，雖自譜其家者，亦不如是之詳。"《隸釋》又載《安平相孫根碑陰》載根子孫名甚衆，而訂爲吳晉閒書，故不錄。按，墓碑亦有此例，《水經注·洛水篇》："又東北，逕三王陵。……三王或言周景王、悼王、定王也。……今陵東有石碑，錄赧王以上世王名號，考之碑記，周墓明矣。"附錄於此。

碑陰條列價直例

《任君殘碑陰》云云"直千二百",云云"直九百"。《隸續》。

《隸續》曰:"蓋是記繕修所費,豈任君有祠,而邦人尊事之乎?"案,道路碑亦書價直,郫縣二碑是也。《隸續》載《建平郫縣碑》云:"長廿五丈,賈二萬五千。"陶氏宗儀《古刻叢鈔》載《郫縣磨厓碑》云:"攻此石,省三處,閣直錢萬二千。"雜例不更見。

碑陰分書治黃屋作碑出錢人爵姓名字例

《成陽靈臺碑陰》"司徒掾仲選、孟高,出錢"云云。凡二十八人,仲氏二十六人,異姓二人。"右仲氏門宗前所會計,治黃屋出錢名,司徒掾仲選、孟高,出錢"云云。凡十五人,仲氏十三人,異姓二人。"右仲氏宗門所會計,立作石碑誦出錢名。"《隸釋》。

德政碑例

額稱循吏例

《漢循吏故聞憙長韓仁銘》。《金石萃編》。

《金石圖》曰:"此移下河南尹之令牒,以上表下,宜稱名,故曰韓仁。又銘者,論撰其德善而明著之者也,刊石以名仁之美,斯銘稱焉。雖其文辭不叶於聲詩,固無害其為銘也。"

額兼二職例

《漢故穀城長蕩陰令張君表頌》。《金石萃編》。

此《張遷碑》也。功德碑皆所涖之吏民立,故額祇載其所涖之官,不兼敘其前後官也,此額兼二職,與常例異。

稱功德敘例

《巴郡太守張君碑》其前題"巴郡太守都亭侯張府君功德敘"。《金石錄》。

《金石錄》曰："碑無卒葬年月，其後頗叙述政績，而繫以銘詩，蓋德政碑爾。"

案，此碑無額而自標題其首行，已見"墓碑例"。不稱碑銘而稱功德叙者，《釋名》："叙，抒也。抒泄其實，宣見之也。"

稱功勳銘例

《桂陽太守周憬功勳銘》。《隸釋》。《金石錄》作《漢桂陽太守周府君頌》，然不明言其額所書如何，今從《隸釋》。

稱清德頌例

《柘令許君清德頌》。《水經注·陰溝水篇》。

德政碑稱頌，常例也。《後漢書·馬援傳》："棱遷廣陵太守，吏民刻石頌之。"《何敞傳》："遷汝南太守，吏人共刻石頌敞功德是也。"

生稱諱例

《溧陽長潘乾校官碑》："潘君諱乾，字元卓。"《隸釋》。

《郃陽令曹全碑》："君諱全，字景完。"《金石文字記》。

案，生而稱諱，此二碑外，有推尊其舉主而稱之者，《三公山碑》；碑末云："舉將南陽冠軍君姓馮，諱巡字季祖。"《隸釋》。有推尊其祭廟修廟守令而稱之者，《樊毅修華嶽廟碑》碑云："宏農太守河南樊君韓毅，字仲德。"《隸釋》。《隸釋》又載《華山亭碑》同。《濟陰太守孟郁修堯廟碑》碑云："濟陰太守河南偃師孟府君諱郁，字敬達。"碑文又載府內百石及丞尉皆稱諱，不備錄。《成陽靈臺碑》碑云："濟陰太守魏郡陰安審君諱晃，字元讓。成陽令博陵蟲吾菅君諱遵，字君臺。"《史晨饗孔廟後碑》碑云："相河南史君諱晨，字伯時。"《西嶽華山廟碑》碑云："袁府君諱逢，字周陽；孫府君諱璆，字山陵。"《仙人唐公房碑》碑云："漢中太守南陽郭君諱芝，字公載。"《楚相孫叔敖碑》；碑云："時丞左馮翊姓如，諱武。"以上并見《隸釋》。有推尊其立碑人而稱之者，《都鄉孝子嚴舉碑》。碑陰云："向主吏諱旻，字孝聖。"下諸主吏及督郵侯掾并同。《隸續》。

　　《金石録》曰："《春秋左氏傳》：'周人以諱事神名，終將諱之。'《禮》：'卒哭乃諱。'鄭氏謂敬鬼神之名也。諱，避也。生者不相避名，衛侯名惡，大夫有石惡，君臣同名，春秋不非。又漢宣帝元康二年詔曰：'聞古天子之名難知而易諱也，今上書觸諱以犯罪者，朕甚憐之。'其更諱詢，蓋卒哭而諱其名，實始於周，而生死皆稱諱，西漢已如此，然則生曰名，死曰諱，又出於近世也。"①《日知録》曰："《蜀志》劉豹等上言'聖諱豫睹'，許靖等上言'名諱昭著'。《晋書》高頠言'范伯孫名諱，未嘗經於官曹'。束晳《勸農賦》：'條牒所領，注列名諱。'王褒《洞簫賦》：'幸得謐爲洞簫兮。'李善注：'謐者號也，號而曰謐，猶之名而曰諱者矣。'"②

　　又案，潘乾爲溧陽長，而碑稱校官者，兼學校之職也。《水經注·沔水下》云："陰縣東有冢，縣令濟南劉熹，字德怡，魏時宰縣，雅好博古，學教立碑，載生徒百有餘人。"此亦《潘乾碑》之類也。《隸釋》曰："學師宋恩等題名，稱師者二十人，易師三人，尚書師三人，文學師四人。碑文多闕，《隸釋》據其文之尚存者言。漢永平中，嘗爲四姓小侯立學，置五經師，此則蜀郡諸生也，然則，此所云師，猶今授讀之師，非學官也。"

生稱謐例

　　《溧陽長潘乾校官碑》"誄曰：溧陽長潘君"云云。《隸釋》。

　　翁氏方綱《兩漢金石記》曰："碑以前半叙事之文目曰'誄'，而以後半有韻之文目曰'叙'，亦變例也。"錢氏大昕《潛研堂金石文跋尾》曰："《釋名》：'誄，累也。累列其事而稱之也。'《廣韻》：'誄，壘也。壘述前人之功德也。'誄本爲哀死而作，今縣民頌其長而稱誄，雖亦累德

---

① 見《金石録》卷一七《漢樊毅西嶽碑》。
② 見《日知録》卷二三"生而曰諱"條。

之詞，然失其義矣。"武氏億①《授堂金石跋》曰："《周禮·大祝》作六辭以通上下親疏遠近，六曰誄。注：'誄謂積累生時德行，以錫之命，主爲其辭也。'疏：'此六辭者，皆爲生人作辭，無爲死者之事，是誄之名施於死生而通之，殆如考、妣、嬪可兼生稱也。'《論語》：'誄曰：禱爾於上下神祇。'孔氏注云：'誄，禱篇名，《説文》引此作讄，亦云：纍功德以求福。從言纍省聲。'推之，此碑吏民頌其生君，於義固無嫌哉。"段氏玉裁《説文解字注》曰："讄施於生者以求福，誄施於死者以作謚，《論語》之'誄曰'字當從'讄'，毛傳曰：'喪紀能誄。'字當從'耒'。《周禮》六辭鄭司農注二字已不分矣。"②

案，碑文作"誄"義則作"讄"，漢人假借字也。翁氏、錢氏據碑文作"誄"以爲不當施於生者，武氏、段氏據文義作"讄"以爲當施於生者。按，《説文》："讄，禱也。誄，謚也。"二字各别。武氏、段氏所言是也。[4]

碑中書立碑年月立碑人爵里姓名字碑陰
又詳載立碑人爵里姓名字及工師里姓名字例

《桂陽太守周憬功勳銘》"於是熹平三年，歲在攝提仲冬之月，曲紅長零陵重安區祉，字景賢，遵承典憲，宣揚德訓，乃與邑子故吏龔臺、郭蒼、龔雒等，命工擊石，建碑於瀧上，勒銘公功"云云。碑陰"故曲紅長零陵重安區祉，字景賢"云云。"工師南陽宛王遷，字子彊。"《隸釋》。

---

① 武億（1745—1799），清代乾嘉時期著名的經學家、考據學家、金石學家。字虚穀，一字小石，自號半石山人，河南偃師縣人。著《三禮義證》十二卷，《群經義證》八卷，《經讀考異》八卷、補一卷，《四書考異》一卷，《句讀叙述》二卷，《金石三跋》十卷，《續跋》十四卷，《偃師堂石遺文録》等。

② 俞樾《俞樓雜纂》第二五《讀漢碑》云："案誄有二義。《周禮·大祝》：'作六辭以通上下親疏遠近，六曰誄。'注引鄭司農曰：'誄謂積累生時德行以錫之命。'此則哀死之辭也。'又引或曰：'誄，《論語》所謂誄曰：'禱而於上下神祇。'此則又别一説。《説文》分'誄''讄'爲二，其'讄'篆説解曰：'禱也，累功德以求福。'下引《論語》文。'誄'篆説解則云：'謚也。'鄭注《周禮·小宗伯》引《論語》作'讄'，《大祝》引《論語》作'誄'，則鄭以'讄''誄'爲一字，但其用不同。用之死後者，積累生時德行以錫之命也。用之生前者，鄭注《小宗伯》謂求福曰禱，即許書'讄'篆説解所謂累功德以求福也。"

碑中書立碑人姓名碑陰又詳列立碑姓名其碑中所書立碑人惟一人重書餘不重書碑陰末書年月日又繫以吉語例

《巴郡太守張納碑》"故太尉掾王□□□府丞李元,掾史張勤、黎景、馮經、趙中、毋俊、蒲勝、猶潭等,庶慕奚斯□□之義共論叙紀著休烈刊□□頌"云云,碑陰"益州從事宕渠李元,字次公"云云,碑陰末"中平五年三月上旬書。君升台祚,承天百福,子孫千億"。《隸釋》。

《隸釋》曰:"此碑乃掾屬李元等爲之,碑陰各書曹掾之職,而不稱故吏,則是張君在郡之日所立。"案,碑文中立石人惟李元再見於碑陰,餘不重見,豈此碑之立,李元倡之,抑出錢獨多耶？

碑中詳書先世名爵功烈碑末書年月日及立碑人姓名繫以吉語碑陰又詳載立碑人姓名例

《郃陽令曹全碑》"其先蓋周之冑,武王秉乾之機,翦伐殷商,既定爾勳,福祿攸同,封弟叔振鐸於曹國,因氏焉。秦漢之際,曹參夾輔王室,世宗廓土斥竟,子孫遷於雍州之郊,分止右扶風。或在安定,或處武都,或家隴西,或居敦煌[5],枝分葉布,所在爲雄。君高祖父敏,舉孝廉,武威長史,巴郡朐忍令,張掖居延都尉。曾祖父述,孝廉,謁者,金城長史,夏陽令,蜀郡西部都尉,祖父鳳,孝廉,張掖屬國都尉,丞右扶風,隃糜侯相,金城西部都尉,北地太守。父琫,少貫名州郡,不幸早世"云云;碑末"門下掾王敞……等,嘉慕奚斯,考甫之美,乃共刊石紀功。其辭"云云;"君高升極鼎足,中平二年十月丙辰造。"碑陰"故三老商量伯祺[6]"云云。《金石文字記》。

《蕩陰令張遷表》"君之先,出自有周,周宣王中興,有張仲,以孝友爲行,披覽《詩雅》,焕知其祖。高帝龍興,有張良,善用籌策,在帷幕之内,決勝負千里之外,析珪於留。文景之間,有張釋之,建忠弼之謨。帝游上林,問禽狩同獸。所有。苑令不對,更問嗇夫。嗇夫事對,於是進嗇夫爲令,令退爲嗇夫。釋之議爲不可,苑令有公卿之才,嗇夫喋喋小吏,非社稷之重。上從言。孝武時有張騫,廣通風俗,開定畿寓,南苞八蠻,西羈七戎,北震五狄,東勤九夷,荒遠既殯,同賓。各貢所有。張是同氏。輔漢,世載其德"云云,碑末:"惟中平三年,歲在攝提,二月震節,紀日上旬。陽氣厥析,感思舊君。故吏韋萌等,僉然同聲,賃師孫興,刊石立表,以示後昆。共用天祚,億載萬年",碑陰"故安國長韋叔玲"案,《說文》:"珍,寶也。從王㐱聲。"玲必是珍字。云云。《金石萃編》。

王氏世貞[①]《弇州山人四部稿》曰:"良,韓人;釋之,南陽堵陽人;騫,漢中人,宗系絕不相及。文人無實乃而。"翁氏方綱《兩漢金石記》曰:"碑合表頌僅五百言,而敘張氏先世事,乃至三之一,亦似太煩。"案《張遷碑》:"遷,陳留巳吾人。"而泛引張氏,誠如弇州所譏,然亦可備一例。

碑中既詳載立碑人碑末書年月日又於立碑人中序其世系學業功德作詩稱美例

《成陽令唐扶頌》"於是故從事仲字、仲授、張躬、萬龍,督郵仲規,郡掾閆葵□仲瑝,處士王□董領、閆葵斑等,乃共刊石樹頌,歌君之美"云云,碑末"光和六年二月壬午朔,廿五日丙午,處士閆葵斑戀念唐君為立碑。□斑,字宣高,修春秋嚴氏。大子讓,公謙,龔斑業;次龔,叔謙,治尚書歐陽;次廉,仲絜,小夏侯。眈經史兮履仁義,內和睦兮外奔赴,目家財兮贊君號,諸學□兮相埤助,垂後世兮丕之譽"。《隸釋》。

碑文全錄令牒例

《聞憙長韓仁銘》"熹平四年十一月甲子朔,廿二日乙酉,司隸"云云,"仁前在聞憙,經國以禮,刑政得中"云云"表上遷槐里令,除書未

---

① 王世貞(1526—1590),字元美,號鳳洲,又號弇州山人,太倉(今江蘇太倉)人,明代文學家、史學家。有《弇山堂別集》《嘉靖以來首輔傳》《觚不觚錄》《弇州山人四部稿》等。

到,不幸短命喪身"云云,"書到,遣郡吏吕少牢祠"云云,"河南尹"云云,"如律令"。《金石萃編》。

《金石存》曰:"'如律令'三字,蓋漢人公移中語。《史記·儒林傳》序述所載詔書,《前漢書·朱博傳》博口占檄文,陳琳《爲袁紹檄豫州文》,《東觀餘論》所載漢破羌檄,有此三字。"

碑末續書官階仕迹附載詔書例

《槀長蔡湛頌末》:"君德含洪,有君子道四焉,聖朝明哲,以爵寵賢,光和四年十二月甲□詔書拜并州刺史。"《隸釋》。

《隸釋》曰:"蔡君治槀三載,而遷高邑,吏民思其惠政,故栗尹等共刊斯石,頌後又志其并州之除,蓋續書也。"

墓闕例

稱先靈例

《王稚子闕銘》:"漢故先靈侍御史河内縣令王君稚子闕。"《金石錄》。盧氏見曾校刻《金石錄》,自注云:"先,一作光。"案,作"先"是,《隸釋》亦作"先"。《金石錄》云:"《後漢書·循吏傳》:'涣嘗爲溫令。'而刻石爲河内令,史之誤。《隸釋》云:'溫者河内之邑。'河内是郡名,無令也。碑云'河内縣令'者,以郡爲尊,蓋謂河内之縣令爾,即溫也。"

"靈"義見卷一"靈表例"。

稱神道例

《馮使君墓闕》:"漢故尚書侍郎河南京令豫州幽州刺史馮使君神道。"《金石錄》。

此常例不備録,"神道"義見卷一"神道碑銘例"。亦稱墓道,《隸釋》"漢故益州太守楊府君,諱宗,字德仲,墓道"是也;《金石錄》作"墓闕",今從《隸釋》。亦稱神道封陌,《金石錄》"漢故蜀郡蜀國都尉王君神道封陌"是也。《周禮·冢人》:"以爵等爲丘封之度。"注:"王公曰丘,諸臣曰封。"《説文》:"路東西爲陌,南北爲阡,然則神道封陌,爲神道前丘封之路。"

廟闕亦稱神道，《金石文字記》載《少室神道石闕銘》曰："興治神道。"①《後漢書·龐公傳》注引《襄陽記》曰："建武中，襄陽侯習郁，立神祠於山，刻二石鹿，夾神道口，俗因謂之鹿門廟，遂以廟名山也。"附志於此。

書爵姓例

《趙相闕銘》："漢故趙國相雝府君之闕。"《金石錄》。

此常例不備錄。墓闕與碑額例同，當云"某朝故某官某君之闕"，或稱府君、使君，或稱神道、墓道，皆正例也。上文《馮使者墓闕》例同。《金石錄》載《漢蜀郡太守任君神道》，《隸釋》載《清河相宏農太守張君墓□當是"道"字。》《廣漢縣竹令王君神道》《金石錄》作"廣漢縣苓"，"縣"乃"緜"誤，"苓"乃"竹令"二字誤合爲一字，又誤以"竹"爲"艹"。《鉅鹿太守金君闕》，或無"故"字，或無"漢故"二字，皆非正例。其較此例而加詳書字者，則上文"王稚子闕"，及《隸釋》所載《故上庸長司馬君孟臺神道》是也。《隸續》載《楊文夫神道》云："漢楊侍中文父之神道。"冠其姓於官上，而繫以字，不可爲例。加詳書名字者，上文注中《楊宗字德仲墓道》是也。其較此例而略，但書姓名字不書官者，《隸釋》所載《高直闕》云"漢故高君諱直，字文玉"是也。其略之甚者，但書姓，《隸釋》所載《韋氏神道》是也。案，墓域若無碑，書官爵名字於闕，亦變例之正。若有碑已載而復書闕，可謂冗矣。若去其官爵而但書姓名，簡略太甚，不可爲法。《水經注·濟水二》："穀城西北三里，有項王羽之冢，……石碣尚存，題曰：'項王之墓。'"此則衆所共知不妨從略。

《金石錄·逢府君墓石柱文》："漢故博士趙傅逢府君神道。"此亦闕類，附錄於此。

---

① 《金石文字記》卷一《少室神道石闕銘》："其見存之文每行四字，曰：'□□林芝□日月而□□□□三月三日，郡陽城縣興治神道□□□□君，丞零陵泉陵薛政，五官掾陰林，户曹史夏效，監廟掾辛述長，西河圜陽馮寶，丞漢陽秘俊，廷掾趙穆，户曹史張詩，將作掾嚴壽，廟佐向猛、趙始。'"

書爵省文例

《益州太守高頤墓闕》:"益州太守陰平都尉武陽令北府丞。"《隸釋》。

《右侍墓闕》:"漢右侍之墓。"《隸續》。

《隸續》曰:"漢官有左右署侍郎,此省文。漢人題闕作碑多省文,如郭仲奇爲北軍中侯,而碑中省其'北'字,案,前碑云"拜軍中侯",後碑云"北軍軍中侯",是省"北軍"二字。高頤作北部府丞,而題闕省其'部'字。"案,題闕字大碑小,其省文亦變例之正,若《郭仲奇墓碑》中不應省文,故墓碑不著此例。

詳書世系略載宦績例

《趙相雍勸闕》:"高祖父諱寶,字伯著,孝廉,河南令,侍御史,九江太守;□□□君子望,字伯桓,右校令;望子陟,孝廉,朐忍令;□□□□陟弟朗,字仲曼,孝廉,宏農令,武都太守;朗弟勸,字叔□,孝廉,成皋令,趙國相;勸子煜,字稚□,孝廉,資中長江令,□□□都尉。自右校君以舊墓在水闕,而墳墓多地勢,□□□□□斯造墳壟,樹碑銘。至趙國府君在官五載,苾政清平,有甘棠之化,年卅五卒於官,故吏民漢中太守邯鄲□□□□等,慕戀恩德,刊石稱頌焉。"《隸釋》。

《隸釋》曰:"右'漢故趙國相雍府君之闕'十隸字,趙氏以此爲碑,而謂前十字爲闕,予考其文蓋題闕之文,非墓道之碑,邱中之銘也。"

書卒葬年月日例

《郟令景君闕銘》:"維元初四年三月丙戌,郟令景君卒。"《金石錄》。"以五年二月□□□□。"《隸釋》。

《隸釋》載此碑文,有"祖載之日,游魂象生"等句,則"五年二月"以下,當是葬日。

書立闕年月日及子弟建闕人石工人例

《武氏石闕銘》："建和元年，太歲在丁亥，三月庚戌朔，四日癸丑，孝子武始公，弟綏宗、景興、開明，使石工孟季，季弟卯，造此闕，直錢十五萬。"《金石錄》。

書弟姪官爵學行例

《武氏石闕銘》：" 公弟開明，開明子宣張，仕濟陰，年二十五，曹府君察舉孝廉，除敦煌長史，被病云歿，苗秀不遂，嗚呼哀哉。"同上。

兩闕一書姓名里一書官爵例

《不其令童恢闕》一書"童恢，琅邪人"，一書"漢故不其令童君"。《隸釋》。

兩闕分書官爵一書姓及立闕年月日一不書例

《路君闕銘》一書"會稽東部都尉路君闕，永平八年四月十四日庚申造"，一書"故豫州刺史，溫令，元城令，公車司馬令，開陽令，謁者議郎，徵試博士"。《金石錄》。《隸續》："'故豫州'上有'君'字。"

兩闕分書官爵一書姓名字一書姓例

《太尉劉寬闕》一書"漢太尉劉公諱寬，字文饒"，一書"漢太尉車騎將軍特進昭烈侯劉公神道"。《隸續》。

有分書官爵同書姓字者，《王稚子闕銘》；一書"漢故先靈侍御史河內縣令王君稚子闕"，一書"漢故兗州刺史洛陽令王君稚子之闕"。《隸釋》。分書官爵同書姓者，《沈府府君神道碑》；一書"漢謁者北屯司馬左都侯沈府君神道"，一書"漢新豐令交阯都尉沈府君神道"。《隸釋》。分書官爵，一書姓名字，一書姓字者，《益州太守高頤闕》。一書"漢故益州太守武陰令上計史舉孝廉諸部從事高頤，字貫方"，一書"漢故益州太守陰平都尉武陽令北府丞舉孝廉高府君，字貫□"。《隸釋》。文有詳略，無義例也。

【校勘記】

［１］石室：《水經注·沘水篇》作"石堂"。
［２］言：此字原脱，據連筠簃本補。
［３］連筠簃本此處引全，後有"案丞不稱臣者，統上'臣'字而省"句。
［４］此段連筠簃本作"案《説文》：'謂，禱也。誄，諡也。'謂施於生者，誄施於死者，二字義别。《論語》之字當作'謂'，而今《論語》作'誄'者，誄、謂音并相近，蓋假借也。此碑作誄，亦是假借。錢氏以爲失其義，恐非"。
［５］王昶《金石萃編》卷一八《郃陽令曹全碑》作"或居隴西，或家敦煌"。
［６］王昶《金石萃編》卷一八《郃陽令曹全碑》作"縣三老商量伯祺"。

漢石例卷五

雜　例
表界域例

《洛陽縣碑》："洛陽北界。"《水經注·河水五》載此碑云"河之南岸有一碑，北面題"云云。

《靈邱縣碑》："冀州北界。"《水經注·滱水篇》"（高氏）山上有石銘，題言"云云。

《汝水石柱》："河南界。"《水經注·汝水篇》載此碑云："三屯谷水出南山，北流，逕石碣東，柱側刊云：河南界。又有一碣，題言：洛陽南界。碑柱相對，既無年月，竟不知何代所表也。"

右三石雖未的知漢代所立，洪氏采入《隸釋》，蓋以爲漢刻也，從之。

表鄉聚例

《臨淄碑》："梧臺里。"《水經注·淄水篇》："系水又北逕臨淄城西門北，而西流逕梧宮南，……其地名梧臺里。西有《石社碑》，漢熹平五年立，其題云：'梧臺里。'"

表宮殿例

《淮南厲王殿石》："中殿弟廿八。"阮太傅《揅經室集》。

《揅經室集·甘泉山獲石記》云："甘泉山惠照寺階下四石，其文字在篆隸之間，其一石可辨者，'中殿弟廿八'凡五字，又一石'弟百卌'三字，其二石未能辨。江鄭堂曰：'此漢淮南厲王胥冢上石也。'余按，揚州甘泉山，舊志皆以爲漢厲王冢，沈約《宋書·樂志》'陳思王樂歌'云：'中殿宜皇子。'然則皇子所居，可稱中殿。"

按，漢代王公墓上皆有寢廟，此必寢廟中殿石。《漢書·哀帝紀》："義陵民冢不妨殿中者勿發。"如淳曰："陵上有宮牆，象生制度爲殿屋，故曰殿中。"師古曰："此說非也，殿中謂壙中象正殿處。"案，史無稱壙中爲殿中者，蓋陵寢也，如說是。然宮殿標識亦同，故特爲此例。

表陂池例

《魯孝王刻石》："五鳳二年魯卅四年六月四日成。"《金石文字記》。

高氏德裔金人。記曰："魯靈光殿基西南卅步曰太子釣魚池，蓋劉餘以景帝子封魯，故土俗以太子呼之。明昌二年詔修孔聖廟，匠者取池石以充用，土中偶得此石，側有文曰'五鳳二年'者，宣帝時號也；又曰'魯卅四年六月四日成者'，以《漢書》考之，乃餘孫孝王之時也。"①《金石文字記》曰："上書天子大一統之年，而下書諸侯王自有其國之年，此漢人之例也。"②王氏澍《竹雲題跋》③曰："德裔題記以此書爲石，朱竹垞《曝書亭集》則云'五鳳二年塼篆文'，今雖模糊，然斷是隸不是篆，竹垞竟目爲篆，皆不可曉。"④案，表界域者書方面，表鄉聚者書里名，表宮殿者書工作，表陂池者書年月，此例之簡而質者也。

---

① 金明昌二年(1191)，開州刺史高德裔監修曲阜孔廟，工匠在魯靈光殿基西南三十步名爲太子釣魚池之處發現此石，高德裔將其移入孔廟，并作記。王昶《金石萃編》卷五《魯孝王石刻》："石高一尺五寸，廣二尺三寸，三行十三字，後刻高德裔記。正書，今在曲阜縣孔廟。"高德裔記之："魯靈光殿基西南卅步曰太子釣魚池，蓋劉餘以景帝子封魯故，土俗以'太子'呼之。明昌二年，詔修孔聖廟，匠者取池石以充用，土中偶得此石，側有文曰'五鳳二年'者，宣帝時號也。又曰'魯卅四年六月四日成'者，以《漢書》考之，乃餘孫孝王之時也。西漢石刻，世爲難得，故予詳錄之，使來者有考焉。提控修廟朝散大夫開州刺史高德裔曼卿記。"

② 西漢王侯紀年較爲常見，《史記》《漢書》中用例較多，即如爲數不多的西漢石刻中也存此紀年法，如《魯北陛刻石》"魯六年九月所造北陛"，再如此處所提《魯孝王刻石》"五鳳二年魯卅四年六月四日成"。

③ 王澍(1668—1743)，字若林、若霖、篛林，號虚舟，又號竹雲等。江蘇金壇人。《竹雲題跋》係王澍生平臨摹舊迹，爲題跋之作。全書所論物件頗爲豐富，包括先秦至清代刻石、墨迹書法作品多種，還收錄了少量論畫題跋。

④ 王澍《竹雲題跋》："按德裔題記，以此書爲石。朱竹垞《曝書亭集》則云'五鳳二年磚一塊，嵌曲阜孔廟前殿東壁，篆文一行'，其書極古質，今雖模糊，斷然是隸不是篆。竹垞記爲磚又曰'爲篆'，皆不可曉。"

然亦有宜詳者，表界域則兼及鄰邑；《隸續·南安長王君平鄉道碑》：“維平鄉明高大道，北與武陽西與蜀郡青衣越巂通界。”《水經注·滱水篇》：“北平縣界，有漢熹平四年，幽、冀二州以戊子詔書，遣冀州從事王球、幽州從事張眼，郡縣分境，立石標界，具揭石文。”案，此標界域，而詳載詔書，及分境立石人者，惜碑文未錄，無以知其體例。表鄉聚則兼及人文；《水經注·沔水中》：“宜城縣有太山，山下有廟，漢末多士，[1]其中刺史二千石卿長數十人，朱軒華蓋，同會於廟下。荊州刺史行部見之，雅歎其盛，號爲‘冠蓋里’，而刻石銘之。此碑於永嘉中始爲人所毀，其餘文尚有可傳者，其辭曰：‘峨峨南岳，烈烈離明，寔數俊乂，君子以生，惟此君子，作漢之英，德爲龍光，聲化鶴鳴。’”表宮殿則兼及受命之由；《蔡中郎集·光武濟陽宮碑》“惟漢再受命，曰世祖光武皇帝。考南頓君，初爲濟陽令，濟陽有武帝行過宮，常封閉，帝將生，考以舍會下濕，開宮後殿居之。建平元年十二月甲子夜，帝生，時有赤光，室中皆明，使卜者王長卜之，長曰：‘此善事不可言。’歲有嘉禾，一莖生九穗，長於凡禾，因爲尊諱。王室中微，哀、平短祚，奸臣王莽，偷有神器十有八年，罪成惡熟，天人致誅，帝乃龍見白水，淵躍昆上”云云。又案，表宮殿文，東京初已有之，《玉海》載班固《泗水亭碑文》云“承累流裔，襲唐末風，寸木尺土，無俟斯亭”是也。表陂池則兼及灌溉之利。《水經注·汝水篇》：“《新息縣青陂碑》稱：青陂在縣坤地，源起桐柏淮川，別流入於潺湲，經新息墻陂，衍入褒信界，灌溉五百餘頃。”又《河水四》：“渠水又南逕高門原南，……又東南逕華池南，……池在夏陽城西北，……故《司馬遷碑》文云：‘高門華池，在茲夏陽。’……渠水又東南逕司馬子長墓北，墓前有廟，廟前有碑，永嘉四年，漢陽太守殷濟，瞻仰遺文，遂建石室，立碑樹柏。”案，上文《司馬遷碑》，即下文殷濟所立碑，碑以表遷墓，非以表川原，故不錄。詳略各宜，作者權題以立例可也。

爲宮殿立碑敘立碑人爵里姓名例

《光武濟陽宮碑》：“小臣河南尹鞏瑋，顧見神宮，追惟桑梓，褒述之義，用敢做頌。”《蔡中郎集》。

爲古墓立碑敘立碑人爵里姓名例

《王子喬碑》：“相國東萊王章，字伯義，乃會長史邊乾，訪及士隸，遂樹元石，紀遺烈。”《蔡中郎集》。

書修學校年月工程例

《太學碑》：“建武二十七年造太學，年積毀壞。永建六年九月，詔書修太學。刻石記年，用工作徒十一萬二千人，陽嘉元年八月做畢。[2]"《水經注・穀水篇》。

書修祠宇年月工程例

《梁相孔耽神祠碑》："其內洞房四通，外則長廡，功賦合出卅萬，曰光和五年歲在壬戌夏六月訖。"《隸釋》。

書修隄堰爵里姓名年月工程例

《滎口石門碑》"惟陽嘉三年二月丁丑，使河隄謁者王誨，疏達河川，述荒庶土，明譚元春校①曰："'述'疑作'遂'。"按，述、遂通用，下稱"遂休功"是也。云大河衝塞，侵齧金隄，以竹籠石葦葺土而爲遏近趙一清定本②，"遏"作"堨"，壞隤無已，功消億萬，請以濱河郡徒，疏山采石，壘以爲鄣。功業既就，徭役用息，未詳譚校曰："《玉海》二十一卷引此文無'未詳'二字，疑衍。"案，《趙本》作"辛未"二字。詔書許誨立功府鄉。《趙本》"鄉"作"卿"，是。規基經始，詔滎加命，譚校曰："'滎'疑作'策'。"遷在沇州，乃簡朱軒授使司馬登，令纘茂前緒，稱遂休功。登以伊、洛合注大河，南則緣山，東過大伾，回流北岸，其勢鬱懟，濤怒湍急激疾，一有決溢，彌原淹野，蟻孔之變，害起不測。於是伐石三谷，水匠致治，立激岸側，以捍鴻波，隨時慶賜，説以勸之。川無滯越，水土通演，役未踰年，而功程有畢，故遂刊石記功，垂示於後，使河隄謁者山陽東昏《趙本》"昏"作"緍"。司馬登，字伯志"云云。《水經注・濟水一》。此注上文云："漢靈帝建寧四年，於敖城西北壘石爲門，以遏渠口，謂之石門。石銘云：'建寧四年十一月黃場石也。'而主吏姓名磨滅，不可復識。"

《隸釋・廣漢太守沈子琚緜竹江堰碑》有爵里姓名年月，不及工程，文多闕。碑云"熹平五年五月辛酉朔一日辛酉，緜竹縣南□川□□宮□黃□化出家

---

① 譚元春(1586—1637)，字友夏，號鵠灣，別號蓑翁，湖廣竟陵(今湖北天門市)人。明代文學家。明崇禎年間(1628—1644)，譚元春等以萬曆四十三年(1615)撰寫的《水經注箋》爲底本刊刻而成《水經注》，該書側重評點酈道元注辭藻。

② 趙一清(1711—1764)，字誠夫，號東潛，浙江仁和(今杭州城區東)人。撰有《水經注釋》四十卷及《水經注箋刊誤》十三卷。

錢建"云云，"廣漢太守潁川長葛縣沈君諱□字子琚縣竹令安定樊君諱□"云云，"君遣掾□□□鄭施"云云。碑末"縣丞犍爲屬國王卿諱□字季河"云云。

書修橋梁爵里姓名年月工程例

《洛陽建春門石橋柱銘》"陽嘉四年乙酉壬申，詔書以城下漕渠，東通河、濟，南引江、淮，方貢委輸，所由而至，使中謁者魏郡清淵馬憲，監作石橋梁柱，敦敕工匠，盡要妙之巧，攢立重石，累高周距，橋工路博，流通萬里"云云；"河南尹邳崇巍丞渤海重合雙福"云云；"三月起作，八月畢成。"《水經注·穀水篇》。

《洛陽伽藍記》："建春門外穀水，東入陽渠石欄橋，橋有四柱在道南，銘云：'漢陽嘉四年，將作大匠馬憲造。'逮我孝昌三年，按，孝昌，魏明帝紀年。大雨頹橋，柱始埋沒，道北二柱，至今猶存。衒之按，劉澄之《山川古今記》、戴延之《西征記》并云晉太康元年造，此則失之遠矣。"

《開通褒斜道石刻》："永平六年，漢中郡以詔書受廣漢、蜀郡、巴郡徒二千六百九十人，開通褒余道。太守鉅鹿鄐君，部掾治級、王宏、史荀茂、張宇、韓岑等興工作；太守丞廣漢楊顯，將相用始，作橋格六百二十三間，大橋五，爲道二百五十八里，郵亭、驛置、徒司空、褒中縣官寺，并六十四所，凡用功七十六萬六千八百餘人，瓦卅六萬八千八百四器，用錢百四十九萬九千四百餘斛粟，九年四月成就，益州東至京師，去就安隱。"宋晏襃釋文。[①] 按，《釋文》"開通褒余道"，"開"字"道"字闕，"治級"誤"冶級"，"等興"誤"弟典"，丞下"廣漢"二字闕，"將相"誤"將隕"，今據《金石萃編》所摹碑文補正。又案，"瓦"字當有誤，今無文以正之。

《兩漢金石記》曰："鄐君不著其名。《廣韵》：'漢有東海太守鄐熙。'《古今姓氏書辨證》云：'因官居焉，望出東海者也。''橋格'即'橋閣'字，然閣字本非其義，格則枝架之名，此格字當爲正也。"案，余即斜，隱即穩，不言者，人所皆知。

[①] 南宋紹熙五年（1194）南鄭縣令晏襃，因修堰事至褒谷，見石門南半崖間有《漢君開通褒斜道摩崖》，乃錄其全文并撰寫釋文，刻於此摩崖下方，一九七一年遷入漢中博物館。

首書倡修隄堰人次及繼修人末復書倡修繼修同修及作銘人例

《滎口石門碑》"惟陽嘉三年二月丁丑,使河隄謁者王誨"云云,"詔滎築之誤。加命,遷在沇州,乃簡朱軒授使司馬登"云云。碑末:"使河隄謁者山陽東昏司馬登,字伯志;代東萊曲成王誨,字孟堅;河內太守守城向豹,字伯尹;丞汝南鄧方,字德山;懷令劉丞,字季意;河隄掾匠等造。陳留浚儀邊韶,字孝先,頌石銘。"《水經注·濟水一》。

首書倡修橋梁人其同修者碑文三見末及義工義徒例

《蜀郡屬國辛李二君造橋碑》碑首刻二人冠帶相向,橫書"蜀郡屬國明府潁川陽翟辛君,字通達;卿犍爲李君,字仲曾,□□□碑文。惟延熹龍在甲辰三月甲子,造此筰橋,五月甲午竟,領道楊□荷杜仁、領道楊瑗"云云,又"領道杜沂、楊瑗作筰橋梁,帥爾徒屯,待事楊□□□守古荷賊曹掾杜仁"云云。碑末"領道闕。漢嘉楊瑗字□□"云云,"義工"云云,"義徒"云云。《隸釋》。

書修門闕爵里姓名年月工程例

《西嶽石闕銘》:"永和元年五月癸丑朔,六日戊午,宏農太守常山元氏張勳,爲西嶽華山作石闕,高二丈二尺。"《金石錄》。案,此不入嶽廟石闕題詞例者,以彼例所錄太室銘,稱頌嶽神,此但書立闕爵里姓名年月工程,故別爲此例。

《金石錄》曰:"永和,漢順帝、晋穆帝、姚泓,皆有此號,穆帝時,華陰不屬晋,以此碑字畫驗之,恐非姚泓時,蓋漢刻也。"

書修道路爵里姓名年月工程例

《蜀郡太守何君閣道碑》:"蜀郡太守平陵何君,遣掾臨邛舒鮪,將徒治道,造尊楗閣,袤五十五丈,用功千一百九十八日,建武中元二年六月就。"《隸釋》。

《青衣尉趙孟麟羊竇道碑》:"羊竇道舊故危險回遠,百姓患苦,永初六年,青衣尉南安趙孟麟,更易由此道。時典主通道者,積駑故吏梁汜、捕盜賊王留,永元十一月九日造。"同上。

何君不書名字,趙君不書名,尊之也,然後世無聞焉。《羊竇道碑》有年月無工程者文不備。

有僅書年月日及工師里姓名者,《隸續·劉讓閣道題字》是也。題字云:"建寧元年十月上旬,工犍爲武陽劉讓造。"其文太略,不可爲例。

書修道路爵里姓名及立碑人爵里姓名例

《司隸校尉楊孟文石門頌》"故司隸校尉犍爲武陽楊君,厥字孟文,廢子由斯,得其度經"云云,"至建和二年仲冬上旬,漢中太守犍爲武陽王升,字稚紀,勒石頌德,以明厥勳"云云。《隸釋》。

《隸釋》曰:"碑云'司隸校尉楊君,厥字孟文'。《水經》及歐、趙皆謂之《楊厥碑》,《楊淮碑》云'司隸校尉楊君,厥諱淮,字伯邳,大司隸孟文之玄孫也'。始知兩碑皆以厥爲語助,此乃后政,頌其勳德,故尊而字之,不稱其名。"自注:《華陽國志》:"楊君名渙。"

案,此碑不書名,若非《華陽國志》,則其名終沒,故碑文不書名,非也。

書修道路爵里姓名渾書立碑人不載爵里姓名例

《武都太守李翕西狹頌》"漢武都太守漢陽阿陽李君諱翕,字伯都"云云,"郡西狹中道危難阻峻,敕衡官有秩李瑾、掾仇審,因常繇道徒,鐫燒破析,刻㕍確嵬,行人懽悀,乃刊斯石"云云。《隸釋》。

《李翕析里橋郙閣頌》"太守漢陽阿陽李君諱翕,字伯都"云云,"乃俾衡官掾下辨仇審,改解危殆,即便求隱,析里大橋,於今乃造,臣□□□勒石示後"云云。同上。

碑首書表字末書記字例

《廣漢長王君治石路碑表》:"長廣漢王君建和二年冬,任掾楊□

攻治破壞，功夫九百餘日，成就通達，永傳億歲無窮記。"《隸釋》。

《隸釋》曰："碑以表字題其上，《漢書溝·洫志》：'武帝穿漕渠，令齊人水工徐伯表。'注：'謂巡行而表記之。'與此同意。"案，《隸釋》所云是也，《史記·夏本紀》："行山表木。"索隱云："立爲表記。"陳君立曰："案，《說文木部》'栞'字注云：'槎識也。从木㚒。闕。《夏書》曰：隨山栞木。讀若刊。'然則《古文尚書》作栞，訓爲槎識，正與立木表道之義相發明，故《夏本紀》'行山表木'即《書》之'隨山栞木'也，皆古文家說。鄭孔訓爲'刊除'，夫九州山木多矣，恐刊之不勝刊也。"恭冕曰："表記即表識，《魯峻碑》：'博覽群書，無物不栞。'《廣雅》：'記栞志識也。'可證陳說。"

《呂氏春秋·察今篇》："荆人欲襲宋，使人先表澭水，澭水暴溢，荆人弗知，循表而夜涉。"《秦始皇紀》："表南山之顛以爲闕，又立石東海上朐界中，以爲秦東門。"正義引《三輔舊事》云："始皇表河以爲秦東門，表汧以爲秦西門。"《越世家》："勾踐表會稽山，以爲范蠡封邑。"《漢書·息夫躬傳》："躬立表欲穿長安城引漕。"《東方朔傳》："詔中尉左右内史表屬縣草田。"《西域傳》："辛武賢將兵至敦煌，遣使者案行，表穿卑鞮侯井以西，欲通渠轉穀積。"此皆表記之證也。《揅經室集·釋郵表畷》曰："《說文》：'裘，上衣也，从衣从毛。古者衣裘以毛爲表。'"《荀子·儒效》《後漢·蓋勳馬援傳》注：表，標也。《呂覽·慎小》注："表，柱也。"《禮記·檀弓》内則注："表，明也。"《周禮·大司馬》爲表注："表，所以識正行列也。"《荀子·大略》注："表，標志也。"《後漢書·劉祐傳》注："表，標準也。"《管子·君臣上》注："表，謂以木爲標，有所告示也。"《漢書·淮南厲王傳》注："表者，樹木爲之，若柱形也。"《呂覽·不屈》云："或操表掇以善晞望。"注："表掇，儀度。"又云"《揚州古銅盤銘》曰：'用大蔽散邑，乃即散用田竟，竟自瀗洮以南，至於大沽，一表以降二表。'又曰：'表於單道，表於原道，表於周道以東，表於芋東疆右，還表於竟，竟導以南表於邻菜，導以西至於琟莫竟，竟井邑田'云云。觀此可見古人以表立田地疆界之事，《周禮·虞人》："萊所田之野爲表，百步則一，爲三表，又五十步爲一表。"又曰："及表乃止。"此可見古人閱軍以表爲界之事。又云："表乃井田間分界之木也。"《左傳·襄二十五年傳》："表淳鹵。"賈逵注云："淳鹵之地，九夫爲表。"《國語·周語·單襄公》云："周制有之曰：列樹以表道。"韋注："表識也。"

案，此則表乃分界之木，所以表明遠近。土功所興，必先立表，功成刊石表識，以示後人，故以表字冠首，以其立石疆界，與古表同也。

碑首用維字末用主字例

《南安長王君平鄉道碑》"維平鄉明高天道"云云，"闕。王前南長闕。方主。"《隸釋》。

碑首用維字，此訓詁體，凡碑文通例也。廟碑則《樊毅修華嶽廟碑》碑云"惟光和元年"云云。《集古録》。《東海相桓君海廟碑》，碑云"惟永壽元年"云云。《金石録》。下同。墓碑則《謁者景君墓表》碑云"惟元初元年"云云。《祝長嚴訢碑》碑云"惟漢中興"云云。《平輿令薛君碑》。碑云"惟延熹六年"云云。碑文首皆用惟字，惟、維一也。碑末用主字，凡道路碑通例也。《蜀郡太守何君閣道碑》碑云："道史任雲陳春主。"《隸釋》。《司隸校尉楊孟文石門頌》碑云："五官掾南鄭趙邵，字季南；屬襃中晁漢疆，字產伯；書佐西成王戒，字文寶主。"同上。碑文末皆用主字。言主治此道，《羊竇道碑》云"典主通道"是也。金器銘亦有此稱，《博古圖》載《漢太官壺銘》考工令史由丞或令通主。[①] 又《綏和壺銘》："掾臨主。"[②]謂主製此器者。

書家產例

《金廣延母徐氏紀產碑》"元和元年五月中旬，金廣延母自傷紀考妣徐氏元初產，永壽元年出門，託軀金掾季本"云云，"男恭□字子肅，年十八，闕。收從孫即廣延，立以爲後，年十八，娶婦徐氏，弱冠仕闕。終歿，五內摧碎"云云，"季本平生，素以奴婢田地，分與季子雛直，各

[①] 《重修宣和博古圖》卷一二"大官壺"："自'伍興'至'蒼省'蓋其工造與大監掾之姓名耳。"

[②] 《重修宣和博古圖》卷一二"綏和壺"："凡漢器必謹其歲月與夫造器之官，如曰'護級掾臨主守右丞同守令寶省'者是矣。"

有丘域,蓄積消滅,責負奔亡,及歸故主,三分屋一才得廿一萬六百,供竟,闕故文進升地一畝,直五萬五千"云云,"故□子叔地一畝,直闕。"云云。《隸釋》。

《隸釋》曰:"徐氏歸於季本,有男曰恭,字子肅,早終。立從孫廣延爲後,廣延又復不祿。離直似是季本庶孼不肖子,分以訾產,居之於外者。徐氏老而廣延死,故又析其財,慮離直爲嫂姪之害也。廣延雖非嫡長,而事親久,即世新,故徐氏舍子肅而稱廣延母也。"

案,廣延爲季本嗣孫,子肅嗣子,徐氏乃廣延祖母,而碑稱母。《蔡中郎集·郡掾史張元祠堂碑》云:"掾孫翻尋原祚之所由而至於此,先考積善之餘慶,陰德之陽報。"又云:"於惟我考,允迪懿德。"案,翻稱祖考曰考,廣延稱祖母曰母,皆非禮也。叙中未錄碑文,因復識於此。

書宅舍例

《鄭子真宅舍殘碑》:"闕。所居宅舍一區直百萬,故鄭子真地中起舍一區作錢,闕。故鄭子真舍中起舍一區七萬,故潘蓋樓舍并二區十一,闕。故呂子近樓一區五萬,故像樓舍一區二萬五千,闕。扶母舍一區萬二千,闕。鳳樓一區三萬,闕。車舍一區萬,闕。奉樓一區二萬,闕子信舍一區萬。"《隸釋》。

《隸釋》曰:"凡宅舍十有二區,其次有辭語有歲月云平四年上存四點,必熹平也。官吏有郎中及賊曹與掾史,又有左都字彥和,及胡恩、胡陽、陳景等姓名,似是官爲檢校之文,其中有宅舍奴婢財物之句,其云'妻無適嗣',又云'未知財事',其前有'爲後'二字,則知旋立嬰孺爲嗣也,其云'精魂未藏而有怨',上有一字從女,當是其母,則知其親物故未久也,末云'春秋之義,五遜爲首',所以戒其宗姓或女兄弟之類息爭室訟也。"

表孝行例

《都鄉孝子嚴舉碑》末:"延熹七年五月辛未朔,十一日辛巳,臨江長愷丞杜謂都□言孝子嚴舉，爲父行喪，服制踴禮，追恩慕義，□表門閭，有書賢明宰卿闕。應風生，是以天□仁人孝弟之至，通洞神祇，蓋淑□賞則庶民勸，今□書到□□勉加勞來以究言如詔書。"《隸續》。

右碑末所載長丞旌表之文也，漢代旌表，用闕，《後漢書·安帝紀》："甄表門閭，旌顯厥行。"李賢注："旌表者，若今樹闕而顯之。"用扁，《百官志》："凡有孝子順孫貞女義婦，讓財救患，及學士爲民法式者，皆扁表其門。"亦用碑。《漢書·龔勝傳》："後世刻石表其里門。"《後漢書·淳于恭傳》"刻石表閭"是也。《隸續》曰："《嚴舉碑》有文有頌又有亂十六句，蓋嚴舉之父，仕至郡守，三女無男，以舉爲後，舉能和顏奉親，送終盡孝，母氏年老，事繼若真，德刑州里，官表門閭，弟子共爲立碑。"《隸續》所言約碑文。

表軍功例

《封燕然山銘》"惟永元元年秋七月，有漢元舅曰車騎將軍竇憲，寅亮聖皇，登翼王室，納於大麓，惟清緝熙，乃與執金吾耿秉，述職巡禦，治毛本治作"理"，此唐人避諱所改，今據《文選》作"治"。兵於朔方"云云，"乃遂封山刊石，昭銘上德，其辭"云云。《後漢書·竇融傳》。

《敦煌太守紀功碑》："惟漢永和二年八月，敦煌太守雲中裴岑，將郡侯三千人，誅呼衍王等，斬馘部衆，克敵全師，除西域之災，蠲四郡之害，邊竟艾安，振威到此，立德祠以表萬世。"《金石萃編》。

舊有立石今始刊詞揭於碑陰例

《東海廟碑陰闕》者，秦始皇所立名之"秦東門闕"，事在《史記》。①《隸釋》。

《隸釋》曰："永壽元年，東海相南陽君，崇飾殿宇，厥後山陽滿君爲作碑頌，別有數句，載秦東門事，乃頌所謂倚傾之闕者也。《碑錄》

---

① 《史記·秦始皇本紀》："立石東海上朐界中，以爲秦東門。"《漢書·地理志》："秦始皇立石海上，以爲東門闕。"

'朐山有秦始皇碑'云：'漢東海相任恭修祠，刻於碑陰。'似此任君當又在滿君後。"

舊碑已壞改刊新石仍用舊文例

《丹陽太守郭旻碑》："昔君即世，雖立碑頌，裁足載字，加有瑕□，君之弟故太尉甍，歸葬舊陵，於是從子故五原太守鴻議郎□及胤孫□懷祖之德，乃更刻石，不改舊文，蓋用昭明祖勳。"《金石錄》。《隸續》載此碑，"瑕"下乃"瑕"字，"郎"下乃"柔"字，"孫"下乃"范"字。

舊碑已壞改刊新石不用舊文例

《西嶽華山廟碑》："自是以來，百有餘年，有事西巡，輒過亨同享。祭。然其所立碑石，刻紀時事，文字摩滅，莫能存識。延熹四年七月甲子，宏農太守安國亭侯汝南袁逢，乃案，經傳所載，原本所由，銘勒斯石，垂之於後。"《隸釋》。

有舊碑雖未壞而不合式改刊新石者，《山陽麟鳳瑞像碑》，碑云："永建元年季秋七月饗時，山陽太守河內孫君，見碑不合禮，搽甏造新，刻瑞像麟鳳。"《隸續·碑圖》。附錄於此，不更爲例。

兩人共立一碑例

碑額：漢故益州刺史中山相薛君巴郡太守宗正卿成平侯相劉君碑。《金石錄》。

《金石錄》曰："碑已斷裂，其額尚全，古無兩人共立一碑，惟見於此。"《隸續》曰："碑有祭死者，及薛劉征討字，殆是紀述平寇之事，趙氏誤以爲墓刻，故云'古無兩人共立一碑'者，又以劉君爲成平侯相，詳其額初無相字，蓋王子侯也。"

碑首橫書：蜀郡屬國明府潁川陽翟辛君字通達，卿犍爲李君字仲曾，□□□。見前。

前一碑趙以爲墓碑，洪以爲紀軍功碑，未知孰是。後一碑則造橋碑也，故墓碑、廟碑碑額中，不載此例，然其爲兩人共碑無疑也，因特標爲例。

一碑載兩人碑詞例

《張公神碑》"惟和平元年正月，□□朝歌長鄭彬造，闕。張公建闕。良闕。之山，運置綦陽，刊鑿琢磨，立左右闕，表神道。闕。豎碑廟堂之前，到五月□□乃成，長□□之銘勒神懿，光祕後昆，其辭曰：於穆張公，含和泰清"云云，"監黎陽營謁者李君畏敬公靈好鄭長文，徹奉佐工，悃愊殷勤，闕。吏□□□熹且惶，作歌九章，達李君闕。頌公德芳，其辭曰：綦水湯湯揚清波"云云。《隸釋》。

《隸釋》曰："朝歌長鄭郴，爲張公建闕作碑，銘勒神懿，監黎陽營謁者李君好鄭之文，既徹俸佐工，又作歌九章，刻之石。案，碑文'吏'字下云'作歌九章達李君'云云，當是李君屬吏所作，洪氏謂李君自作，非。

案，墓碑亦有此例，《水經注·清水篇》："西鄂縣南，有張平子墓碑，文是崔瑗之辭，盛宏之，郭仲產，并云夏侯孝若薄其文，復刊碑陰爲銘。"然碑陰二銘，乃是崔子玉及陳翕耳，而非孝若，悉是隸，二首并存，以銘文不載，故不錄。

一碑載兩事例

《司隸校尉楊孟文石門頌》"故司隸校尉楊君，厥字孟文，廢子由斯，得其度經"云云，"至建和二年，漢中太守楗爲武楊王升，字稚紀，勒石頌德，以明厥勳"云云。碑末"王府君閔谷道□難，分置六部道橋，特遣行丞事西成輔服，字顯公，都督掾南鄭魏整，字伯玉；後遣趙誦，字公梁，案察中曹卓行，造作石積"云云。《隸釋》。

楊孟文通斜谷石門，王升立碑頌德，此一事。王升又造作石積，此又一事，當是立碑時撰文者附書於後。

前例《張公神碑》當入"廟碑例"，此碑當入"道路碑例"，而不入者，以其爲變例，且亦通例。

神位祚几刻石例

《四皓神位神祚几刻石四》《金石録》。《圈公神坐》《甪里先生神坐》《圈公神祚机》《綺里季神祚机》。《隸釋》。

當有八石,神坐、神祚几各四,趙氏洪氏祇得其四耳。《金石録》曰:"顏師古《匡謬正俗》引'圈稱':'《陳留風俗傳·自序》云:圈公之後,圈公爲秦博士,避地南山,漢祖聘之,不就。惠太子即位,以圈公爲司徒,自圈公至稱十一世。按,班固述四皓,但有園公,非圈公也。云當秦之時,避地入商洛深山,則不爲博士明矣。又漢初不置司徒,安得以圈公爲之乎?……稱之説實爲鄙野。……余嘗疑稱著書自述其世系,不應妄誕如此,及得《四皓刻石》,見其所書亦爲圈公,乃知稱所述,果非稱臆説。至謂圈公爲秦博士,及惠帝時拜司徒,疑無所據。'①"

神位栒桦刻石例

"五君栒桦""文大老君""西海君""東海君""真人君""仙人君"。《隸續》。

《隸續》曰:"《黄伯思詩》注:'宫中有方石,上列圓穴五,橢穴九,俗謂之九卵石。側各有題記曰:大老君、真人君、仙人君、東海君、西海君。字與漢人隸法同。其穴殊無刊刻之迹,乃漢世所作,以祠真仙。圓者代桦,橢者代栒,就石爲之,若窪尊之類。'"

墳壇石例

《墳壇刻石》,一云"上谷府卿墳壇",一云"祝其縣卿墳壇"。《金石録》。盧氏見曾曰:"謝本無'縣'字,此疑衍。"

《金石録》曰:"墳壇刻石二,皆居攝二年三月造。其曰墳壇者,古未有土木像,故爲壇祀之,兩漢時皆如此。"土木像兩漢已有,但非塑於墳壇。

---

① 見《匡謬正俗平議》卷八"圈稱"條。

趙氏所云，尚欠分別，《陔餘叢考》曰："《史記》：'帝乙爲偶人以象天神，與之博。'則殷時已開其端。《國語》：'范蠡去越，越王以金寫其形而祀之。'《國策》：'宋王偃鑄諸侯之象，使侍屏厠。'則幷有鑄金者。《孟子》有'作俑'之語，宋玉《招魂》亦云'像設'，魏文侯曰：'吾所學者乃土梗耳。'又《國策》秦王曰：'宋王無道，爲木人以象寡人，而射其面。'又孟嘗君將入秦，蘇代止之曰：'土偶與桃梗相遇。桃梗曰：子西岸之土也，挺子以爲人，歲八月雨降，則汝殘矣。土偶曰：吾西岸之土，土殘則復西岸耳。今子東國之桃梗也，削子以爲人，雨下水至，漂子而流，吾不知所稅駕也。'則泥塑木刻，戰國時皆已有之。又《韓非子》記桓赫削之道：'鼻莫如大，目莫如小。鼻大可小，小不可大也。目小可大，大不可更小也。'此又塑像之秘訣。至佛像，自漢武擊休屠，始得其祭天金人以歸。然則佛像本用金鑄，其後有用土木者，則轉從入中國後以中國之法爲之耳。"①

　　案，古人墳與墓別，稱墳不稱墓，稱墓不稱墳。《周禮·春官序·官冢人》注："冢，封土爲丘壟，象冢而爲之。"疏：其職云："以爵等爲丘封之度。"注云："王公曰丘，諸臣曰封。"此云丘不言封，亦有封可知，《禮記》云："適墓不登壟，聚土爲壟，故兼云壟。"《禮記》云："古者墓而不墳，又有墳稱。"《爾雅》："山頂曰冢。"故云"象冢而爲之"。案，此則冢也、丘也、封也、壟也、墳也一也，冢如山頂，丘如山封，壟皆聚土，墳亦大防之名，《詩》"汝墳"，《爾雅》"河墳"是也。《冢人》疏引《春秋緯》云："天子墳高三仞，諸侯半之，大夫八尺，士四尺，庶人無墳。"此墳之制也。若然封與墳同，而《檀弓》注云："墓謂兆域，今之封塋也，土之高者曰墳，封又與墓同者，墓在塋域上，塋域亦封土爲之，故曰封塋，非墓名封也。"又《序官》"墓大夫"注："墓，冢塋之地，孝子所思慕之處。"疏："其職云：掌凡邦墓之地域，令國民族葬，是掌萬民之墓地也。"不云冢云墓者，《禮記》云："庶人不封不樹，故不言冢而云墓。"據此則士以上稱墳，庶人稱墓，周制也。自漢以來，有墳無墓，《周禮·冢人》注："漢律曰：'列侯墳高四丈，關內侯以下至庶人各有差是也'，因以墳統名墓。"漢以後史傳所載，諸墓皆墳也。金石書所載諸墓碑，皆墳碑也。而以墓旁封土之壇別名墳，《水經注·滍水篇》："漢安邑長尹儉墓東冢西有石廟。"又《淯水篇》"張平子墓東側墳有張平子碑"是也。《水經注·清水篇》："獲嘉縣故城西，有漢桂陽太守趙越墓，冢北有碑。"《睢水篇》："睢陽城北五六里，得漢太尉橋玄墓，冢東有廟。"墓與冢并言，冢即墳壇也。《從事武梁碑》云"前設壇墠後建祠堂"是也。墓碑立於墓前，壇碑立於墳上，《張平子墓碑》立於壇上，蓋壇無別碑，因以墓碑樹之，然墓與壇自是二處。其稱卿者，《隸釋》曰："卿者，應劭所云'大

---

　　① 見《陔餘叢考》卷三二"塑像"條。

縣有丞、左右尉'，所謂命卿三人，乃上谷府丞祝其丞也。"又曰："隸刻有《武開明碑》，終於吳郡府丞；其《子榮碑》，書吳郡府卿，漢人蓋稱其丞爲卿。"案，《隸釋·蜀郡屬國辛李二君造橋碑》："蜀郡屬國明府潁川陽翟辛君，字通達；卿掾爲李君，字仲曾。"《廣漢太守沈子琚綿竹江堰碑》："縣丞掾爲屬國王卿諱□字季河。"《隸續·南安長王君平鄉道碑》："丞汁邡王卿、尉緜竹楊卿。"是丞、尉皆稱卿。

廟壇石例

《陳仲弓壇碑額》題："故太丘長潁川陳君壇。"《金石録》。《隸釋》曰："篆額'潁'下闕二字，本傳云：'潁川許人。'此額所闕者，'潁'下是'川'，又一字當是'許'。額題郡邑，猶"《劉曜》'東平無鹽'"①之比。"碑文"君諱寔，字仲躬"云云。《隸釋》。

《隸釋》曰："壇，廟中之壇。段光爲孫叔敖立廟作碑，其文云'興祀立壇'是也。"蔡中郎凡作陳君三碑，其第一碑云："許令以下，至於國人，立廟舊邑。"則知太邱有此碑勒。

案，周制有廟壇，無墳壇。《祭法》曰："天下有王，分地建國，置都立邑，設廟祧壇墠而祭之。"又曰："去祧爲壇，去壇爲墠。"注："封土曰壇，除地曰墠。"《書》曰："三壇同墠。"徐君鼎②曰："馬融《書》注云：'壇，土堂。'蔡邕《獨斷》云：'壇謂築土起堂，墠謂築土而無屋者也。'與鄭注'封土除地'義别。《説文》：'壇，祭場也。場，祭神道也。'不云有屋。《説文》又云：'墠，野土也。'《詩》：'東門之墠。'毛傳：'墠除地町，町者不聞築高。'鄭注爲長。"據此知壇在廟中，其碑有額有詞，與墓碑廟碑例同。若墳壇用二石，分書官爵，則用墓闕例，與此異。《後漢書·光武紀》："於是命有司設壇場於鄗南千秋亭五成陌，即皇帝位。"李賢注："《水經注》曰：'亭有石壇，壇有圭頭碑，其陰云：常山相隴西狄道馮龍所造。'"碑文未載，無以知其體例，附注於此。

----
① 《光禄勳劉曜碑》碑額題"漢故光禄勳東平無鹽劉府君之碑"，見"碑額標郡邑名例"。
② 徐鼎，生卒年不詳，清江蘇吳縣人，字峙東，號雪樵。撰有《毛詩名物圖説》《霱雲館詩文集》。

【校勘記】

［1］漢末多士：原作"漢末名士居",據《水經注》改。
［2］元年：原作"九年",據《水經注》改。

漢石例卷六

總　例
碑文隔圈例

《嵩嶽太室石闕銘》"○惟中□□"云云，"○潁川太守京兆杜陵朱寵"云云。《金石萃編》。

《兩漢金石記》曰："前銘句。後繫官名，各以一圈標置於首，亦金石文所罕見。"

碑文空字例

《樊安碑》"詔"下空二字，書年月。《隸續·碑式》。

《侯成碑》"銘"後空五字，書夫人卒。同上。

《開母廟石闕銘》"重曰"空二字。《金石萃編》。

空字書年月者，別異於碑文也；空字書夫人者，附錄也；空字書重曰者，斷章也。據《隸續》漢碑皆有穿，穿處皆空字，此不在空字之例。《隸續》又言："《郭究碑》銘詞'規步履方'之上，虛一字；……《毄阮神碑》末行空九字，有一人題名，又空三字；……《楊厥碑》厥當作渙。'高祖受命'，垂筆甚長，所侵兩字許，又空兩字，方書其下一句；……《雍勸闕銘》第一重首行及第四五行七字，餘皆虛其下一字。"①案，《楊厥碑》"命"字垂筆侵兩字，故復空兩字，句皆四言，使之相齊。《雍勸闕銘》三行七字，餘行皆虛一字，則句有短長，字有多寡，不能盡一故也。

---

①　見《隸續》卷七"碑式"。

其餘無故空字，意如《隸續》所載《周憬碑陰》空行以避石之裂路耶？

碑文出格例

《孔廟卒史孔龢碑》"制曰可"，高出一字。《隸續·碑式》。下同。

《袁逢修華山廟碑》"高祖太宗孝武仲宗"，并別行，高出一字。《樊敏修華廟碑》"高祖應道"，出碑一字，與此同。

《華山亭碑》"皇帝永思"，高出一字。《謁者景君碑》"皇帝賻"高出三字，後世三擡頭，其始於此邪？

《曹騰碑》"皇太后及先帝"，高出一字。

《韓勑後碑》"皇漢"，高出一字。

《劉寬碑》"天子閔悼"，高出一字。

案，碑文推尊本朝，以明臣子之敬，其高出碑文宜也。《隸續》載《韓勑前碑》"皇戲統華胥"高出一字，"皇戲"即伏羲，此猶爲尊敬古皇之義。錢氏《金石文跋尾》云："自'皇戲統華胥'而下五十二句，句皆四言，獨皇戲句五言，而皇字特跳上一格書之，殊不可解，竊意此字後人妄加。"[①]王氏懷祖《漢隸拾遺》云："錢說是也。原碑'皇'字出格，至《隸釋》則與各行平列矣，《兩漢金石記》乃謂：'皇字筆法，與前後正合，非後人妄加。'則是不論行之高下，句之短長，而但以其筆法相似，遂定爲真迹。獨不思此碑'皇'字凡四見，後人固能依放爲之乎？"[②]案，錢氏、王氏并以皇字爲疑，此不知尊敬古皇特跳一格之例。《孫叔敖碑》最後一行書年月高出一字，則非禮之敬矣。至於《楊震碑陰》，復姓者十二人，惟公玉子舉、上官祖、信成君嚴、三川宣□四人，各高出其列一字；《楊著碑陰》，復姓者五人，獨相里文調高出一字，右三人，沛君生亦高出一字，此何説也？《桐柏廟碑》末，有兩行題侍祠官屬，以"春秋"二字各題本行之上，并屬不經，故悉不錄。

碑文提行例

《楊厥碑》："厥"當作"渙"。"高祖受命"平闕。《隸續》。下及注同。

[①] 見《潛研堂金石文跋尾》卷一《漢·元·韓勑造孔廟禮器碑》。
[②] 見《讀書雜志·漢隸拾遺》"魯相韓勑造孔廟禮器碑"條。

右推尊本朝，提行以見敬。《楊統碑》"孝順皇帝"、《老子銘》"皇上"、《曹騰碑陰》"制曰"、《蔡湛碑》"聖朝"、《史晨饗孔廟碑》"朝廷"等字皆提行是也。凡碑文別有提行，如遇皇帝、制、詔等字，當出格以明臣子之恭，《韓勑後碑》"皇漢"高出一字，《孔聖平闕》"尊君敬師"二者交盡是也。許君宗寅曰："《魯峻碑》'事帝則忠'，帝字提行，亦尊君之義。"①如別無提行，即以提行爲推尊之義，不定出格。《揅經室三集》"釋宋戴公戈文"云："戈之內有字二行，一字曰'朝'，次行八字曰'王商戴公歸之造□'。"②按，王字提行，推尊本朝也，此制周已然。

　　《華山亭碑》"西嶽至尊"平闕。

　　右提行以尊神。《孫叔敖廟碑陰》"相君有三嗣"平闕，亦尊神之義。

　　《韓勑後碑》"孔聖"平闕。

　　右提行以尊聖。《史晨饗孔廟碑》"昔在仲尼"別作行，此斷章，非尊聖。

　　《山陽太守祝睦後碑》"祝君"平闕。此墓碑也。《戚伯著碑》前五行叙其先世，至稱伯著則別行；《綏民校尉熊君碑》銘後追叙君兮別作行；《馮緄碑》"將軍體清守約將軍"平闕，例略同。若《北海相景君碑》，屢稱明府，獨"伏惟明府"一句，"明府"字平闕，不可解。

　　《李翕郙閣頌》"太守漢陽李"平闕。此德政碑也。《校官碑》"溧陽長潘君"別作行，《廣漢長王君平闕》例略同。若《袁逢修華山廟碑》"袁府君"及"京兆尹"皆平闕，《帝堯碑》"故濟陰太守"平闕，此推尊祭廟修廟之官，用德政碑例也。

　　右提行以尊所敬。

　　《孔廟卒史孔龢碑》"贊曰"平闕。

　　右斷章提行。《北海相景君碑》"亂曰"、《楊涣碑》"序曰"、《李翊夫人碑》"歎曰"，并提行。又《李翕郙閣頌》，頌後又有詩，并別行。

　　《孔廟卒史孔龢碑》"兩元嘉三年及永興元年"，皆平闕，"司徒司

---

① 《語石》卷九："關中新出龍朔二年《張周醜等造像記》，'上爲皇帝陛下'，以'皇'字接上'爲'字寫，而以'帝'字提行擡寫，亦所僅見。"

② 見《揅經室三集》卷三"釋宋戴公戈文"條。

空府",亦平闕。

右案牘提行。《史晨饗孔廟碑》兩"尚書"字平闕,例略同。

《陔餘叢考》曰:"凡奏事,遇至尊必高其字於衆行之上,蓋自古已然。《魏志·景元元年》:'詔尊崇燕王之禮,凡奏事上書稱燕王者,皆上平。'可見古時凡稱君上,高出本文之上,今日上平,蓋另行起而與本文相平,以殺於天子之式爾。"①案,高出本文即出格另行,起而上平即提行。

碑文空行例

《度尚碑》文十五行,空三行,刻立碑年月。《隸續》。下及注同。

右碑文已了,空行書年月。《帝堯碑》《逢童子碑》,空一行,書年月,例同。

《綏民校尉熊君碑》文十七行,財及碑之半,其後空數行,書文春事,又空一行,書杜暉事,末行書年月及碑師姓名,與杜暉相隔亦數行。

右碑文附載二人事如史之附傳故空行以別之。

《馮緄碑》文十四行,後空三行,書威宗得謚之因。

右碑文附載他事,亦空行別之。

《羊竇道碑》前有文六行,空一行;後有文九行,崖石有裂路,文避石裂,故字數不等。

右空行避裂路。《蔡湛碑》文十三行,空一行,方刻銘,又空一行,低二十三字,刻年月,續書除并州事。《周憬碑陰》上一列二十三人,下一列前空七行,所題者八人,又空六行,刻工師姓名,其亦石有瘢瑕與?

碑文低行例

《劉寬碑》末行低數字,書門生商苞等姓名。《隸續》。下及注同。

---

① 見《陔餘叢考》卷二六"奏本抬頭"條。

《楊渙碑》文，後一行低二字，書趙邵等三人姓名；末行低七字，書魏伯玉徙官。

《李翕西狹頌》末有小字題名二行，低四字許。

《廣漢長王君碑》末行低四字，書立石人名。

低行有二義，一以見碑文已了，一以見卑者賤者當謙下。若《蔡湛碑》低二十三字刻年月，《度尚碑》低十三字刻年月，《逢童子碑》低二十許字刻年月，字少不滿行故也，不在低行之例。

重字旁注二字例

《司隸校尉楊孟文石門頌》："清涼調和，蒸ニ艾寧。"又："君德明ニ，炳煥彌光。"又："無偏蕩ニ，真雅以方。"又："垂流億載，世ニ嘆誦。"又："勤ニ竭誠，榮名休麗。"《隸釋》。下同。《石門頌》又曰："中遭元二，西夷虐殘。"《隸釋》曰："《鄧騭傳》'元二之災'注云：'元二，即元元也。'古書字當再讀者，即於上字之下爲小二字，言此字當兩度言之，後人不曉，遂讀爲元二，或全之陽九，或附之百六，良由不悟，致斯乖舛。《岐州石鼓銘》：'凡重言者皆爲二字明驗也。'趙氏云：'此碑有曰：中遭元二，西戎虐殘，橋梁斷絕。若讀爲元元，不成文理，疑當時自有此語。漢注未必然。'予按，漢刻如《北海相景君》及《李翊夫人碑》，凡重文皆以小二字贅其下，此碑有烝烝、明明、蕩蕩、世世、勤勤，亦不再出上一字，然非若元元遂書爲大二字也。又《孔耽碑》云：'遭元二轗軻，人民相食。'若作元元，下文不應又言人民，漢注之非，明矣。王充《論衡》云：'今上嗣位，元二之間，嘉德布流；三年，零陵生芝草五本；四年，甘露降五縣；五年，芝復生；六年，黃龍見大小凡八。'《章帝紀》所書，建初三年以後，龍芝甘露之瑞皆同，則《論衡》所云'元二'者，蓋謂即位之元年、二年也。《鄧君傳》云：'永初元年，夏凉部叛羌搖蕩西州。'《帝紀》：'班師在二年十一月。'則此傳所云元二者，亦謂元年二年也。"案，《隸釋》考證甚精確，恐後人仍以爲重字，故附錄其說。

《北海相景君銘》："元ニ鰥寡，蒙祐以寧。"又："再命虎將，綏元ニ兮。"

《李翊夫人碑》："疇匹號兮鳴㗊ニ。"又："魂魄孤兮獨煢ニ。"又："嗟日遝兮適齐窅ニ。"

重句旁注二點例

《故民吳仲山碑》：奈何〃。《隸釋》。

鐘鼎文，凡子子孫孫疊字，或作二點，或旁注小二字，見《博古圖》諸書，文多不錄。《陔餘叢考》曰："凡重字，下者可作二畫，始於石鼓文重字皆二畫也，後人襲之，因作二點，今并有作一點者。"[①] 孔氏廣森《經學卮言》："《召南》：'委蛇委蛇。'釋文云：'沈讀作委委蛇蛇。'案，古書遇重讀者，每於各字下疊小二。《石鼓文》：'君子員獵員獵員斿。'即書作'君子員二獵二員斿'，《宋書·樂志》載諸樂府辭皆如是。若《秋胡行》云：'願二登二泰二華二山二神二人二共二遂二游二。'乃重讀'原登泰華山，神人共遂游'二句也，此詩舊本，似亦作'委二蛇二'，故沈重誤讀耳。"案，作二點始見於秦刻，《揅經室三集·秦琅邪臺石刻拓本跋》云："碑所存者，首行'五夫二'三字，二行'五夫二楊樛'五字，十行'史夫二臣德昧死言臣'九字是也。"

銘詞稱詞例

《元儒先生婁壽碑》"詞曰：皇矣先生，懷德惟明"云云。《隸釋》。
《綏民校尉熊君碑》"詞曰：赫赫熊君，遷基□字"云云。同上。
《司徒掾梁休碑》"詞曰：□□文允垂棘"云云。《隸續》。

銘詞稱詞，常例也，然各碑皆作辭。《說文》："詞，意內而言外也。"《釋名》："詞，嗣也。今撰善言相續嗣也。"是詞爲正字，辭爲假借。爰錄三碑以示例焉。

銘詞稱銘例

《司隸校尉魯峻碑》"銘曰：巖巖山岳，礑落彰較"云云。《隸釋》。
恭冕曰："較與皎同。《廣雅》：'較，明也。'"
《封邱令王元賓碑》"銘曰：於穆王君，穹天生德"云云。《隸續》。
銘義見"墓碑例"。

銘詞稱誄例

《北海相景君銘》"誄曰：伏惟明府，受質自天"云云。《隸釋》。

---

① 見《陔餘叢考》卷二二"重字二點"條。

誄義見"德政碑例"。

銘詞稱歎例

《李翊夫人碑》"歎曰：陰陽分兮鐘律滋，星月列兮有四時"云云。《隸釋》。

《說文》："嘆，吞歎也。一曰：太息也。歎，吟也。"段氏注曰："嘆、歎二字，今人通用，毛詩中兩體錯出，依說文則義異。歎近於喜，嘆近於哀，故嘆訓吞歎，吞其歎而不能發。太息別一義，與'喟'義同。"《樂記》："一唱而三歎，有遺音者矣。"又云："長言之不足，故嗟歎之；嗟歎之不足，故不知手之舞之足之蹈之。"《論語》"喟然歎曰"，皆是"歎"字。《檀弓》曰："戚斯嘆，嘆斯擗。"《詩》云："而無永嘆，嘅其嘆矣，愾我寤嘆。"皆是"嘆"字。案，"嘆""歎"對文則別，如《說文》及段氏所引是也；散文則通，如此碑及《祝長嚴訢碑》見卷一"碑文首用伊歎例"。是也。劉向《九歎》序云："歎者，傷也，息也。言屈原放在山澤，猶傷念君，歎息無已。"此"歎"可通"嘆"之證。

銘詞稱頌例

《文烈侯楊公碑》"頌曰：巍巍聖猷，匪師不昭"云云。《蔡中郎集》。

此墓碑也。《中郎集·劉鎮南碑》《交阯都尉胡夫人黃氏神誥》《太傅胡公夫人靈表》，《隸釋·冀州刺史王純碑》《幽州刺史朱龜碑》《益州太守高頤碑》，《隸續·成皋令任伯嗣碑》，并稱頌。

《東海廟碑》"頌曰：浩浩倉海，百川之宗"云云。《隸釋》。

此廟碑也。《隸釋·三公山碑》《梁相孔耽神祠碑》，并稱頌。

《李翕析里橋郙閣頌》"頌曰：□□□□降茲惠君"云云。同上。

此德政碑也。"頌"義見"墓碑例"。

叙文亦稱頌，《山陽太守祝睦後碑》是。頌曰："伊余祝君，兆自黎辛。"又曰"鄭有祝聃者，君其胤也"云云。《隸釋》。不別為例。

銘詞稱讚例

《孔廟置百石孔龢碑》："贊曰：巍巍大聖，赫赫彌章。"《隸釋》。

讚義見"墓碑例"。

銘詞稱敘例

《溧陽長潘乾校官碑》"敘曰：翼翼聖慈，惠我黎蒸"云云。《隸釋》。

敘義見"德政碑例"。

銘用三言例

《國三老袁良碑》"飛清邈，紛其厲"云云。《隸釋》。下同。

《山陽太守祝睦碑》"懿我君，國之光"云云。後碑銘文亦三言。

《竹邑侯相張壽碑》"亮元德，於我君"云云。

《隸釋·郎中馬江碑》《北軍中侯郭仲奇碑》《圉令趙君碑》《相府小史夏堪碑》，《隸續·司徒掾梁休碑》《冀州從事郭君碑》，銘文并三言，不備錄。

銘用六言例

《太傅胡公夫人靈表》"頌曰：悲母氏之不永，懷殷恤以摧傷"云云。《蔡中郎集》。

銘用七言例

《張公神碑》"縈水湯湯揚清波，東疏□折□於河"云云。《隸釋》。下同。

此廟碑也，《梁相孔耽神祠頌》銘文亦七言，不具錄。

《桂陽太守周憬功勳銘》"乾坤剖兮建兩儀，剛柔分兮有險夷"云云。

此德政碑也。

《冀州從事張表碑》"於穆君兮焕流芳,闡洪軌兮休烈彰"云云。此墓碑也。李翊夫人碑,銘文亦七言見前。

銘用長短句例

《綏民校尉熊君碑》"追叙君兮懷純精,名稱於州里兮樞機發,動執忠貞兮溷亂而不惑"云云。《隸釋》。

《益州太守無名碑》"仲尼去魯兮君子失路,喪賢君兮與誰愬"云云。同上。

此用楚詞體也。有四言銘文,忽接入長短句者,《議郎胡公夫人哀贊》贊云:"愍予小子,凤雁孔難"云云,"疾大漸以危亟兮,精微微而浸衰"云云。《蔡中郎集》。《童幼胡根碑》碑云:"於惟仲原,應氣淑靈"云云,"惜繁華之方晔兮,望嚴霜而凋零"云云。同上。《李翕析里橋郙閣頌》,頌云:"□□□□降兹惠君"云云,"□□□□兮,川兑之間,高山崔巍兮,水流蕩蕩"云云。《隸釋》。其例同。

案,銘詞用四言,常例也。間有三言、六言、七言、長短句,爰著爲例。獨無五言,蓋五言似銘非銘,似詩非詩,故不用。《冀州從事張表碑》,皆四言韻語,末四句五言;《堂邑令費鳳碑》,誄後載施業咸忠竭力送終之事,皆五言;《費鳳別碑》,先叙世系歷官,繼以韻語六十句,其三句六言,餘皆五言,并見《隸釋》。非正例也,不錄。

銘詞分章例

《張公神碑》"作歌九章,頌公德芳,其辭曰:縈水湯湯揚清波"云云。見前。九章相接各空一字。

《酸棗令劉熊碑》"□詩三章,其辭曰:清和穆鑠,實惟乾坤"云云。《隸釋》。三章皆提行。

案,銘詞皆一章,如頌體,此則如風雅體,特著爲例。

銘後書亂曰例

《北海相景君銘》誄曰"伏惟明府,受質自天"云云。"亂曰:考積幽夕□□□兮"云云。《隸釋》。

此墓碑也。《巴郡太守樊敏碑》《益州太守無名碑》同。

《巴郡蜀國辛通達李仲曾造橋碑》辭曰"□□我邦乾坤垂極"云云。"亂曰：□□我君明且□兮"云云。同上。此營建碑。

《都鄉孝子嚴舉碑》頌曰"□□□□炎曜隆赫"云云。"亂曰：休哉休哉□□君□"云云。《隸續》。此旌表碑。

《國語》閔馬父曰："昔正考父校商之名頌十二篇於周太師，以那爲首。其輯之亂曰：'自古在昔，先民有作，溫恭朝夕，執事有恪。'"案，此則樂之卒章名亂，《史記·孔子世家》"關雎之亂以爲風始"是也。《關雎》《葛覃》《卷耳》《燕禮》《鄉飲酒禮》，合樂時，方歌此三章。於《樂》爲卒章，於《詩》爲首章，故云亂爲始。楚詞《離騷經》及《九章》中之《涉江》《哀郢》《抽思》《懷沙》四篇，篇末并有亂曰："宋玉以後，騷賦家競倣其體，延及漢末，碑刻亦然。"王氏逸注《離騷》曰："亂，理也。所以發理詞指，總撮其要也。屈原舒肆憤懣，極意陳詞，或去或留，文采紛華，然後結括一言，以明所趣之意也。"韋氏昭注《國語》曰："凡作篇章義既成，撮其大要，以爲亂辭。詩者歌也，所以節舞者也，如今三節舞矣，曲終乃更變章亂節，故謂之亂也。"

銘後書重曰例

洪氏興祖《楚詞·遠游篇》"重曰"補注："重，直用切。"

《開母廟石闕銘》"□□□□，□□百川"云云，以上銘文。"重曰：□□□□□，德洋溢而溥優"云云。《金石文字記》。

《楚詞·遠游》"重曰：春秋忽其不淹兮，奚久留此故居"云云，王氏注："憤懣未盡，復陳辭也。"洪氏《離騷經》補注："《離騷》有亂有重，亂者總理一賦之終；重者，情志未申，更作賦也。"《金石文字記》曰："石闕銘'重曰'二字，出《楚詞·遠游篇》①，所謂'言之不足而長言之

---

① 《楚辭集注》卷五《遠游第五》："重曰：春秋忽其不淹兮，奚久留此故居？"

也'①。井叔誤[1]以爲'重日'，而云是年月一行。按，此一行今存六字，'二年'之下，'重日'之上，空石未鐫，益明其非紀日矣。《漢書》班倢伃《自悼賦》、《文選》潘岳《寡婦賦》亦竝用'重日'二字。②"

銘後書叙曰例

《司隷校尉楊孟文石門頌》辭曰"君德明=，炳煥彌光"云云，"序曰明哉仁知，豫識難易"云云。《隷釋》。

銘詞稱"叙"已見前，此於銘後復稱"叙曰"者。孔子贊《易》，在本經之後，《詩》《書》序，《史記》《漢書》序傳，亦在全書之後，此用其例也。

案，銘後稱"亂"、稱"重"、稱"叙"，猶例之正也。《孝廉柳敏碑》"故孝廉柳君"云云，其體乃叙；厥辭曰"惟斯柳君"云云，其體乃銘；末用"嗚呼哀哉"二句，又似誄；辭曰"山陵元室□斯邦兮"云云，又似銘。文無定則，不可爲法。

國號上加大字例

《史晨饗孔廟後碑》："大漢延期，彌歷億萬。"《隷釋》。下同。

《綏民校尉熊君碑》："大漢龍興，□舉鄉□。"

《光禄勳劉曜碑》："天臨大漢，錫以明哲。"

《吉成候州輔碑》："大漢典制，有恩澤之封。"

司馬相如《封禪文》、揚雄《解嘲》《河東賦》、班固《兩都賦》、張衡《東京賦》、馬融《廣成頌》，稱大漢。又《漢書》賈讓奏言，見《溝洫志》。《淮南》王安上書，見本傳。《後漢書·和熹鄧皇后紀》，岑彭、耿弇、祭遵、耿純、竇憲、杜林、朱浮、張純、曹襃、鄭興、陳寵、班超、王符、張晧、蔡邕、左雄、李固、段熲、杜篤、謝夷吾諸傳，皆稱"大漢"。《西南夷傳》

---

① 《程氏經說》卷三《周南關雎》："詩者，言之述也。言之不足而長言之，詠歌之，所由興也。"

② 《漢書》卷九七下《外戚傳》："重曰：潛玄宮兮幽以清，應門閉兮禁闥扃。"《六臣注文選》卷一六《寡婦賦》："重曰：仰皇穹兮歎息，私自憐兮何極。"

載白狼王唐菆等詩，亦稱"大漢"，蓋夷夏通稱也。亦稱盛漢，見《後漢書·楊敞傳》。

國號上加皇字例

《韓勑修孔廟後碑》："皇漢帝元永壽三年。"《隸釋》。

皇之爲大，常訓也。班固《西都賦》："蓋聞皇漢之初經營也。""皇漢"即"大漢"。

國號上加聖字例

《桐柏廟碑》："位比諸侯，聖漢所尊。"《隸釋》。下同。

《太尉劉寬碑》："聖漢王侯繼次，有國有號。"

《太尉楊震碑》："聖漢龍興，楊熹佐命。"《趙相劉衡碑》亦云"聖漢龍興"。

《開母廟石闕銘》弟七行"□□□亨亨"上是"聖漢禋"三字，王氏懷祖曰："'聖漢'二字雖模糊而可辨，'禋'字左邊尚存，右邊'垔'字上半模糊，而下半分明，'亨'即'享'字。"

《漢書》賈捐之、陳湯、平當、楊雄、王莽，《後漢書》隗囂、桓譚、郎顗、班彪、陳寵、盧放諸傳，并稱"聖漢"。案，光武七年詔曰："其上書者不得言聖。"則"聖漢"乃漢人臨文之常言也，陳寵當章帝時上書已稱聖，蓋光武詔自是謙德，臣下上書稱聖，禮固應而。亦稱"聖朝"，《隸釋·樊毅復華下民租田口筭碑》："誠聖朝勞神日昃。"《槀長蔡湛頌》："聖朝明哲。"《冀州刺史王純碑》："聖朝嘉君。"《後漢書·朱云傳》稱"聖朝"。亦稱"聖帝"，《廣漢太守沈子琚綿竹江堰碑》"聖帝明明"是也。亦稱"聖上"，見《漢書·藝文志》。

國號上加神字例

《周府君碑額》："神漢桂陽太守周府君功勳之紀銘。"《隸釋》。

"神漢"猶"聖漢"。

書四時天名例

《文翁石柱記》："漢初平五年旻天季月。"《集古錄》。《隸釋》作《益州太守高朕修周公禮殿記》。《金石錄》云："今成都府學有漢時所建舊屋，柱皆正方，上狹下闊，此記在柱上刻之。"《隸釋》亦云："此記刻於東南之一柱，亦木而，歐陽氏以爲《文翁石柱記》者，誤。"

《爾雅》："秋爲旻天。"《毛詩·黍離》傳："仁覆閔下，則稱旻天。"然則"旻天"者，對春夏冬言，則爲秋天之名；散則天之通稱也。

書太歲例

《逢童碑》："歲在協洽。"其後題"光和四年四月五日，丁卯立"。《金石錄》。又《巴郡太守樊君碑》："歲在汁洽。"其後題"建安十年二月上旬造"，案，協、汁、給、洽古通。

《殷阮君神祠碑》："迄光和四年作詻之歲。"以"作噩"爲"作詻"，出《漢書·天文志》。《隸釋》。下同。

《桂陽太守周憬功勳銘》："於是熹平三年，歲在攝提。"

《堂邑令費鳳碑》："惟熹平六年，歲佫於大梡。"《隸續·冀州從事郭君碑》："君年卅一，以光和二年大荒軨紙月戊申晻昏而終。"案，光和二年歲癸丑，則"大荒軨"必非"大荒落"，"紙月"二字亦不可解，附志俟考。

右書歲名。

案，書歲名必繫以年代，或碑末補書年代，《隸釋》載《李翊夫人碑》曰："歲在大淵獻。"碑文既不繫年代，碑末又不補書年代，不可爲例。

《武氏石闕銘》："建和元年，太歲在丁亥。"《金石錄》。《隸釋·敦煌長史武斑碑》同。

《金鄉長候成碑》："建寧二年，歲在己酉。"又"夫人以延熹七年，歲在甲辰"云云。《隸釋》。下同。

《司隸從事郭究碑》："中平元年，歲在甲子。"

《綏民校尉熊君碑》："建安二十一年，太歲丙申。"

右書干支。《隸釋》載《戚伯著碑》云："歲在丁亥。"前後俱無年月，洪氏推較以爲建武或章和。案，碑後闕文，其有年月與否，無以明之，若本無年月，則亦撰文者不知體例故也。

《日知錄》曰："甲至癸爲十日，日爲陽，寅至丑爲十二辰，辰爲陰。此二十二名，古人用以紀日，不以紀歲。歲則自有閼逢至昭陽十名爲歲陽，攝提格至赤奮若十二名爲歲名。後人謂甲子歲、癸亥歲，非古也。自漢以前，初不假借。《史記·曆書》：'太初元年，年名焉即闕字。逢攝提格。月名畢聚。日得甲子。'夜半、朔旦、冬至。其辨晰如此。若《呂氏春秋·序意篇》：'維秦八年，歲在涒灘，秋甲子朔。'賈誼《鵩賦》：'單閼之歲兮，四月孟夏。庚子日斜兮，鵩集予舍。'許氏《説文》後叙：'粤在永元困頓之年，孟陬之月，朔日甲子。'亦皆用歲陽歲名，不與日同之證。《漢書·郊祀歌》：'天馬徠，執徐時。'謂武帝太初四年，歲在庚辰，兵誅大宛也。"又曰："歲之稱甲子也，借也。自亡新始也。王莽下書言始建國五年，歲在壽星，填在明堂，倉龍癸酉，德在中宮。又言天鳳七年，歲在大梁，龍集庚辰。厥明年，歲在實沈，倉龍辛巳。《隋書·律曆志》：'王莽《銅權銘》曰：歲在大梁，龍集戊辰。'又曰：'龍在己巳，歲次實沈'是也。自此《後漢書·張純傳》言'攝提之歲，蒼龍甲寅'，《朱穆傳》言'明年丁亥之歲'，荀悦《漢紀》言'漢元年，實乙未'也，《曹娥碑》亦云'元嘉元年，青龍在辛卯'，《蜀郡造橋碑》云：'維延熹龍在甲辰'，而張角訛言'蒼天已死，黄天當立，歲在甲子，天下大吉'，以白土書京城寺門及州郡官府，皆作"甲子"字矣。"①案，顧氏謂干支紀年，始於亡新，非也。

王氏予中②《白田草堂存稿》曰："《書》《詩》《春秋傳》《國語》《戰國策》，其紀年雖不以甲子，而亦無有以閼逢攝提格爲歲名者，惟《呂氏春秋》有'歲在涒灘'，賈誼《鵩賦》有'單閼之歲'之語，疑出於戰國時

---

① 見《日知錄》卷二〇"古人不以甲字名歲"條。
② 王懋竑(1668—1741)，字子中(一作與中)，號白田。江蘇寶應縣人。著有《白田草堂存稿》二十四卷，《四庫總目》及《朱子文集注》《朱子語録注》《讀經記疑》《讀史記疑》等。

星家別爲之名,故《史記·曆書》以是紀年,而他紀傳則略無所見。《甲子曆術篇》與《天官書》亦有不同,而《漢志》中書亦小異,則《爾雅》所云,已不盡可據,況爾雅博士,立於王莽時,王莽最爲慕古,而其下書云癸酉、云庚辰、云辛巳,不以歲陽歲名,則可知古之不以歲陽歲名紀歲也。《索隱》謂《爾雅》近代之作,故與《史》《漢志》有不同者,則不知古人紀歲,從《爾雅》所云乎?抑從《史》《漢志》乎?《爾雅》亦有月陽月名,《史·曆書》歲名'閼逢攝提格',月名'畢聚',固一例也,可謂古人以月陽月名紀月乎?古人簡質,紀年但以一二數,而不及甲子,且《爾雅》云:'太歲在甲曰閼逢,太歲在寅曰攝提格。'則是先有甲子乙丑,而後別爲之名,不知古人何以支贅若此乎?以顧氏之博學,而所引據止《呂氏春秋》、賈誼《賦》及許叔重《說文》後叙,亦可知前之一無所據矣。又《黃帝素問》亦戰國之書,其論運氣,則以甲子紀年,不以歲陽歲名,蓋不可以一二數,故變而從甲子,則固不始於王莽也。而謂古人必以歲陽歲名紀年,豈其然乎?"①案,王氏謂干支紀年不始於莽,是也。至於月名紀月,古人有之,《國語》:"至於元月。"《隸釋·益州太守城垻碑》"至於元月"本此。是春秋時以月名紀月也。《楚詞·離騷》云:"攝提貞於孟陬兮",是戰國時以歲名月名紀月也。歲陽歲名,月陽月名,當是一時所制,後人紀歲,或用歲名,或用干支,初無定例。《淮南子·天文訓》云:"攝提格之歲、單閼之歲、執徐之歲、大荒落之歲、敦牂之歲、協洽之歲、涒灘之歲、作鄂之歲、掩茂之歲、大淵獻之歲、困敦之歲、赤奮若之歲,此以歲名紀年也。"又云:"淮南元年冬,太一在丙子。"錢氏塘補注:"武帝太初元年,太歲在丙子,淮南王安,以文帝十六年自阜陵侯進封,是年下距太初元年六十算,則太歲亦在丙子矣,名太一爲太歲,從其本名,太一在丙子,即閼逢攝提格之歲。"又云:"太陰元始,建於甲寅。"錢氏補注:"此太陰在閼逢攝提格之歲,非

---

① 《白田草堂存稿》此處引文前有一句:"《日知錄》謂古人不以甲子紀歲,但以紀日,其説不然。"

太歲也,此太陰紀年之義。"錢氏以"太歲""太陰"爲二,與《廣雅》異,而干支紀年無異説。此以干支紀年也。

《陔餘叢考》曰:"《爾雅》:'太歲在甲曰閼逢,乙曰旃蒙,在寅曰攝提格,卯曰單閼。'雖有閼逢等名,而曰在甲在乙,是未嘗不以紀歲。"又曰:"《律曆志》有'太歲在子,太歲在丑'之文,則以之紀歲矣。建子建丑建寅之異其朔,則以之紀月矣,《漢書・五行志》有'日加巳,日加未'之語,則以之紀時矣。此皆在新莽以前,不得謂自莽始也。蓋干支之義,所該者廣。甲子與攝提格之類,字雖異而義本同。古人恐年月日時易混,故分別紀之,其實一也。"①邵氏晉涵《爾雅正義》曰:"《爾雅》所釋歲名,即《春官・馮相氏》'掌十有二歲'之位也,十二歲爲一終,合歲陽於歲名,終十二歲者五,積歲六十,是謂一周。《爾雅》所謂月名,即《馮相氏》所掌'十有二月'之位也,合月陽於月名,亦六十而一周。至於自甲至癸,《馮相氏》所掌'十日之位'也。自寅至丑,《馮相氏》所掌'十有二辰'之位也,十日十二辰,數窮六十。周則更始,六六相乘,準以叙歲。古者紀歲紀月,各有定名,所以驗天行之轉也,故歲陽歲名月陽月名次之。

書倉龍例

《韓明府修孔子廟禮器碑》:"永壽二年,青龍在涒灘。"《集古録》。

《外黄令高彪碑》:"光和七年,龍在困敦。"碑末:"惟中平二年,龍旂奮若。"《隸釋》。

《山陽麟鳳瑞像碑》:"漢盛德中興,即政二年,辛酉之蔀,首歷六十,潾青龍,起蟬嫣。"《爾雅》注:"'單閼'音'丹遏',一音'嬋嫣'。"永建二年,歲在丁卯,故此碑用"蟬嫣"字,"蟬"與"嬋"同。《隸續》。

右書歲名。

《曹娥碑》:"以漢安迄於元嘉元年,青龍在辛卯。"《古文苑》。

---

① 見《陔餘叢考》卷三四"干支"條。

《文翁石柱記》:"漢初平五年,倉龍甲戌。"顏有意[1]謂獻帝無初平五年,當是興平元年。蓋時天下喪亂,西蜀僻遠,年號不通,故仍稱舊號也。今檢范氏《漢書·本紀》,初平五年正月改爲興平。顏說是也。[2]《集古錄》。

《荆州刺史度尚碑》:"永康元年,龍集丁未。"《隸釋》。

《蜀郡屬國辛通達李仲曾造橋碑》:"惟延熹龍在甲辰。"同上。

右書干支。

倉龍即太歲,《廣雅·釋天》:"青龍、天一、太陰,太歲也。"王氏疏證曰:"《爾雅》:'太歲在寅曰攝提格。'"《淮南子·天文訓》:"太陰在寅,歲名曰攝提格。"《開元占經·歲星占》篇引許慎注云:"太陰,謂太歲也。"《天文訓》又云:"天神之貴者,莫貴於青龍,或曰天一,或曰太陰。"《太平御覽》引《尚書考靈耀》:"青龍甲寅,攝提格孳。"鄭注云:"青龍,歲也,歲即太歲。"《周官·保章氏》:"十有二歲之相。"鄭注云:"歲謂太歲,歲星爲陽,右行於天。太歲爲陰,左行於地,十二歲而小周是也。"或曰攝提。《開元占經·歲星占》引甘氏云"攝提格之歲,攝提在寅,歲星在丑"是也。青龍或曰倉龍。《漢書·王莽傳》:"歲在壽星,倉龍癸酉。"服虔注云:"倉龍,太歲是也。"太陰或曰歲陰。《史記·天官書》云"攝提格歲,歲陰左行在寅,歲星右轉居丑"是也。

錢氏《淮南子天文訓補注》[3]云:"青龍、天一、太陰,皆謂陰德也。入卯宮,故曰青龍,此青龍非太歲。[2]"又云:"《周禮·保章氏》注:'歲星爲陽,右行爲天;太歲爲陰,左行於地;十二歲而小周。'鄭所謂陰,

---

[1] 顏有意,唐琅琊臨沂人。顏真卿《顏氏家廟碑》謂有意官至刺史。《金石錄》載,唐《益州學館廟堂記》,永徽元年(650)成都縣令顏有意正書。

[2] 《歐陽修集編年箋注》卷一三六《集古錄跋尾》卷二《後漢文翁石柱記》:"據顏有意《益州學館廟堂記》云:按《華陽國志》,文翁爲蜀郡守,造講堂,作石室,一名玉堂。安帝永初間,烈火爲灾,堂及寺舍并皆焚燎,惟石室獨存。至獻帝興平元年,太守高朕於玉堂東復造一石室,爲周公禮殿。有意又謂獻帝無初平五年,當是興平元年。蓋時天下喪亂,西蜀僻遠,年號不通,故仍稱舊號也。今檢范氏《漢書》本紀,初平五年正月改爲興平,顏說是也。治平元年六月十三書。"

[3] 錢塘(1735—1790),字學淵,清嘉定人。著《律吕古義》六卷、《史記三書釋疑》三卷、《泮宫雅樂釋律》四卷、《説文聲系》二十卷、《淮南天文訓補注》三卷、《述古編》四卷。

據太歲對歲星言之，尚非謂歲陰即太歲。歲星行有左右，則與斗建日躔無異。故《樂説》云：'歲星與日常應太歲月建，以見謂歲星與日同次之月，其斗所建之辰，常有太歲也。'古人視歲星以知太歲，因以太歲名年，《爾雅》'太歲在甲曰閼逢，在寅曰攝提格'是也。至西漢時，復因太歲而知歲陰。命其時所謂顓頊曆上元爲太歲甲寅，推前三百三十八算而得太陰甲寅，於六十干支後三十八算，於十二辰則後二算，必三百三十八算者，略以五星通率推得之，其氣朔則正月朔旦啓蟄也。故《天官書》曰：'攝提格歲，歲陰左行在寅，歲星右轉居丑。'丑爲星紀，日月五星於是始，故治曆者必用此爲十二次之首，即以爲歲陰在攝提格之歲。其太歲則在子，是以孝武太初元年太歲在丙子，而詔以爲復得焉逢攝提格之歲，蓋用歲陰名也。小司馬不知其義，謂《史》《漢》曆法不同，誤矣。歲星在丑，歲陰在寅，則歲星在子。歲陰在卯，歲星在酉，歲陰在午可知。由是一左一右，周行十三辰。《淮南》由太陰以推歲星，義正同也。"案，錢氏辯論，本於錢氏大昕《潛研堂集》，而高郵王文簡《經義述聞·太歲考》以太歲、太陰、天一、攝提、青龍爲一，其説甚核，俟更詳之。

書星次例

《樊毅修華嶽廟碑》："惟光和元年歲在戊午，名曰咸池。"《集古録》。《隸釋》《古文苑》作"西嶽華山亭碑"，《古文苑》"戊午"作"戊子"。

《隸釋》曰："《淮南子》論天之四宫曰：'咸池者水魚之囿。'《天官書》云：'西宮咸池，曰天五潢。奎、婁、胃、昴、畢、觜、參居之。敦牂歲星，以五月與胃、昴、畢晨出東方，名曰天津。'蓋三宿在西宫之中，而歲星以午年舍其分，故以咸池爲名。所云天津者，亦取五潢之意。《淮南》又以斗杓爲小歲，咸池爲大歲，而謂其每歲自卯逆行四仲，即陰陽家所推以忌乘舩者是也。許祭酒注云：'咸池，星名。水魚，天神。'蓋經星隨璇璣之運不可離，其次者周流四仲，當是其神而，故《晉志》又曰：'咸池，魚囿也。'"案，《晉書·志天文上》云：

"五車五星三柱九星在畢北,其中五星曰天潢,天潢南三星曰咸池魚囿也。"《隋書·志天文上》略同。又云:"咸池明有龍墮死猛獸及狼害人若兵起。"《淮南·天文訓》曰:"正月建寅,月從左行十二辰,咸池爲太歲。二月建卯,月從右行四仲,終而復始。"錢氏補注曰:"《淮南》有兩太歲,此太歲非太一也。或説太當爲大,然義則同。咸池直參,參主斬伐,咸池在其上,故不可向。太史公曰:'西宮咸池,猶言西宮白虎也。'"《唐會要》載:"九宮貴神:天蓬星太乙坎水白,天丙星攝提坤土黑,天衝星軒轅震木碧,天輔星招搖巽木綠,天禽星天符中土黄,天心星青龍乾金白,天柱星咸池兑金赤,天任星太陰艮土白,天英星天乙離火紫。"東方朔《七諫》云:"哀人事之不幸兮,屬天命而委之咸池。"亦以咸池爲凶神。咸池所建,當以日所在定之。正月日在亥加時酉,則咸池在午;二月日在戌加時巳,則咸池在卯;三月日在酉加時丑,則咸池在子;四月日在申加時酉,則咸池在酉。以此差次,夏三月加時,如春三月,秋冬亦然。而寅午戌之月,咸池常在午亥;卯未之月,咸池常在卯巳;酉丑之月,咸池常在酉申;子辰之月,咸池常在子。所以然者,咸池屬金,巳酉丑三時亦金也,故必以其時居於四正,而其月自以木火金水爲類,不相凌越也。

　　錢氏《潛研堂文集》:"問:《淮南》以咸池爲太歲,與它書所言太歲又異,何故?曰:《淮南書》云:'斗杓爲小歲,咸池爲大歲。'又云:'大時者,咸池也;小時者,月建也。'咸池與月建大小相對。初未嘗指咸池爲太歲,其作太歲者,後人轉寫之僞。吴斗南《兩漢刊誤》謂:'《淮南》不名天一爲太歲,又自以咸池名之,則南宋本已誤。'"又《與梁耀北論史記書》:"咸池本兼五潢、五車、三柱而言,故云'天五潢',又云'五帝車舍'。其匡衛甚廣,因以表西方諸宿。《淮南·天文訓》:'咸池者,水魚之囿也。'又云:'斗杓爲小歲,咸池爲大歲。'蓋斗爲帝車,咸池亦以五車爲匡衛,皆有運行之象,故指其所建,以定四時。天潢之義,與咸池同。潢即池也,後人析爲數名。以三小星當咸池,失其義矣。史公以紫宮、房心、權衡、咸池、虛危,爲天之五官,豈專指三小星而言哉？"①又《養新録》曰："歲在子卯午酉，則歲所直之月，正當咸池之位，如卯年卯月，咸池在卯；午年午月，咸池在午；酉年酉月，咸池在酉；子年子月，咸池在子，故名曰咸池也。咸池大歲，與斗杓小歲相對。洪氏謂'歲星以午年舍其分，故以咸池爲名'，此則誤會《史記》之意。《史記》所謂'歲陰在午歲星居酉者'，謂太陰在午，非太歲在午也，若太歲在午，則歲星當以五月與東井輿鬼晨出東方，與咸池無涉矣。"②

《祝長嚴訢碑》："和平元年，歲治東宫，星屬角房，月建朱鳥。"《金石録》。

《荆州刺史度尚碑》："永康元年，歲在鶉尾。"《隸釋》。

《外黄令高彪碑》："惟中平二年，月次星紀。"同上。

《日知録》曰："春秋之世，各國皆自紀其年，或參互而不易曉。……有舉歲星而言，若'歲五及鶉火''歲及大梁''歲在娵訾之口'也。"案，周亦用星次紀時，不但列國爲然。《周語》伶州鳩曰："昔武王伐殷，歲在鶉火，月在天駟，日在析木之津，辰在斗柄，星在天黿，星與日辰之位，皆在北維。"古人以星次紀時，其詳如此。

書月律例

《祝長嚴訢碑》："月建朱鳥，中呂之均。"《金石録》。

《堂邑令費君碑》："無射之月。"同上。

律中"中呂"者，夏正四月，律中"無射"者，夏正九月，"均"即"韻"字，所謂"律中"也。《月令》鄭注云："律候氣之管，以銅爲之。中，猶應也，謂吹灰也。"《正義》蔡邕云："以法爲室，三重户閉，塗釁必周，密布緹縵室中，以木爲案，每律各一案，内庳外高，從其方位，加律其上，以葭灰實其端，其月氣至，則灰飛而管通。"如蔡所云，則是爲十二月律，布室内十二辰，若其月氣至，則其辰之管，灰飛而管空也。然則十

---

① 見《潛研堂文集》卷三四《與梁耀北論史記書二》。
② 見《十駕齋養新録》卷一七"咸池"條。

二律各當其辰，斜埋地下，入地處庳，出地處高，故云內庳外高。黃鐘之管，埋於子位，上頭嚮南，以外諸管，推之可悉知。

書朔例

《修西嶽廟復民賦碑》："光和二年十二月庚午朔，十三日壬午。"《集古錄》。又《唐君碑》："光和六年二月壬午朔，二十五日丙午。"

《西嶽石闕銘》："永和元年五年癸丑朔，六日戊午。"《金石錄》。又《武氏石闕銘》："建和元年三月庚戌朔，四日癸丑。"又《禹廟碑》："光和二年十二月丙子朔，十九日甲子。"

《孔廟置守廟百石孔龢碑》："元嘉三年三月丙子朔，廿七日壬寅。"又："永興元年六月甲辰朔，十八日辛酉。"《隸釋》。又《魯相史晨祠孔廟奏銘》："建寧二年三月癸卯朔，七日己酉。"又《廣漢太守沈子琚緜竹江堰碑》："熹平五年五月辛酉朔，一日辛酉。"又《綏民校尉熊君碑》，見後。

吳氏仁傑《兩漢刊誤補遺》曰："《三王世家》并載諸臣奏疏，其著朔可爲後世法程。曰'三月戊申朔，乙亥，御史臣光，守尚書令丞非，下御史書到言丞相臣青翟，御史大夫臣湯'云云，'昧死上言，臣請立臣閎、臣旦、臣胥爲諸候王'云云，'制曰：可。四月戊寅朔，癸卯，御史大夫湯，下丞相，丞相下中二千石，二千石下郡守諸候伯。'前言戊申朔，則乙亥爲二十五日矣；前言戊寅朔，則癸卯爲二十六日矣。中興以後，有司失其傳，如《先聖廟碑》載：'三月丙子朔，二十七日壬寅。'《修西嶽廟碑》載：'十二月庚午朔，十三日壬午。'烏有知朔爲丙子庚午，而不知壬寅壬午爲二十七日十三日者哉？斯近贅矣。今世碑記祭文，踵先漢故事可也。"

《日知錄》曰："今人謂日，多曰日子。日者，初一、初二之類是也。子者，甲子、乙丑之類是也。《周禮·職內》注曰：'若言某月某日某甲詔書，或言甲，或言子，一也。'《文選》陳琳《檄吳將校部曲文》：'年月朔日子。'李周翰注曰：'子，發檄時也。'漢人未有稱夜半爲子時者，誤矣。古人文字，年月之下必繫以朔，必言朔之第幾日，而又繫之干支，故曰朔日子也。"又曰:"漢人之文,有即朔之日,而必重書一日者,《江堰碑》'……朔,一日辛酉',《熊君碑》'……朔,一日丙寅',此則繁而無用,不若後人之簡矣。"①《處士嚴發殘碑》云:"戊申朔,五日癸丑。"《隸續》載此碑而解之曰:"《召誥》云:'戊午,社於新邑,越七日甲子。'是從戊至甲爲七日。《畢命》云:'六月庚午朏,越三日壬申。'亦是從朏至壬爲三日。《西漢·律曆志》引《逸書》:'粵五日乙卯亦然,惟《武成》云:丁未祀於周廟。'越三日庚戌,則是祀廟之後三日,去丁而不數,與《召》《畢》二篇立文不同,此碑正用《武成》句法。"案,《嚴發碑》去戊不數,別爲五日,雖用《武成》句法,然非正例不錄。

書閏例

《太傅安樂侯胡夫人靈表》:"建寧三年薨,其閏月附於太夫人。"《蔡中郎集》。

《無名碑》:"光和四年,閏月庚申。"《集古錄》。案,此即《敬仲碑》,《集古錄》重見,誤。《金石錄》曰:"其額云:漢揚州刺史敬君之銘。"

《日知錄》曰:"《通鑑》書閏月而不著其爲何月,謂仿《春秋》之法,非也。春秋時,閏未有不在歲終者。自《太初曆》行,每月皆可置閏,若不著其爲何月,或上月無事,則後之讀者必費於追尋矣。《新唐書》亦然,惟高宗顯慶二年正月無事,乃書曰:'閏正月壬寅,如雒陽宫。'"②案,春秋時置閏,不定在歲終。錢氏大昕《閏月說》云:"先王之正時也,履端於始,舉正於中,歸餘於終。所謂歸餘者,謂有餘日則歸之於終,積而爲閏,非歲終之謂也。何以言之?《春秋經傳》書閏月者九:襄九年閏月,杜氏謂門五日之訛;其餘八閏,惟成十七年閏月、昭二十二年閏月,《傳》文上有十二月,其在歲終無疑。若文六年閏月不告朔傳,在冬十一月之後,則未知其在十一月與?十二月與?僖七年閏月,惠王崩;哀五年閏月,葬齊景公;哀十五年閏月,渾良夫與太子

---

① 見《日知錄》卷二〇"年月朔日子"條。
② 見《日知錄》卷二〇"《通鑑》書閏月"條。

入，經傳皆上有冬字，則未知其在十月與？十一月與？十二月與？文元年閏，在三月；昭二十年閏月，殺宣姜，《傳》文上有八月，下有十月，故孔氏以爲閏在八月後，此兩閏不在歲終，《傳》有明文也。然則《春秋》何以譏閏三月，曰：'《漢志》文公元年，閏餘十三，閏當在十一月後，而在三月。'故《傳》曰：'非禮。'此據《三統曆》言之也。杜預云：'於法閏當在僖公末年，誤於今年置閏。'此據《長曆》言之也。《漢志》謂失之前，杜氏謂失之後，兩說不同，要非以其不在歲終而譏之也。然則秦漢何以書後九月，曰：'此秦法，非古法也。'秦法應置閏者，置之歲末，漢初猶因之，蓋傅會左氏歸餘於終之文而失之者也。謂爲秦法，有徵乎？曰：'漢人固言之矣。《續漢志》'延光二年，尚書令終，上奏謂漢祖受命，因秦之紀，十月爲年首，閏常在歲終，不稽先代，違於帝典'是也。"① 孫氏星衍《閏月古不在歲終辨》云"宣城梅氏云：考古以歲終置閏爲合，定時以無中氣置閏爲安"云云。案，無中氣置閏，即是古法，古無歲終置閏術也。《左氏·襄二十七年》："十一月日有食之，辰在申，司曆過也，再失閏矣。"《漢書·律曆志》："辰者，日月之會而建所指也。"孟康注："辰謂斗建。"杜預注："謂斗建指申，周十一月今九月，斗當建戌而在申，是古視斗柄正閏之據。"又《哀十二年》："十二月，螽。仲尼曰：'火伏而後蟄者畢，今火猶西流，司曆過也。'"杜預注："火，心星也。火伏在今十月，猶西流。言未盡沒，知是九月，曆官失一閏。"案，火星在卯度，火西即卯加酉，卯加酉，則辰加申，子加午，中星爲虛，是古視中星即知斗柄之證。《周書》："閏月無中氣，斗指二辰之間。"王肅注："《虞書》亦云：'斗之所建，是爲中氣，日月所在，斗指兩辰之間。'無中氣，故以爲閏也。"據此二說，則顧氏謂"春秋時閏未有不在歲終"，誤也。閏不在歲終，而不書月數，自是作史之體，顧氏駁之，非也。《史記》呂后孝景記、秦楚之際月表、高祖功臣年表、建元以來侯者年表、王子侯年表，并稱後九月，沿秦制。《文穎》所謂"時

① 見《潛研堂文集》卷三《閏月說》。

律曆廢,不知閏,謂之後九月"是也。置閏以後,則書閏月,不書月數。《建元以來侯者年表》:"元封元年閏月。"徐廣曰:"閏四月是也。"兩漢書《帝紀》《天文志》,《漢書·王子侯表下》《景武功臣表百官公卿下》,《後漢書·五行志》,閏月皆不書月數,惟《王子侯表·樂平侯訢下》云:"閏六月壬午封。"此則誤衍六字,不得執此以變全書之例也。《後漢書·郎顗傳》詣闕拜章曰:"臣竊見去年閏十月,十月已丑。"此則封事宜詳明,與紀載體别。又案,《金石同例》《博古圖》載漢《書言府弩機銘》云:"延光三年閏月。"亦閏月不書月數之證。

書廿書卅書卌字例

《孔廟置守廟百石孔龢碑》"元嘉三年三月廿十同七。日"云云。《隸釋》。下同。

右書廿。《隸釋·老子銘》《無極山碑》《青衣尉趙孟麟羊竇道碑》《溧陽長潘乾校官碑》《敦煌長史武斑碑》《郎中鄭固碑》《中常侍樊安碑》《冀州刺史王純碑》《司隸從事郭究碑》《小黄門譙敏碑》《圉令趙君碑》《綏民校尉熊君碑》《高陽令楊著碑》《成陽令唐扶頌》《費亭侯曹騰碑陰》《金廣延母徐氏紀產碑》《益州太守城壩碑》,《隸續·防東尉司馬季德碑》《建平郫縣碑》《武都太守李翕天井道碑》《司隸校尉楊淮碑》《韓勑孔廟後碑陰》《博士題字》《黄龍甘露碑》《真道冢地碑》《斥彰長田君斷碑》并同。

《無極山碑》"在西南卅里"云云。

右書卅。《隸釋·梁相孔耽神祠碑》《郎中馬江碑》《費鳳别碑》《綏民校尉熊君碑》《國三老袁良碑》《車騎將軍馮緄碑》《執金吾丞武榮碑》,《隸續·漢長安陳君閣道碑》《繁長張禪等題名》《封邱令王元賓碑》《延年益壽榔題字》并同。

《孔廟置守廟百石孔龢碑》"選其年卌以上,經通一藝"云云。

右書卌。《隸釋·梁相孔耽神祠碑》《郎中鄭固碑》《議郎元賓碑》《郎中馬江碑》《博陵太守孔彪碑》《趙相雍勸闕》《金廣延母徐氏紀產碑》,《隸續·膠東令王君廟門斷碑》《冀州從事郭君碑》《堵陽長劉子山斷碑》并同。案,《説文·十部》云:"廿,二十并也。古文省多。""离"下云:"廿,古文疾。""童"下云:"廿,古文以爲疾。"《卅部》云:"卅,三十并也。古文省。"惟卌字未收,然《林部》云:"楙,無同。豐也。從林、世。世,或説規模字。從大、卌,卌,數之積也。"《説文》本文俱依段氏訂增。則是説文已有此字,段氏《説文注》曰:"省多者,省作二十兩字爲一字也。《考工記》:'程長倍之,四尺者二,十分寸之一,謂之枚,本於二字爲句絶,故書十與上二合爲卄。'此可證周時凡言二十可作卄也。古文卄仍讀二十兩字,秦碑小篆則'維廿六年''廿九年''卅有七年',皆讀一字,以合四言。廿之讀如入,卅之讀如靸,皆自反也。至唐石經二十皆作廿,三十皆作卅,則仍讀爲二十、三十矣。"顧氏《金石文字記》:"唐石經凡'二十',字皆作'廿','三十',字皆作'卅'。案,古詩之文,多是四言,如'於三十里','三十維物',皆四言也。則當爲'三十'字。《史記》秦始皇刻石如'廿有六年''維廿九年''卅有七年'[3],則當如'廿'字、'卅'字,今改經文而爲'廿'、'卅'字,非矣。"①篆不見於本書。

《耒部》"耤"下曰"卌又",用"卌"字。漢石經《論語》:"年卌見惡焉。"是卌爲四十并,猶廿爲二十并,卅爲三十并也。其音則《廣韻》"先立切",四十之合聲。猶廿讀如入,卅讀如靸也。《廣韻》引《説文》云數名,即此。惠氏棟《左傳補注》曰:"隱二年傳,惠之二十四年,《唐石經》廿四年,下惠之三十年,《唐石經》卅年,此古文左氏傳本文也。"《説文》:"廿二十并,卅三十并,古文省。"《説文》所謂古文,乃孔壁中文也。蔡邕石經《論語》云"卅而立",又云"年卌見惡焉",又云"凡廿六章"。鐘鼎文,如秦權《徽樂鼎》二十字作廿,石鼓文《周陽侯鐘》三十字作卅,可爲左證。案,鐘鼎文書廿書卅,尚不止此,《博古圖》載《漢孝成鼎》《汾陰宮鼎》并書卄,《漢好畤供廚鼎》《綏和壺》并書卅。卄亦或書十十,見《汾陰宮鼎》。

---

① 見《金石文字記》卷之五唐《國子學石經》。

碑末書立碑年月朔日太歲例

《綏民校尉熊君碑末》："建安廿一年十□月丙寅朔，一日丙寅太歲丙申造。"《隸釋》。

有書年月日不及朔與太歲者，《武都太守李翕碑》碑云："建寧四年六月十三日壬寅造。"《金石錄》。下同。《斥彰長碑》碑云："熹平六年十月九日辛酉造。"《逢盛碑》碑云："光和四年四月五日丁卯立。"《囿令趙君碑》；碑云："初平元年十二月二十八日立。"《隸釋》作廿八日。此常例不備錄。書年月旬不書日者，《巴郡太守樊君碑》碑云："建安十年二月上旬造。"《金石錄》。《漢安長陳君閣道碑》；碑云："永建五年孟春下旬。"《隸續》。書年月不書日者，《咸陽靈臺碑》。碑云："建寧五年五月造。"《隸釋》。文有詳略，無義例也。

碑末書立碑人爵里姓名字及年月日例

《溧陽長潘乾校官碑末》"丞沛國銍趙勳，字蔓伯"云云，"時將作吏名户曹掾楊淮"云云，"光和四年十月己丑朔，廿一日己酉造。"《隸釋》。

官書里書字，吏不書里書字，卑者略之也。有書立碑人爵里姓名字及立碑年者；《白石神君碑》碑云"光和六年常山相南陽馮巡，字季祖"云云。《隸釋》。書立碑爵里姓名，及立碑年月日者；《武都太守耿勳碑》碑云："熹平三年四月廿日壬戌，西部道橋掾下辨李禔造。"《隸續》。書立碑爵里姓及立碑年月日。《外黄令高彪碑》碑云"惟中平二年，龍旂奮若，月次星紀，郡守廬江龍舒范府君"云云。《隸釋》。不名者尊之，不字者卑之，月日不備者略之。

碑末碑陰書立碑人姓字不書名例

《殘碑陰》"王伯鄉、趙仲方"云云。《集古錄》。

《太尉楊震碑陰》"河間賈伯錡、博陵劉顯祖"云云。同上。

《魯相韓勑造孔廟禮器碑末》"故涿郡太守魯麃，次公；故會稽太守魯傳，世起；故樂安相魯麃，季公"云云。碑陰"河南成皋蘇漢明，河南雒陽李申伯"云云。《隸釋》。案，碑陰曲成侯王曷書名。

《童子逢盛碑陰》"五官掾崔孟祖"云云。同上。

《元儒先生婁壽碑陰》"故五官掾婁□守長史掾夏光淵"云云。同上。

《高陽令楊著碑陰》"□□孫甫□鉅鹿時稚明"云云，"汝南陳萬昌"云云。同上。

《冀州刺史王純碑陰》"東平馮定伯"云云。《隸續》。《隸續》曰："漢人題名，間有數人稱字，全碑不名者，《楊震》《楊著》《王純》《婁壽》四碑。"

《司隸校尉魯峻碑陰》"文臺郲仲軍"云云。同上。

《蕩陰令張遷碑陰》"故安國長韋叔玲"云云。《金石萃編》。案，碑陰凡四十一人，惟范巨、范成、韋宜三人似書名，餘皆書字，錢氏《金石文跋尾》曰："古人命字有祇一字者，三人當亦其字，是也。"

《隸釋》曰："漢人題名，必書名字，否則各有説也。《楊震碑陰》，孫定博諸人不名者，非其門生也；《逢盛碑陰》，崔孟祖數人不名者，其父党也；題名於《韓勅碑》左即碑末。凡八人，魯之二廡一傳不名者，別守相之尊也；案，此説錯，《韓勅碑》左守相皆書名，二廡一傳皆已故，當是齒德俱尊。《張納碑》陰，主簿白文已下不稱字者，示其卑於從事李元也；案，碑李元名字并見，白文已下有名無字，是以書字爲尊。《史晨後碑》五官掾孔暢六人不稱字者，亦示其卑於長史李謙也；案，碑李謙名字并見，孔暢等有名無字。《韓勅碑》左襃成侯孔建壽，爵齒俱尊，而在子姓之間，宜其不名，餘人雖不見爵秩，當亦是一時耆老，獨曲成侯王曷一人不稱字，豈爵雖襲而年尚穉者乎？"又曰："《楊著碑》沛君，沛相統也，後公，太尉秉也。碑云"巨鹿時稚明"云云，"右後公門生，汝南陳萬昌"云云，"右沛君門生。"沛君者，著之從兄，後公者，著之季父，非著之門生，故不名。"案，碑陰書名字，常例也。其有單書名以示卑，單書字以示尊，如洪氏所言是也。然亦有卑賤者單書字，《隸釋》載《龍門禹廟題名》"宗季方"云云，洪氏據趙氏以爲龍門復民；《隸續》載《韓勅後碑陰》"孔子冢下復民吳仲初"云云，或書字，或書小名，洪氏謂皆群小不當律令。案，尊卑不嫌同辭，有以書字尊其人，有以書字略其人也。

碑末書撰文寫碑刻碑人姓名例

《李翕析里橋郙閣頌碑末》："從史位□□□□字漢德，爲此頌。故吏下辨□□□子長書此頌，時石師南□□□□威明。"《隸釋》。《隸續》曰："《李翕天井道碑題名》：'從史位下辨仇靖，字漢德。'《書文郙閣題名》云：'從史位，字漢德，爲此頌。'中間姓名刓闕，得此乃知前碑亦仇所作。"

僅書寫碑刻碑人姓名，不及撰文人者，《巴郡太守樊敏碑》碑云："石工劉盛息憬書。"《隸釋》。《隸續》曰："劉盛刻其石，而厥子落筆也。"《南安長王君平鄉道碑》碑云："兼户曹掾何童史道興造書崖，師朱仲王回。"《隸續》。案，何童道興造此碑，而繫以書崖，當是道興書，古人文字簡質，不分析。僅書撰文人者，《太尉橋玄碑》；碑云："光和元年，主記掾李友字仲遼，作碑文。"《水經注》此三碑之一。僅書寫碑人者，《敦煌長史武斑碑》碑云："尚書丞沛國蕭曹芝□宣，成武令中山安憙曹种，□□豐令下邳良成徐崇，□□故陳留府丞魯國魯□□□□防東長齊國臨淄□紀伯允書此碑，嚴祺，字伯曾。"《隸釋》。《兩漢金石記》曰："小歐陽《集古錄目》云：'嚴祺，字伯魯。'隸書，今不見此文久矣，據洪氏《隸釋》載是碑末云：'紀伯允書此碑。'下乃云：'嚴祺，字伯曾。'曾、魯二字，未知孰是，然驗其文勢，則書者紀伯允，而非嚴祺，'紀伯允'三字上有闕文，或是'□紀伯允'，紀是其名，伯允是其字，未可知也。"案，翁氏謂紀上闕姓，是也，謂是伯允書，非也。是碑末書立碑人，先書爵，次郡名，次縣名，次姓名字。其末特書書此碑嚴祺，字伯曾，文法與前變，則書者嚴祺，非伯允也。《武都太守李翕天井道碑》碑云："從史位下辨仇靖，字漢德，書文。"《隸續》載此碑云："揮翰遣詞，皆斯人也。"案，碑言書文不言撰文，遣詞人不定爲靖，《水經注·渭水篇》"華山漢文帝廟碑文"："漢給事黃門侍郎張昶造，昶自書之。"此則揮翰遣詞，皆一人也，碑文不載，無以知其體式，故不錄。僅書刻碑人者，《綏民校尉熊君碑》。碑云："碑師春陵程福造。"皆從略也。

碑末書市石察書刻碑人姓名例

《西嶽華山廟碑》末："京兆尹敕監都水掾霸陵杜遷市石，遣書佐新豐郭香察書，刻者潁川邯鄲公修蘇張工□君□。"《隸釋》。

《隸釋》曰："東漢循王莽之禁，人無二名，郭香察書者，察涖他人之書，小歐陽以爲郭香察所書，非也。"《金石文字記》曰："'察書'乃對上'市石'之文，則香者其名，而特勘定此書者爾。……考之《博古圖》諸書，有《孝成鼎》，銘曰'工王褒造。句。左丞輔人名。掾譚、人名。守令史永人名。省。句。'①《大官銅鐘》曰：'考工令史古人名。丞或人名。令通人名。主，句。太僕監掾蒼人名。省。句。'案，《博古圖·漢太官壺銘》云"工伍興造考工令史由丞或令通主太僕監掾蒼省"。②《綏和壺》曰：'掾臨人名。主，句。《博古圖》載此銘，此句上云："塗工乳護級。"疑三人名。守右丞同、人名。守令寶人名。省。句。'③《上林鼎》曰：'工史楡造，句。監工黃佐、李負芻。'④言省言監，即察書之類也。"《揅經室三集·漢延熹華嶽廟碑跋》曰："郭香察書，或以爲郭香書者，無顯據；或以爲蔡伯喈書者，語見都南濠元敬引徐季海浩《古迹記》。今以《後漢書·蔡邕傳》推之，桓帝時，中常侍徐璜、左悺等，五侯擅恣，聞邕善鼓琴，遂白天子。敕陳留太守督促發遣，邕不得已，行到偃師，稱病而歸。閒居翫古，不交當世。建寧三年，辟司徒橋玄府。案，五侯擅恣，在桓帝延熹二年，邕恥以宦官進，故至偃師以病回里。延熹八年春，悺以罪自殺，度邕此時始稍出游入關，故八年至華陰，爲太守書碑，而郭香適奉京兆尹遣來察書，因此相識，或相交契。……靈帝熹平四年，郭香爲太史，治術郎中馮光、陳晃上言'天元不正'，攻及郭香。詔下三府集議，伯喈首發議謂郭香四分術爲非妄，光、晃議罪，是伯喈與郭香學術交游之蹤迹也。"⑤

碑文左旋列

《江原長進德碣》："君諱龍，字進德，故蜀郡江原長。延熹三年工□孟彦造作。"《隸釋》。

---

① 《重修宣和博古圖》卷五《漢孝成鼎》："右通蓋高八寸一分，耳高二寸八分，闊二寸一分，深五寸一分，口徑六寸二分，腹徑七寸八分，容七升九合，共重九斤，三足蓋與器銘共五十六字。按：孝成帝乃孝元之子，西漢第九帝也，是鼎雖孝成廟器，乃造於孝哀即位之三年，其銘又有曰'建平三年十月，工王褒造'。蓋孝哀即位，改號建平，而孝哀又嗣服孝成也。"

② 王應麟《玉海》卷九一《周仲丁壺》："《太官銅鐘》，容一斛，建武二十年，工伍興造，考工令史由丞或令通主太僕監掾蒼省。"

③ 王應麟《玉海》卷九一《周仲丁壺》："《綏和壺》銘曰'……掾臨主守右丞同守令寶省。'"

④ 薛尚功《歷代鐘鼎彝器款》卷十八之《上林鼎》："上林供官銅鼎具，蓋重八斤十二兩，工史楡造監，工黃佐、李負芻。"

⑤ 見《揅經室三集》卷三《漢延熹華嶽廟碑跋》。

《隸釋》曰："碣文由左而右。"案《博古圖》,《周言肇鼎銘》《威君鼎銘》《仲馭父敦蓋銘》,其文并左旋。金石同例,故碣文由左而右,徐君嘉①曰："薛氏《款識》載《君季鼎》《方寶甗》,文皆左旋。"案薛氏書,《田季加匜》《冀師盤》,文皆由左而右。又《伯寶卣第三》,蓋文左旋,器文右旋;《仲駒敦》,蓋文右旋,器文左旋。

碑文橫書例

《處士金恭闕》橫書:"處士金恭,字子□。"《隸釋》。

《隸釋》曰:"以墓碣及《金廣延母碑》參之,知其字子肅。此字橫刻。"《隸續》曰:"金恭闕橫刻金君姓名,次列一人,執扇乘馬,知是金君。"案,橫書乃外夷書體,《史記·大宛列傳》:"安息畫革旁行以爲書記。"《漢書音義》曰:"橫行爲書記。"《史記索隱》曰:"韋昭云:'外夷書皆旁行。'"徐君嘉曰:"薛氏《款識》載諸旅鼎及張仲簠四器,似亦橫書者。"

《蜀郡屬國造橋碑》碑首橫書:"蜀郡屬國明府潁川陽翟辛君,字通達,卿犍爲李君,字仲曾,□□□。"《隸釋》。

《隸釋》曰:"碑首刻二人,冠帶相向而坐。一器居中,如豆登之狀。後有二人,折腰低首,雙垂其袖,若胡舞者。其上橫行有數字,惟'府卿明府'四字不毀。二人之下,又橫刻二十有六字,'仲曾'下三字不可曉。"

碑陰有額例

《太尉郭禧碑陰》額:"故吏人名。"《金石錄》。

《泰山都尉孔宙碑陰》額:"門生故吏名。"《隸釋》。

《中部碑陰》額:"中部碑。"同上。

---

① 徐蕭(1810—1862),字彝舟,號亦才,清江蘇六合人。著有《未灰齋文集》八卷、《未灰齋外集》一卷及《未灰齋詩鈔》《淮南子校勘記》《楚辭校注》《小腆紀年》《補毛詩》《爾雅注疏》《明史藝文志補遺》《老子校勘記》等。

《司空宗俱碑陰》額:"門生立碑人名。"《隸續》。

《陳德碑陰》額:"故門下吏人名。"《金石萃編》。

諸額皆直書。其有橫書者,《隸續》載《尉氏令鄭季宣碑陰》橫書"尉氏處士故吏人名"是也,不別為例。又《白石神君碑陰》額"務城神君錢二萬"云云。見沈君濤《常山貞石志》。按,出錢人亦稱神君,此非禮也,故不錄。

碑陰標目例

《王純碑陰》首行自標云:"諸門生人名。"《隸續》。

額者書於碑文之上,標目者即碑文之首行,與碑文平,故別為例。

碑陰書立碑人錢數例

《靈臺碑陰》"司徒掾仲選、孟高,出錢二千;鉅鹿太守仲訢、伯海,出錢萬;呂長仲球、伯儀,出錢三萬七千"云云。《隸釋》。下同。

《魯相韓勑造孔廟禮器碑》"穎川長社王元君真,二百"云云,"故涿郡太守魯麃次公,五千"云云。

《義井碑陰》"五大夫王□本二萬,五大夫殷□本二萬"云云。

碑陰條列出錢立碑人爵里姓名字,不書錢數,此最得體。然俗士捐財,急於自見,不書錢數,則樂輸者無以勸,乃於漢碑中錄其書出錢若干者,書本若干者,以示例,餘不悉錄。

碑陰書立碑出錢人子弟統於父兄例

《太尉陳球碑陰》"故吏"云云,"息□,故吏"云云,"息櫂"。《隸釋》。

右子統於父。

《隸釋》曰:"此碑前二行,特書兩人之事,與他碑不同,雖文字漫滅,其中皆有息字,次行息之上,又有早終字,蓋謂二人者已卒,所出緡錢則其子也。"

《靈臺碑陰》:"義民陳彥弟富,富弟贖,出錢千。"《隸釋》。

《韓勑孔廟後碑陰》:"故苦令任城李馥叔華,弟郎中季華,三千。"《隸續》。

右弟統於兄。

碑末既書出錢人姓名復於出錢人中稱美其好義樂輸者例

《成陽靈臺碑陰》:"惟仲阿東,年在元冠,幼有中質,遵柜蹈規,上仁好義。見群從無者,代出錢萬以立碑,大意翻然,君子善之,恩加骨□,鄉朝所稱。縣令菅君,即請署門下議生都市掾,官,未可測矣。"《隸釋》。

碑陰末稱美工師例

《成陽靈臺碑陰》末:"仇福,字仲淵,累世同居,州里稱術,同述。慈孝大聖。立祠時令菅君欲造皇屋壓廡,來索忠良,咸白福閒,葵溢□□離□周理,字文機,□□□□嚴萌將作福更,縣掾功曹府諸曹史府諸曹史守尉。"下闕。《隸釋》。

【校勘記】

［1］誤:原作"語",據《金石文字記》改。
［2］錢塘《淮南天文訓補注》卷一作"古亦以青龍爲太歲"。
［3］"廿又六年",《史記》卷六《秦始皇本紀》第六作"二十有六年,初并天下,罔不賓服"。"維廿九年",《史記》卷六《秦始皇本紀》第六作"維二十九年,時在中春","維二十九年,皇帝春游,覽省遠方"。"卅有七年",《史記》卷六《秦始皇本紀》第六作"三十有七年,親巡天下,周覽遠方"。

附　　録

漢石例序①

　　文生於義,不生於例也。義洽而例自立焉,故不獨《春秋》有例,若《易》、若《詩》、若《書》,無不有例。其例即定於聖人精義之心,非有所比擬景傳也。爲文必當明例,碑志又文字之最謹嚴者,其例尤不可講。元潘景梁、王止仲,明黄太冲,遞有所述,然取法不越昌黎,是謂昌黎以前,金石之文,皆獷語也。先河後海,豈其然乎? 古人劃鐘範鼎,義專襃顯,面人儷事,不患本末不審。故款識流傳,類皆驪栝行能,文質究宣,但主銘勳,不關記事。變金爲石,其義猶是,其例亦當猶是。秦漢以來矩矱具存,可覆驗也。自昌黎一變而爲述事,後世史籍踳午,往往足資考證,故各家文集碑志,尤爲可貴。昌黎之功,誠亦不細,然不得因後掩前,反疑古人渾噩爲不達也。朱竹垞嘗謂:"墓銘莫盛於東漢。鄱陽洪氏《隸釋》《隸續》,其文其銘,體例非一。宜用止仲之法,舉而臚列之。"竹垞既未有成書,錢塘梁氏《志銘廣例》、吴江郭氏《金石例補》、嘉興馮氏《金石綜例》,搜才較博,舉例尚疏。至長洲王氏《碑版廣例》,雖上取秦漢,下訖中唐,其悁乃主於摧毁漢人,專以文章正統與韓歐。其言曰:"漢碑版之在世亦多矣,或奧而鞼,或枝以蔓,雖或得焉,其所得常不敵其所失。"又曰:"漢碑版不皆出於文士,乖離析亂,人率其臆,未嘗有例也。"噫! 古人物勒工名,一器且不苟作,何有旌功寫德,託垂千億,乃曾不得一文士爲之操觚乎? 晚近尚欺心之學,且有專標柳子厚、馬少監、張子野、黄夢升諸文,以爲碑志正宗者,是并韓歐之例可廢,何論漢也。吾友寶應劉君楚楨,始本竹垞之意,壹以東京爲主,傳以經術,加之博證,纂爲《漢石例》六卷。蓋惟深通漢學,故能得其大義,義舉而例亦

---

① 録自《連筠簃叢書》之《漢石例》序。

因之俱舉，文章家既讀潘王之書，即何可不進以此著也？楚楨爲端臨先生從子，少與儀徵劉孟瞻齊名，號"揚州二劉"。作令畿南，迭更盤錯，時遣人持券告貸京師，而一錢不以累民。比官元氏，貧愈甚，循聲亦愈起。訪獲縣境古碑甚多，其尤著者，則《延熹封龍山碑》，自來金石家皆未見也。靈石楊君墨林及弟子言雅好金石，讀君書，喜且寶之，因請刻入《連筠簃叢書》中，而以校勘之事屬餘。余既獲交孟瞻，又獲交楚楨，故樂序行其書。楚楨又著有《寶應圖經》，精博與孟瞻《揚州水道記》埒，"二劉"之目，豈虛譽哉？

道光二十九年三月初六日平定張穆序。

漢石例序[1]

碑碣之興，莫盛於漢。其時崇尚經術，上下同風，操觚之士，類皆有典有則，文質相宣。代遠年湮，流傳寖尠，宋歐、趙兩家蒐采雖廣，評騭未詳。迨洪氏《隸釋》《隸續》兩編嗣出，備載全文，加之訂正，令後世讀者得以因文考義，論世知人，其功可謂勤矣。然體例各殊、繁簡不一，從未有分門別類，勒爲一書者。元潘蒼厓《金石例》斷自唐人，其後沿爲要例、廣例、總例諸書不下六七種，或折中未當，或考據未精，論者往往病之。寶應劉君楚楨，余同年友也，究心漢學，素負重名。道光庚子貢禮闈，年已五旬餘，其經藝淵深奧博，讀而愛之。旋以縣令出宰畿輔，卓著政聲，一官未遷，終於三河任所。數十年來，每以未睹其著作爲憾。同治甲子，得是書稿本於京都廠肆，重價市歸，朝夕披覽。其書取有漢一代石刻，準春秋比事屬辭之義，條分縷析，若網在綱；引證以洪氏爲主，旁采諸家，論斷精確，而發明經義，貫穿史籍，本本原原，尤爲醇備，誠如自序所云："藝林之圭臬，文苑之楷模也。"既又得張君石洲所爲序文於《月齋文集》，始知靈石楊氏嘗欲刻之而未果。乙丑出都，主講灤源書院，攜之行笈。丁硯丞都轉見之，以爲碑志文字載筆綦難，非精於義例不能無踳駁之譏，魏晉之際尚守漢人遺規，六朝以來漸趨冗濫，昌黎起八代之衰，號稱復古，今學者知祖昌黎而不遠稽漢代，是沿其流而未溯其源也，屬余爲之校勘，將付剞劂公諸同好。余乃盡發藏書，詳加參閱，歷經寒暑，始竣厥事。都轉家學淵源，博聞好古，所刊人譜類記諸書，志在表章先哲，啓迪

---

[1] 錄自山東文友堂刻本之《漢石例》序。

後賢，用心良厚。是書一出，不惟劉君半生精力，可慰九原，世之治古文辭者，亦可有所師法矣。

同治八年十二月十五日膠州匡源序。

參考文獻

一、經部

《爾雅義疏》：（清）郝懿行撰，上海古籍出版社1983年版。

《周禮傳 圖説 翼傳》：（明）王應電撰，商務印書館2013年版。

《毛詩正義》：（漢）鄭玄箋，（唐）孔穎達等正義，北京大學出版社2000年版。

《周禮注疏》：（漢）鄭玄注，（唐）賈公彦疏，北京大學出版社2000年版。

《孝經注疏》：（唐）玄宗李隆基注，（宋）邢昺疏，上海古籍出版社2017年版。

《周易正義》：（晋）王弼等注，（唐）孔穎達等正義，北京大學出版社2000年版。

《尚書正義》：（漢）孔安國傳，（唐）孔穎達等正義，北京大學出版社2000年版。

《儀禮注疏》：（漢）鄭玄注，（唐）賈公彦疏，北京大學出版社2000年版。

《禮記正義》：（漢）鄭玄注，（唐）孔穎達等正義，北京大學出版社2000年版。

《大戴禮記》：（漢）戴德撰，影印文淵閣《四庫全書》本，臺灣商務印書館1986年版。

《春秋公羊傳注疏》：（漢）何休注，（唐）徐彦疏，北京大學出版社2000年版。

《春秋公羊傳注疏》：（漢）何休注，（唐）徐彦疏，（唐）陸德明音義，上海古籍出版社2017年版。

《公羊義疏》：（清）陳立撰，劉尚慈點校，中華書局2017年版。

《春秋穀梁傳》：徐正英、鄒皓譯注,中華書局 2016 年版。

《論語注疏》：(魏)何晏等注,(宋)邢昺疏,北京大學出版社 2000 年版。

《論語義疏》：(梁)皇侃撰,高尚榘點校,中華書局 2013 年版。

《孟子注疏》：(漢)趙岐注,(宋)孫奭疏,北京大學出版社 2000 年版。

《方言》：(漢)揚雄撰,(晋)郭璞注,中華書局 2016 年版。

《說文解字》：(漢)許慎撰,(宋)徐鉉校,中華書局 2013 年版。

《釋名》：(漢)劉熙撰,中華書局 2016 年版。

《大廣益會玉篇》：(梁)顧野王撰,中華書局 1987 年版。

《廣雅疏證》：(清)王念孫撰,中華書局 2019 年版。

《廣韻校本》：周祖謨校,中華書局 2017 年版。

《漢隸拾遺》：(清)王念孫輯,複州古籍書店 1990 年版。

《春秋大事表》：(清)顧棟高撰,中華書局 1993 年版。

《禮記校勘記》：(清)阮元撰,上海書局光緒十三年(1887)綫裝本。

《春秋左傳注》：楊伯峻編著,中華書局 2018 年版。

《讀禮通考》：(清)徐乾學撰,商務印書館 2013 年版。

《尚書今古文注疏》：(清)孫星衍撰,中華書局 2004 年版。

《經典釋文》：(唐)陸德明撰,上海古籍出版社 2013 年版。

《五經異義疏證 駁五經異義疏證》：(清)陳壽祺撰,(清)皮錫瑞撰,王豐先整理,中華書局 2014 年版。

《經學卮言(外三種)》：(清)孔廣森撰,張詒三點校,中華書局 2017 年版。

《經義述聞》：(清)王引之撰,虞思徵、馬濤、徐煒君校點,上海古籍出版社 2018 年版。

《程氏經說》：(宋)程頤撰,景印文淵閣四庫全書本。

二、史部

《史記》：(漢)司馬遷撰,中華書局 2013 年版。

《漢書》：(漢)班固撰,中華書局 1962 年版。

《後漢書》：(南朝宋)范曄撰,中華書局 1965 年版。

《三國志》：(晋)陳壽撰,(宋)裴松之注,中華書局 1959 年版。

《晋書》：（唐）房玄齡等撰，中華書局 1974 年版。
《新唐書》：（宋）歐陽修、宋祁撰，中華書局 1975 年版。
《宋書》：（梁）沈約撰，中華書局 1974 年版。
《梁書》：（唐）姚思廉撰，中華書局 1973 年版。
《陳書》：（唐）姚思廉撰，中華書局 1972 年版。
《魏書》：（北齊）魏收撰，中華書局 1974 年版。
《南齊書》：（梁）蕭子顯撰，中華書局 2016 年版。
《北齊書》：（唐）李百藥撰，中華書局 1972 年版。
《周書》：（唐）令狐德棻等撰，中華書局 1971 年版。
《隋書》：（唐）魏徵等撰，中華書局 1973 年版。
《南史》：（唐）李延壽撰，中華書局 1975 年版。
《北史》：（唐）李延壽撰，中華書局 1974 年版。
《宣和博古圖》：（宋）王黼撰，諸莉君整理校點，上海書店出版社 2017 年版。
《薛氏鐘鼎款識集》：（宋）薛尚功撰，新疆大學圖書館藏清嘉慶二年刊本。
《歷代鐘鼎彝器款識》：（南宋）薛尚功撰，遼瀋書社 1985 年版。
《金石文字記 金石史》：（清）顧炎武撰，中華書局 1991 年版。
《隸釋 隸續》：（宋）洪适撰，中華書局 1986 年版。
《集古録跋尾》：鄧寶劍，人民美術出版社 2010 年版。
《金石録》：（宋）趙明誠撰，齊魯書社 2009 年版。
《金石録校證》：（宋）趙明誠撰，金文明校證，廣西師範大學出版社 2005 年版。
《潛研堂金石文跋尾》：（清）錢大昕撰，江蘇古籍出版社 1997 年版。
《金石萃編》：（清）王昶輯，北京市中國書店 1985 年版。
《金石圖》：（清）牛運震編，（清）褚峻摹，上海古籍出版社 1991 年影印本。
《兩漢金石記》：（清）翁方綱撰，上海古籍出版社 2002 年版。
《金石存》：（清）吳玉搢撰，《四庫未收書輯刊》史部第 130 册，北京出版社 2000 年版。
《授堂金石跋》：（清）武億撰，高敏、袁祖亮校點，中州古籍出版社 1993

年版。

《語石》：（清）葉昌熾撰，遼寧教育出版社 1998 年版。

《古刻叢鈔》：（元）陶宗儀編，中華書局 1985 年版。

《金薤琳琅》：（明）都穆撰，臺灣商務印書館 1983 年版。

《水經注校證》：（北魏）酈道元撰，陳橋驛校證，中華書局 2013 年版。

《水經注集釋訂訛》：（清）沈炳巽撰，影印文淵閣《四庫全書》本，臺灣商務印書館 1986 年版。

《逸周書彙校集注》：黃懷信、張懋鎔、田旭東撰，上海古籍出版社 2010 年版。

《唐會要》：（宋）王溥撰，中華書局 2017 年版。

《資治通鑑》：（宋）司馬光編撰，（宋）胡三省注，中華書局 2011 年版。

《戰國策》：（漢）劉向集錄，（南宋）姚宏、鮑彪等注，上海古籍出版社 2015 年版。

《國語》：尚學鋒、夏德靠譯注，中華書局 2007 年版。

《洛陽伽藍記校注》：（北魏）楊衒之撰，范祥雍校注，上海古籍出版社 2018 年版。

《兩漢刊誤補遺》：（宋）吳仁傑撰，中華書局 1991 年版。

《漢書補注》：（漢）班固撰，（清）王先謙補注，上海古籍出版社 2012 年版。

《史記索隱》：（唐）司馬貞撰，陝西師範大學出版社 2018 年版。

三、子部

《讀書雜志》（附《漢隸拾遺》一種）：（清）王念孫撰，上海古籍出版社 2014 年版。

《十駕齋養新錄》：（清）錢大昕撰，上海書店出版社 2011 年版。

《陔餘叢考》：（清）趙翼撰，上海古籍出版社 2011 年版。

《日知錄集釋》：（清）顧炎武撰，黃汝成集釋，欒保群、呂宗力校點，上海古籍出版社 2006 年版。

《白虎通疏證》：（清）陳立撰，吳則虞校，中華書局 1994 年版。

《穆天子傳匯校集釋》：（晋）郭璞注，王貽梁、陳建敏校，中華書局 2019 年版。

《容齋隨筆》：（宋）洪邁撰，江蘇廣陵書社有限公司 2010 年版。

《太平御覽》：（宋）李昉等撰，中華書局 2019 年版。

《北堂書鈔》：（隋）虞世南編纂，學苑出版社 2015 年版。

《玉海》：（宋）王應麟輯，江蘇廣陵書社 2016 年版。

《淮南子》：（漢）劉安撰，（漢）許慎注，陳廣忠校點，上海古籍出版社 2016 年版。

《吕氏春秋》：（漢）高誘注，（清）畢沅校，徐小蠻標點，上海古籍出版社 2014 年版。

《博物志（外七種）》：（晋）張華等撰，王根林等校點，上海古籍出版社 2012 年版。

《西京雜記（外五種）》：（漢）劉歆等撰，王根林等校點，上海古籍出版社 2012 年版。

《潛夫論》：（漢）王符撰，（清）汪繼培箋，上海古籍出版社 1978 年版。

《虚舟題跋 竹雲題跋》：（清）王澍撰，李文點校，浙江人民美術出版社 2015 年版。

《古今姓氏書辯證》：（宋）鄧名世撰，王力平點校，江西人民出版社 1999 年版。

《開元占經》：（唐）瞿曇悉達撰，九州出版社 2012 年版。

《甕牖閑評 考古質疑》：（宋）袁文、葉大慶撰，中華書局 2007 年版。

《俞樓雜纂》：（清）俞樾撰，清同治曾國藩署刊本。

四、集部

《玉函山房輯佚書續編三種》：（清）王仁俊輯，上海古籍出版社 1989 年版。

《志銘廣例》：梁玉繩，中華書局 1985 年版。

《校補金石例四種》：（清）李瑶編，國家圖書館出版社 2018 年版。

《金石三例》：李盛鐸，北京大學出版社 1985 年版。

《金石全例(外一種)》:(清)朱記榮輯,國家圖書館出版社 2008 年版。
《文選》:(梁)蕭統編,(唐)李善注,中華書局 1977 年版。
《六臣注文選》:(南朝)蕭統撰,上海古籍出版社 1993 年版。
《增訂文心雕龍校注》:(南朝梁)劉勰撰,黃叔琳注,李詳補注,楊明照校注拾遺,中華書局 2012 年版。
《蔡中郎文集》:(漢)蔡邕撰,國家圖書館出版社 2010 年版。
《古邠詩箋》:(清)許宗寅撰,復旦大學圖書館清同治六年(1867)許蕙孫刻本。
《平津館文稿》:(清)孫星衍撰,中華書局 1985 年版。
《楚辭》:(漢)劉向輯,(漢)王逸注,(宋)洪興祖補注,上海古籍出版社 2015 年版。
《楚辭補注》:(宋)洪興祖撰,中華書局 1983 年版。
《古文苑》:章樵注,中國書店出版社 2012 年版。
《寶應劉氏集》:(清)劉臺拱、劉寶楠、劉恭冕撰,江蘇廣陵書社有限公司 2006 年版。
《潛研堂集》:(清)錢大昕撰,呂友仁校點,上海古籍出版社 2009 年版。
《揅經室集》:(清)阮元撰,鄧經元點校,中華書局 1993 年版。

香南精舍金石契

〔清〕覺羅崇恩 輯　　孔德成 校注

整理說明

《香南精舍金石契》，不分卷，清朝覺羅崇恩撰。寧夏大學圖書館藏稿本，孤本傳世，共二册。框高18.9厘米，寬13.2厘米。半葉九行，行二十六字，小字雙行五十字，白口，四周單邊，毛裝本。另有光緒二十六年（1900）影印本《香南精舍金石契》、湖南師範大學圖書館藏碧琳瑯館抄本《香南精舍金石契》，作者均爲崇恩，然其内容與寧夏大學圖書館藏本不同，爲同名異書現象。

覺羅崇恩，姓愛新覺羅氏，清朝皇族，清興祖福滿第三子索長阿之七世孫，字仰之，號語舲、禹舲、雨舲，别號香南居士、語舲道人，室名香南精舍、吾亦愛吾等。原籍滿洲長白，正紅旗。生於嘉慶四年（1803）四月，道光十四年（1834），以理事同知通判尋用補吏部事，步入仕途。後屢次升遷，道光二十三年（1843）任山東巡撫。同治四年（1865）罷官歸家，光緒四年（1878）四月十六日卒，年七十六歲。著有《香南精舍金石契》《金石玉銘》《香南居士集》等書。

寧大圖書館藏崇恩手稿本《香南精舍金石契》，第一册覆刻《隋太僕卿元公墓志銘》及《太僕卿元公夫人姬氏墓志》，并附張廷濟、包世臣、陸繼輅跋。第二册評定舊拓晋唐帖，册末有"唐拓《孝經》"，後有摹印爲"永瑆之印"，當是據永瑆藏拓本摹印。抄寫用紙版心有"香南精舍金石契"七字，當係崇恩抄書專用紙，書名據此而題。

第一册字迹工整，卷端下鈐"禹舲"朱文小方印，末有記兩篇，并鈐"崇恩"小方印，當爲崇恩謄清稿。《隋太僕卿元公墓志銘》及《太僕卿元公夫人姬氏墓志》之後附有崇恩所自作跋文，對於研究兩志文提供了材料。第二册粘紅色紙箋八張，白色箋二張。字迹多係行楷或草書，首頁附有崇恩弟景星、垣麟致崇恩書信一封。此書系崇恩手書草稿，對於研究崇恩的書法有重要意義。具備了文獻和文物兩方面的價值。

此書尚未有整理本。研究方面，宋玉軍撰《寧夏地區入選〈國家珍貴古籍名録〉善本考略》(《寧夏大學學報》2018年第3期),第一次向世人介紹了此書的基本現狀,但僅是解題,未深入研究。

此次整理主要以標點、校勘、注釋、輯補等方式對《香南精舍金石契》進行整理。以寧大圖書館藏崇恩手稿本爲底本,以清稿本《金石續編》、光緒十七年錢塘丁氏補刊本《清儀閣題跋》、道光二十六年木活字本《藝舟雙楫》、清光緒四年興國州署刻本《合肥學舍札記》、綫裝書局出版社2007年版《隋代墓誌銘彙考》中相關内容爲參校材料。正文中,"〔 〕"内的文字内容係整理者據他書補充,在脚注注明該文字内容的出處。脚注中,凡言"本志"者,均指原文墓誌。徵引文獻之版本,《隋代墓誌銘彙考》簡稱《隋彙》。

香南精舍金石契一

覆刻隋太僕卿元公墓志銘　大業十一年

石高一尺二寸二分，廣如之，文三十七行，行三十七字，此覆刻石歸陽湖孫氏，元石向未著録，已莫可究詰矣。①

大隋故朝請大夫夷陵郡太守太僕卿元公之墓志銘

君諱□字□智，②河南洛陽人，魏昭成皇帝之後也。③ 軒丘肇其得姓，卜洛啓其興王。道盛中原，業光四表。其後國華民譽，瓊萼瑶枝。源派流分，奮乎百世。具諸史册，可略言焉。

六世祖遵，假節、侍中、撫軍大將軍、尚書左僕射、冀青兗豫徐州諸軍事、冀州牧、常山王。④ 高祖素，假節、征西大將軍、内都大官、常山康王。⑤ 曾祖忠，使持節、散騎常侍、鎮西大將軍、相太二州刺史、侍

---

① 據《隋彙》四四九，此石嘉慶二十年(1815)出土於陝西咸寧縣，首歸陽湖陸耀遹，咸豐十年(1860)遭兵火，原石横斷爲二，後歸大興惲毓嘉、南陽張之洞，今殘石存故宫博物院。《咸寧縣志》卷一六《金石志》則載此石出土於嘉慶十二年(1807)。考《金石續編》卷三載："石縱横二尺五寸，三十七行，行三十七字，正書，在陝西咸寧縣出土，今藏予家。"陸耀遹言："志石并於嘉慶初出土，予得拓本，珍玩數十年，并二石購得之，以嘉慶二十三年夏，載之江左，今藏予家。"故以此時間計算，志石確應出土於嘉慶十二年(1807)，《隋彙》誤。
② 元氏之名諱字俱不可考，《北史》載昭成子孫至最止，《魏書》至曷止，諸書皆無載。僅《古志石華》卷四云："古人有以一字爲字者，元君字智，亦此類也。"
③ 昭成皇帝，即北魏高祖皇帝拓跋什翼犍，年號建國，在位三十九年。按墓主元太僕以遵爲六世祖，遵爲昭成之孫，則昭成皇帝爲墓主之八世祖。
④ 據《魏書》卷一五《昭成子孫列傳》、《北史》卷一五《魏諸宗室》："常山王遵，昭成子壽鳩之子也。天賜四年，坐醉亂失禮於太原公主，賜死，葬以庶人禮。"
⑤ 據《魏書》卷一五《昭成子孫列傳》、《北史》卷一五《魏諸宗室》，素於世祖初，復襲爵常山王，後謚曰康，本志稱其"常山康王"無誤。素死後，由其弟陪斤襲爵。

中、尚書左僕射、城陽宣王。① 祖晷,使持節、散騎常侍、都督徐州諸軍事、平東將軍、徐州刺史、宗正卿。② 父最,使持節、侍中、驃騎大將軍、開府儀同三司、尚書左僕射、華敷南秦并幽晋六州諸軍事、六州刺史、司徒公、樂平慎王。③

維君幼挺奇資,早飛令譽。識鎮表於觀虎,風流見於乘羊。落落高標,排青松而獨聳;亭亭峻節,映緑竹而俱貞。吐納美風規,雍容善辭令。通人仰其好仁,僚友稱其孝友。於是聲譽流洽,孟晋追群。

周保定四年,詔擢爲左給事中士。禁内清切,王事便繁。許史之親,乃膺斯授。金張之寵,方降此榮。陳力效官,獨高前代。天和四年,遷爲給事上士。貴游子弟,實符束晳之辭;名士俊才,不愆苟綽之記。望袁准而高視,顧蘇林而載馳。建德元年,入爲主寢上士。粤自居中,遷于内寢。自非不言如子夏,至慎若嗣宗;豈能淑慎於否臧,無言於温木。三年二月,轉爲掌式中士。君清修疾惡,正色讜言。簪筆自肅於權豪,霜簡不吐於强禦。故已齊聲乳虎,號擬蒼鷹。官得其人,斯之謂矣。五年四月,以君婞正幹職,遷爲司禦上士。時三方鼎足,務在并兼。既物色賢人,且資須良馬。五監三令,未易其人。宣政元年,以軍功封豫州之建寧縣男,邑二百户。其年八月,又録晋陽之役,加使持節、儀同大將軍。大象二年,又仍舊封,進爵爲子。擁兹絳節,擬上將之儀;苴以白茅,開建國之社。尋遷少駕部下大夫。昔金日磾以謹養致肥,武帝擢之中監;百里傒以時使不暴,穆公授以上卿。望古儔今,於兹爲美。開皇元年,出爲益州武康郡太守,公導之以德,齊之以禮。田餘滯穗,[1]路有遺金。又進爵爲伯,轉儀同三司,

---

① 據《魏書》卷一五《昭成子孫列傳》、《北史》卷一五《魏諸宗室》,忠爲素第三子,字仙德,賜爵城陽公,謚曰宣,有十七子,與志中"城陽宣王"有異。

② 據《魏書》卷一五《昭成子孫列傳》、《金石續編》卷三,晷即傳中忠之第二子壽興,謚曰莊,《北史》《魏書》皆避唐諱稱字。晷之名,諸family之説多有不同。參見中華本《魏書》卷一五《昭成子孫列傳》校勘記第八條。

③ 據《北史》卷一五《魏諸宗室》:"最,從孝武入關,封樂平王。"與志中"樂平慎王"有異。謝啓昆《西魏書》卷一二有專傳,作"洛平王"。

從格例也。秉彼躬珪,輝映五等。服茲袞冕,照映三臺。九年,授使持節、扶州諸軍事、扶州刺史。十六年,改授渝州諸軍事、渝州刺史。公頻刺二州,申威千里。抑强而惠鰥寡,舉善而矜不能。猾吏無所竄其情,奸盜不能匿其迹。

聖上纂承洪緒,[2]釐改刺州,選任能官,更授夷陵太守。公肇膺嘉舉,彌勵清勤。巴衹暗居,不□官燭。王閎獨坐,不發私書。由是徵入爲太僕卿、朝請大夫如故。時達遽令,式贊弓矢。總駉駼之監長,統昆□之令丞。駔駿加銳於軍容,犧牲備脂於柴望。方當控兹八駿,禦彼六龍。登柏梁而賦詩,出上林而奉轡。而晦明之疾既湊,膏肓之豎先侵。大業九年,扈從遼碣,□月□日,邁疾云亡,薨于懷遠之鎮,①春秋六十有四。②嗚呼哀哉!乃以十一年太歲乙亥八月辛酉朔廿四日,葬於大興縣□□鄉□□里,③禮也。

維公器局疏通,神情秀上。虛心以待物,直己以明義。不吐不茹,正色正言。面刺有汲黯之風,□爭見王陵之節。既而出宰牧守,入作卿士,奸吏懾其摛伏,朝彦挹其能官。重以知止知足,維清維慎。家餘海陵之粟,既自足於餘糧;[3]室傳夏后之璜,差無乏於珍玩。至於殤錢月給,必均之於下吏;祿俸歲受,皆散之於親知。斯乃公孫弘之高風,晏平仲之清規矣。仁乎不憖,嗚呼惜哉!今龜筮協從,房腸行掩,式鐫玄石,用作銘云:

巖巖其趾,浩浩其源。極天比峻,浴日同奔。鳳生鳳穴,龍陟龍門。焕爛珪璧,郁馥蘭蓀。爰啓常山,乃建王爵。振振趾定,輦輦跗萼。執法南宮,建旗東岳。袞黻委佗,蟬珥照灼。[4]太僕瑶枝,人之表儀。六德孔備,百行無虧。丘陵難越,墻仞莫窺。仁爲己任,清畏人

---

① 《金石續編》卷三云:"營州有懷遠守捉城,即其地也。"
② 墓主年六十四歲,亡於大業九年(613),以此計算,則其當出生於魏文帝大統十六年(550)左右。
③ 《關中金石文字存逸考》卷五云:"葬于大興縣□□之鄉□□之里,按《隋書·地理志》京兆郡大興縣,開皇三年置,後周舊郡,置縣曰萬年。高祖龍潛,封號大興,故至是改焉。隋大興縣即今咸寧縣。"

知。執法主寢,牧州典郡。謇謇讜言,洋洋淑問。虎去雉馴,風和雨順。政號廉平,民稱惠訓。靈旗東指,巡海稜威。秉轡作僕,方效乘機。忽悲撤瑟,俄驚復綏。龜謀空襲,魚躍虛歸。飄飄反葬,眇冥陽魄。永愴君蒿,[5]長悲窀穸。[6]蓋偃低松,鑪攢拱柏。茂德洪名,永宣金石。

覆刻隋太僕卿元公夫人姬氏墓志　大業十一年

高一尺三寸六分,廣如之。二十七行,行二十七字。元石久亡,此覆刻石歸陽湖孫氏。[7]

大隋故太僕卿夫人姬氏之志

夫人姓姬□□也。① 圖開赤雀,文德暢於三分;瑞躍白魚,武功宣於五伐。大封四十,維城於是克昌;長享七百,本枝以之蕃衍。蟬連史冊,可略而言。

曾祖懿,魏使持節、驃騎大將軍、東郡□公。祖亮,魏使持節、大將軍、開府儀同三司、燕州諸軍事、燕州刺史、東郡敬公。父肇,周使持節、侍中、驃騎大將軍、開府儀同三司、光祿大夫、東秦州諸軍事、東秦州刺史、勳晉絳建四州諸軍事、勳州總管、神水郡開國公。②

夫人幼挺聰慧,早摽婉淑。[8]瑶資外照,蕙姓内芳。[9]既閑習於詩書,且留連於筆研。馬家高行,終降志於衰門;曹氏淑姿,且悦己於荀氏。年十有八,歸于元氏焉。太僕弱冠登朝,盛播名德。夫人亦虔恭内職,憂在進賢。穆琴瑟之和,展如賓之敬。

天和四年六月,笲拜建寧國夫人。褕狄委他,光膺典策。衡珮昭晰,肅拜朝榮。於是輔佐以審官,自防以典禮。送迎未嘗逾閾,保傅然後下堂。既而五福先虧,六氣多爽。青要素序,奄摇落於穢華;玉

---

① 張廷濟《清儀閣題跋》認為,此處所空二字,當為"代人"。
② 《金石續編》卷三云:"按姬氏東郡神水三世,史皆無傳。《魏書》《北史》并載姬澹字世雅,桓帝、穆帝并見委任,附見《衛操列傳》,或即東郡之先歟?"《隋彙》第五冊收錄有《姬威墓志銘》,中載姬威之世系與此志相合,蓋姬威即為姬夫人之兄或弟。

露金風,竟摧殘於蘭蕙。建德六年六月九日,遘疾云亡,時年廿有九。嗚呼哀哉!以今大業十一年太歲乙亥八月辛酉朔廿四日甲申合葬于大興縣□□鄉之□里,禮也。

昔三春之俱秀,獨掩翠而先訣;今百年而偕謝,始同歸於共穴。襲金鏤而長埋,掩銅窗而永閉。嗚呼痛矣,乃作銘云:

帝嚳肇祖,君稷分枝。上觀星象,下相土宜。業隆在鎬,仁盛遷岐。三讓至德,九錫光施。驃騎誠烈,早飛聲問。擁兹絳節,大啓東郡。開府堂堂,忘情憙愠。神水恂恂,劬勞惠訓。有淑其德,言容不迴。星光束楚,春芳摽梅。[10]六珈照日,百兩驚雷。鳳飛金帳,龍翔玉臺。典册纔臨,琴瑟方睦。猶垂翠帳,忽辭華屋。楎箷留挂,巾盦餘馥。志沮旦莊,神傷畫哭。[11]昔日體齊,早別春閨。今兹合葬,還共塵泥。雙鳧暫隻,兩劍終齊。千秋萬歲,永志貞妻。

隋元太僕墓志① 嘉興張廷濟叔未②

元太僕,後魏昭成皇帝之八世孫也。《魏書》汲古閣本。卷十五列傳第三《昭成子孫列傳》:"常山王遵,昭成子壽鳩之子也。太祖初,有佐命勳,賜爵略陽公。及平中山,拜尚書左僕射,加侍中,遷州牧,封常山王。天賜四年,坐醉亂賜死,廢爲庶人。"此志云:"假節侍中、撫軍大將軍、尚書左僕射、冀兗青豫徐諸軍事、[12]冀州牧、常山王。"《魏書》:"遵子素,少引内侍,頻歷顯官,賜爵尚書公,[13]拜外都大官。[14]世祖初,復襲爵,及平統萬,拜假節征西大將軍,後拜内都大官,謚曰康。"此志云:"假節征西大將軍、内都大官、常山康王。"《魏書》:"素第三子忠,字仙德,高祖時累遷内僕射,賜爵城陽公,加侍中鎮西將軍,謚曰宣。"此志云:"使持節、散騎常侍、鎮西大將軍、相太二州刺史、侍中、尚書左僕射、城陽宣王。"互有詳略。

---

① 此文收錄於張廷濟《清儀閣題跋》。
② 張廷濟字作田,號叔未,晚號眉壽老人,浙江嘉興人,著有《清儀閣題跋》。

謝啓崑《西魏書》卷十二《諸王列傳二》：“洛平王最，字幹，成陽公孫，父贈豫州刺史壽興。最從孝武入關，封洛平王，兼尚書左僕射，加特進。”闕。按《魏書》：“壽興臨刑，自作墓志銘曰：‘洛陽男子，姓元名景。’”此志云：“名昺，使持節、散騎常侍、都督徐州諸軍事、平東將軍、徐州刺史、宗正卿。”則《魏書》作景，當是昺字傳寫之譌。[15] 此志云：“最，使持節、侍中、[16] 驃騎大將軍、開府儀同三司、尚書左僕射、華敷南秦并幽晋六州諸軍事、六州刺史、司徒公、樂平慎王。”皆足以證史書之闕譌矣。

　　《北齊書》卷二十八《列傳第二十》：“天保十年，大誅元氏，凡七百二十一人，自昭成以下并無遺焉。”《周書》卷三十八《列傳第三十》：“太祖天縱寬仁，性罕猜忌，元氏戚屬，并保全之。孝閔踐阼，無替前緒。明武纂業，亦遵先志。雖天厭魏德，鼎命已遷，枝葉榮茂，足俞前代。”[17] 是則最之支姓正幸從入關中，得昌身世。若不幸羈留東魏，[18] 入高歡殘忍之手，有不罹駢誅之慘哉！惟《周書·元偉傳》後附錄元氏名位，可知者元欣、元子孝、元季海、元玄、元育、元儉、元贊、元則、元羅、元正、元顔子、元壽、元審等，[19] 而最仍未之及也。

　　此志名空一字，字空一字。諸史皆無可取證。① 其云許史之親者，宣帝元皇后爲開府晟之女也。其云建德元年入爲主宿上士者，《孝武帝紀》建德元年改置宿衛官員也。[20] 其云宣政元年以軍功封豫州之建寧縣男，八月又録晋陽之役者，平齊之功也。文詞典則書格精整，古志石中絶無僅有之作。[21] 此石出近時，[22] 錢竹汀詹事、翁覃溪學士、王蘭泉司寇、畢秋帆尚書、[23] 謝蘇潭中丞、[24] 皆未著録。[25]

　　咸寧一片幽宮玉，魏室王孫元太僕。志云葬大興縣，隋大興，今西安府咸寧縣。百年世事幾滄桑，忍把遺文再三讀。孝文拓跋改氏元，君是昭成八世孫。宇文氏又普六茹，秉彎作僕光龍門。

―――――――――

　　① 諸史皆無可取證：《清儀閣題跋》作：“案之《北史》、周隋二書、《西魏書》皆無可取證。”原文應係作者改寫。

天保十年，誅元氏七百二十一人，同日死。

高洋殘忍世所希，讀史至此髮應指。己卯、①戊戌纔廿年，②高家賜死何駢闐。神武子孫存一二，凡事好還豈非天。樂平君幸入函谷，不然盡室膏魚腹。天保己卯七月，大誅元氏，投尸漳水，剖魚多得人爪甲，《西魏書》："洛平王元最從孝武入關。"[26]此志作樂平。君從師入晋陽時，郳爲宗人不一哭。王孫莫辭周稱臣，土母真賴依天君。《魏書》：北俗謂土爲拓，謂母爲跋。《周書》：其俗謂天曰宇，謂君曰文。宏農手文有王字，佐命郳不成功勛。六十四年真一夢，牛眠馬鬣淑姬共。夫人姬氏。白楊風冷自蕭蕭，夜半石人語翁仲。

隋元太僕夫人姬氏墓志

此與太僕之志鄉與里下字俱空。[27]夫人之曾祖懿、祖亮、父肇，魏、周二書皆無傳。《魏書·衛操傳》："操，代人也。與從子雄及其鄉親姬澹同來歸國。澹字世遠，與衛雄同爲左右輔相。"此志夫人姬氏下空二字，[28]當是代人二字。志云："肇封神水郡開國公。"《周書》："建德五年，封神水姬願爲原國公。宣政元年，周武總師北伐，遣柱國原公姬願等率軍。"是願襲神水封號，則當是夫人之兄若弟也。書迹較太僕志少疏朗，似非出一人手，然亦精整有古意。[29]

囧卿貞妻姬夫人，六珈百兩申如賓。玉臺金帳易消歇，二十九年穠華春。姬自代來歸魏土，代人二字石可補。累世官位史失徵，曾祖驃騎祖開府。父肇神水開國公，原公應是膺重封。夫人劬勞神水訓，眼見兄弟銘功庸。元姬兩姓皆珪組，不必崔盧買門户。給事遷時建寧拜，全家喜氣盈堂廡。胡爲修短太不齊，掩翠先訣辭春閨。桑田滄海世又易，百年同穴方雙棲。夫人莫傷年不祿，一生只食周家粟。九原相見話酸辛，故國飄零應一哭。祇今雙璧出人間，文字猶餘清泪

---

① 己卯：北齊文宣帝高洋天保十年(559)。
② 戊戌：北周武帝宣政元年(578)。

斑。大興鄉里不知處，秋原誰吊明璫環。

題隋志拓本[①] 　　涇縣包世臣慎伯[②]

嘉慶二十年，西安民掘地得石志二：一隋太僕卿，一太僕夫人姬氏，俱正書，徑半寸。太僕志縱橫各三十七行，夫人志縱橫各二十七行，字畫雋密，詞理高華。玩其筆勢，斷爲率更，[③]無疑也。永興稱率更曰不擇紙筆，皆能如志。於此拓見之，蓋其指法沈實，力貫豪端，八面充滿，更無假於外助故也。率更書晚而彌峻，《姚辨志》《千字文》皆大業時書，其體壯實，近《遺教》；[30]《醴泉銘》《擣素賦》《心經》《夢奠》皆貞觀時書，其體雄峻，近《曹娥碑》。二志字同《千文》，而更遒麗。書道習法易，而創體難。近世北朝石志出土者多矣，字畫率樸茂斂，分勢而爲之，至率更出，始醞釀分法，而盡變其勢。厥後祖尚流風，雖峭厲如蘭臺，圓勁如裴休，[④]卒莫窺渾厚之域，而謂同時儕輩，竟復有學業相抗，而無聞於後者乎？率更碑版傳世者，悉傷磨刮，即得宋拓，亦非真相。而二志數千字，完好如新，豈非墨林至寶耶！《太僕》字體沈毅，[31]《夫人志》稍加妍雋，蓋藝之精者必凝於神，下筆時因人因文寄意，稍殊體勢與爲關通耳。余嘗見南唐搨《畫贊》十三行，沉肅如漢分。今見二志，益見山陰家法，爲宋以來畫帖所没，故具説之。[32]

隋　碑[⑤]

從子耀遹劼文客西安得二石刻，皆新出土者。一題大隋故朝請大夫夷陵郡太守太僕卿元公之墓志銘，諱□，字□智，俱空一格。洛陽人，魏昭成皇帝之後，以大業十一年太歲乙亥八月辛酉朔廿四日

---

① 此文收錄於包世臣《藝舟雙楫》卷六。
② 包世臣字慎伯，號誠伯、慎齋，安吳人，清代書法家，有《安吳四種》。
③ 率更：即唐代書法家歐陽詢，詢曾任率更令，故稱。
④ 裴休字公美，唐末人，官至吏部尚書、太子太師，擅長書法。
⑤ 此文收錄於陸繼輅《合肥學舍札記》卷二。

□□葬於大興縣□□鄉□□里,皆空格。其一大隋故太僕卿夫人姬氏之志,即元公配。以甲申日合葬,"甲申"字不空格。銘辭四言四十句,每八句提行。二石同一人書,蓋歐虞之所從出,而非歐虞之所能到,鋒穎如新,洵可寶也。劼文假朱中丞兩健騾負之以歸。

二碑均竟體完好,剝損者不過數字,而皆可讀。太僕碑中君諱下空一格,或是待人填寫卒之月日。上各空一格,葬日下空二格,葬地某鄉某里上各空二格。夫人碑中姓姬下空二格,鄉里上各空二格,或書人一時未詳,臨文矜慎,尚可曲爲之辭。最不可解者前碑中字□智、巴祇暗居,不□官燭、統昆□之令丞、□爭有王陵之節四處之各空一格,石既無毫髮刓泐,而復闕其文,此何說也?審諦字迹,雖結法遒密,布置勻整,然乏生動之致,無雄秀之姿,決爲覆本無疑,當是西安舊家藏有拓本,覆刻以廣其傳者,元石磨滅處即闕。① 疑以傳信,不欲作僞而亂真也,歷多年所更湮,埋于榛莽之中,一旦遇好事者湔剔苔蘚而出之,遂誤認爲隋刻之元石耳。

丁未閱兵過東郡,朱太守錦琮。以新拓二紙見貽,②且以嘉興張廷濟、涇縣包世臣、陽湖陸繼輅三跋相示。③ 張叔未洋洋千餘言,但稽前史,未辨真贗。包氏斷爲率更。陸氏謂非歐虞所能到,皆如醉漢囈語不足與辨,然醉中夢囈寤後,每不自省,幸其猶有寤時。諸公筆墨中之夢境不知有寤時否耳?識真者不矜博、不好奇,平心靜氣,當自得之,又何勞鄙人之喋喋爲哉?二石雖覆本,鉤橅精美,亦自可寶。特以包氏之斷爲歐迹,陸氏且欲駕虞而上之,未免謬妄太甚,故爲之指證如此。

道光丁未三月十三日燈下崇恩記。④

---

① 考《金石續編》卷三,陸耀遹云:"初出土,石完整無一字剝損,所空十二字乃本未上石者。"故崇恩此言有誤。
② 朱錦琮字瑞芳,號尚齋,浙江海鹽人,官東昌知府,工書畫。
③ 陸繼輅字祈孫,陽湖人,有《崇百藥齋集》《合肥學舍札記》。
④ 道光丁未:清宣宗道光二十七年(1847)。

隋太僕卿元公及夫人姬氏墓志銘跋尾

　　此覆刻石亦非甚舊,當在四五十年內,昨見徐某刻隋美人董氏碑,較勝於此,而石更新,蓋道光年間刻也。

　　次日仰之又記。

【校勘記】

[1] 穗:原作"歲",據《金石續編》卷三、《隋彙》四四九改。

[2] 聖士:《古志石華》卷四云:"志中聖主誤作聖士。"整理者按,此"士"或應爲"上"字。

[3] 餘梁:《古志石華》卷四云:"志中餘梁誤作餘梁。"

[4] 蟬珥照灼:《金史續編》卷三作"蟬埠珥灼"。

[5] 君蒿:《古志石華》卷四云:"志中焄蒿誤作君蒿。"

[6] 長悲窀穸:"悲"字原缺,據《金石續編》卷三、《隋彙》四四九補。

[7] 《金石續編》卷三載:"石縱横二尺一寸,二十七行,行二十七字,正書,在陝西咸寧縣出土,今藏予家。"

[8] 早標:《金石續編》卷三同,《隋彙》四五〇作"早標"。

[9] 蕙姓:《《古志石華》卷四云:"志中蕙性誤作蕙姓。"

[10] 春芳摽梅:《金石續編》卷三同,《隋彙》四五〇作"春芳標梅"。

[11] 畫哭:《古志石華》卷四云:"志中書哭誤作畫哭。"

[12] 冀兗青豫徐諸軍事:《清儀閣題跋》作"冀青兗豫徐州諸軍事"

[13] 尚書公:《魏書》卷一五《昭成子孫列傳》作"尚安公"。

[14] 外都大官:原作"外都太官",據《清儀閣題跋》及志文改。

[15] 譌:《清儀閣題跋》作"誤"。

[16] 侍中:原作"侍史",據《清儀閣題跋》及魏官職名改。

[17] "雖天厭魏德"至"足俞前代":此十七字原脫,據《清儀閣題跋》補。

[18] 不幸:此二字原脫,據《清儀閣題跋》補。

[19] "元欣"至"元審等":此三十字原脫,據《清儀閣題跋》補。

[20] "其云"至"官員也":此二十八字原脫,據《清儀閣題跋》補。

[21] "文詞典"至"僅有之作":此十八字原脫,據《清儀閣題跋》補。

[22] 此石:《清儀閣題跋》作"惜石"。

[23] 尚書:《清儀閣題跋》作"制軍"。

[24] 謝蘇潭:《清儀閣題跋》作"謝蘊山"。

[25] 皆未著録:《清儀閣題跋》作"皆未得見而著録也"。
[26] 洛平王:原作"平王",據《西魏書》卷一二《洛平王最傳》補。
[27] 此與太僕之志鄉與里下字俱空:此句《清儀閣題跋》作"元太僕與夫人姬氏合葬於大興縣,隋大興今西安府咸寧縣地,所葬之鄉與里二志皆空"。
[28] 二字:《清儀閣題跋》作"二格"。
[29] "書迹"至"古意":此二十二字原脱,據《清儀閣題跋》補。
[30] 遺教:《藝舟雙楫》卷六作"遺教經"。
[31] 太僕字體沈毅:《藝舟雙楫》卷六作"《太僕志》極沉毅"。
[32] "余嘗"至"具説之":此三十八字原脱,據《藝舟雙楫》卷六補。

香南精舍金石契二

景星垣、麟生致崇恩書信一封①

日前連接，手示未得書扎，寔緣俗務紛紛，荒唐之至也。前五課，尊作特交，尊管代呈。老師現未在館，題目容日送上，或再令尊管取之亦可，餘容面叙，耑此復候。

文安不一。

兩舲大兄先生大人足下。景星垣、麟生均此致候。

六月十八日。

崇恩日記一則②

三月十二日，入署。無事，花街慟哭至燕雨。未刻，啓程由孫河到三家店大營，已戌初矣。

十三日，早起，□□，行官采蘭一朵，香烈異常。冀州牧沈星石請衆飯，并約每日俱往，情甚拳拳，是以人道□□□□□□迴奏摺。午刻，駕至俄省，公恩桂教加課處，吉倫泰議處。未刻，敬晚門上車，行至楊家莊，已暮飯畢，又行，見月上東山，離王舍莊廿佰里路，乘馬直至丫鬢山行營，時已子初，夜甚深，睡。

十四日，辰正上門。午初，駕至晚門，隨後回馬三里，策馬到丫鬢山，乃停車下馬步至絶頂，參禮畢，迴營才申正。

---

① 原文無題目，此題爲整理者據内容所擬。
② 原文無題目，此題爲整理者據内容所擬。

十五日，早微雨，散門後。午初啓行，申初至楊家莊尖，子初三家店。

十六日，辰刻上門。午刻，駕至晚門後行，由張家莊至開營茼家莊。隨後直至工部廠并開水苦極。

十七日，陰，早到沈星石處，食餅，甚佳。

所見李小湖大理藏帖①

唐拓虞世南《廟堂碑》缺者皆以王彥超重刻本初刻者補之，細審乃見。

唐拓褚遂良《孟法師碑》

唐拓魏栖梧《善才寺碑》舊題褚河南，虛舟特改正之。②

唐拓丁道護《啓法寺碑》四唐拓，世稱爲四寶，或又連《化度》稱爲五寶。

宋拓《化度寺》似存二百餘字。

宋拓《雲麾將軍李秀碑》有嘆拓手不佳，故字畫多不明了。

宋拓《大觀帖》三本點其卷數次第，一本有缺頁，從虞秘監《大運帖》起而并佚，秘監標題。

明拓《九成宮》筆畫細瘦，而當缺碑腳小字。

共九種，今秋小湖赴八閩學使任，想必携之，而今不知何時再可把玩也。

《廟堂》《孟法師》《化度》《雲麾李氏》皆曾覆刻，而拓本亦不多見。聞又有文與可《墨竹卷》《小米蒲淑烟雨卷》皆精妙絕倫。

晉唐楷册四本計廿一種

鍾太傅一册六種：

《季直表》真賞齋本，但不知是火前火後，又疑是鬱岡齋本。

---

① 李小湖：即李聯琇，字季瑩，號小湖，江西臨川人，道光朝進士，曾任福建學政，清代詩人、學者。此藏帖初爲其父李宗翰所收藏，後歸小湖。

② 虛舟：即王澍，字若林，號虛舟，明末清初江南金壇人，曾官吏部員外郎。王澍精於題跋鑒別，著有《竹雲題跋》，内中言"魏栖梧《善才寺碑》僞題遂良名"。

《力命表》不詳何本，筆渾而弱，後書錦堂等三印乃擾入者。

《賀捷表》佳，後明昌印乃取墨池堂《快雪帖》擾入者。

《宣示表》停雲館之初拓者，而擾入晋府印。

《調元表》極佳，不詳何本。

《還示帖》疑墨池堂之初拓者。

王右軍一册四種：

《黄庭經》極佳，當是越州石氏原本。

《曹娥碑》《畫像贊》二種皆停雲初拓。

《玉枕蘭亭》乃墨池堂越臨本而塗其款。

二王索靖一册五種：

《樂毅論》極佳，不詳何本，後有"異僧權"字，知爲梁模本，當是潭帖原石。餘法鬱岡齋，不能如是。

《誓墓帖》乃墨池堂智小臨本而塗其款。

《十三行》停雲本。

《陳情表》《出師頌》二種皆墨池初拓。

唐人書一册六種：

《破邪論》極佳。

《靈寶經》極佳。

《仙壇記》極佳，以上三種當是越州原石。

《心經》《論膾帖》二種皆墨池初拓。

《消灾護命經》極佳，當亦越州原石，信雲即用越本上石，而糜爛特甚，僅存數十字，當由此藏本紙質破壞，然不能另覓佳本，可見越本此時已難尋。

此帖留齋約五六日，故得審諦其破綻處，頗自詡，指次然庠也。卻所心賞者共八種，圈出。餘十三種皆臨拓之善者，設能五万緡得之，固甚妙也，好在目下亦尠肯出重貨者。閏月法子惟入觀時，嘗購《三希》及《定武蘭亭》等，有四五百緡，大約一入廠，估手必不能便宜也。前華陽相國遺价持宋拓《九成》及晋唐二楷册，囑爲審定，其《九成》乃翻刻之下劣者，而用墨極古雅，楷册則亦宋明拓湊成者。惜倉卒不及記其名目，有《宣示》《黄庭》《遺教》

《内景》《化度》《杏冥君》等等。《宣示》决爲越州原本，《化度》不及墨池，《内景》《杏冥》乃似大玉烟堂本。因據實作答，後踪迹亦得知。《九成》已還二百金，因第一言而罷。楷册則還京帙二百，而前途須千二百吊。閲此皆那氏物，有文毅公印記。與前所見之多寶押在一當鋪，連古銅玉圭、字畫等等共押叁千吊文，而不肯斥賣。因主人從軍揚州，然四時不便也。兩家楷册吴氏爲勝，設能合購而精選之，真稀世有也。特記於此，以待後緣。

前又在滇生師處，見《定武蘭亭》燒殘本，當存七十餘字，紙墨極草率，筆畫極刻敝，幾看不出好處來，然一種古厚之篆，乃非他帖可及。後有《趙十三跋》，柯九思、吴傳朋、朱敦儒、錢舜舉等跋，亦有明人數跋，皆爐餘殘存，缺其姓名不存者，黄左田以蠅頭細楷於旁標注之。諸跋工拙不同，而墨色沉着，望而知爲舊迹。惟《松雪跋》，雖姿態横出，而用墨極淡，用筆極弱，然而合作以快雪印諧之，似又非僞迹款，不能明也。有黄左田、翁覃溪作跋，又有成哲王跋，言頗不滿。滇師言去歲曾有人來押京帙百千文，并囑咐不可宣言，恐其人贖取也。此本是煦齋先生物，先生晚年書粗悍木直，當即學定武而得其弊耳。

并録吴氏晉唐楷册跋語

世傳鍾太傅與胡昭同學書，有胡肥鍾瘦之，目審爾則昭書更不知若何矣。此帖凡五種，唯《力命》爲蟬翅榻，斷非宋以後物也，惜《墓田丙舍》何以不入《後戍路帖》，嶒峻森秀，似開信本一派，或曰鍾書不傳，所傳者右軍臨本，我疑《後戍路》出大令手耳。辛丑中陽獲視□□□□□□□□□□□□□□□□。

此跋在第一册鍾帖後，跋云五種，今六種。又跋所謂後戍路者，《賀捷》《調元》兩表中皆有戍路字樣，料不省其名，遂以《調元》爲後戍路耳。

卷首有金葉宋先生圖章，末幅押縫處有昌裔半印，《十三行》末有仲温。是三宋具眼所鑒，況委之以沈民則、周伯器耶。間有王文恪、李文正表字、小記等亦當入覽，故爲此識，審爾益是珍矣。辛丑中伏日獲觀漫跋,褆玄。

《樂毅論》用筆古秀,與凡本迥別,褚河南得其三昧,米南宮挹其餘芬,便是千古。余見《樂毅論》不下數十,此爲獨絕。褆玄子又題。

此兩跋在第三冊後,此冊除《樂毅》外,皆停雲、墨池本。乃三宋、沈周、王李諸老已鈐識其上,其僞不辨而自見矣。

右楷書帖,自鍾元常迄柳誠懸,凡若干種,皆宋搨之善者,余生平積累悉置此,自謂可作。波斯胡嘗出以示公,尚有四五種,多剛采攦助。嘉靖癸亥仲秋八日琅琊王世貞識。①

此晉唐帖四冊,多是舊搨,然不盡宋物也。弇州手迹既真,不知何人裝入帖尾耳,否則《戎路》有明昌璽,《宣示》有晉府印章,豈龍圖是紙糊閣老耶!乾隆癸丑仲冬望爲耕亭先生題,②皇十一子。③

此兩跋在第四冊後,明昌爲金主璟年號,晉府則明晉王也。成邸以爲宋拓不當有此印章,不知其由他帖割裝,正作僞者自薦以覆耳。

唐搨《孝經》

帖藏宗兄介春相國家,冊高九寸四分,寬五寸六分。冊心高七寸四分,寬四寸二分,共二十一頁。

《孝經》

朕閱孝經,有關風化,王羲之草書尤堪珍玩,惜乎殘缺,卿等各補一章,勒之琬□,以詒萬祉。

貞觀二年六月廿五日敕。"二年"二字上蓋"御書之寶"。

開宗明義章。此行下省。自此以下十二行皆右軍草書。自"不敢慢於人"至"如履薄冰"共十三行,皆楷書。每書人姓名,法體酷似歐陽詢本《皇甫誕碑》,殆即歐書。而前十行九十五字墨甚新,與通體

---

① 嘉靖癸亥:明世宗朱厚熜嘉靖四十二年(1563)。
② 乾隆癸丑:清高宗愛新覺羅·弘曆乾隆五十八年(1793)。
③ 皇十一子:即愛新覺羅·永瑆,號少廠,別號詒晉齋主人,清高宗弘曆第十一子,封和碩成親王,清朝著名書畫家,著有《聽雨屋集》《詒晉齋集》等。

不一色，《成邸跋》謂覆原石即此頁也。以下四十四行皆草書。自"悖禮"至"爲下而"共十二行，皆楷書。中《紀孝行章》下有"臣魏徵"三字，前後筆迹相同，法體在歐虞之間，鄭公書世不經見，傳者多僞托，不足信，此其迹可寶也。以下三十九行皆草書。自感應章至末三十七行，皆楷書。感應章下有臣虞。[①]

---

① 原書自"虞"字以下殘缺。

參 考 文 獻

一、古代文獻

《北史》：（唐）李延壽撰，中華書局 1975 年版。
《周書》：（唐）令狐德棻等撰，中華書局 1971 年版。
《魏書》：（北齊）魏收撰，中華書局 1974 年版。
《北齊書》：（唐）李百藥撰，中華書局 1972 年版。
《西魏書》：（清）謝啓昆撰，清乾隆六年樹經堂刻本。
《金石續編》：（清）陸耀遹撰，清稿本。
《清儀閣題跋》：（清）張廷濟撰，光緒十七年錢塘丁氏刻本。
《藝舟雙楫》：（清）包世臣撰，道光二十六年活字本。
《合肥學舍札記》：（清）陸繼輅撰，光緒四年興國州署刻本。
《古志石華》：（清）黄本驥輯，《三長物齋叢書》本。
《關中金石文字存逸考》：（清）毛鳳枝撰，清稿本。
《香南精舍金石契》：（清）覺羅崇恩輯，《朔方文庫》影印寧夏大學圖書館藏稿本，國家圖書館出版社 2018 年版。

二、現代文獻

《隋代墓志銘彙考》：王其禕、周曉薇編著，綫裝書局 2007 年版。